"삼성은 지난 1986년도에 망한 회사입니다.
나는 이미 15년 전부터 위기를 느껴왔습니다.
지금은 잘해 보자고 할 때가 아니라
죽느냐 사느냐의 기로에 서 있는 때입니다."

이건희 27법칙

삼성을 300배 성장시킨 숨겨진 비밀 코드

이건희 27 법칙

김병완 지음

Lee's Etiquette

미다스북스

왜 지금 이건희 법칙을 말하는가?

1

백년이 채 되지 않은 재물신 하나가 있다고 한다. 게다가 이 재물신 앞에선 한국사회에서 가장 권력이 막강하다는 대통령들도 고작 5년짜리 계약직 고용사장에 불과하다고 한다. 대한민국은 민주공화국이지만 민주공화국의 원리가 이 신 앞에선 무용지물이라고 할 정도다. 그 막강한 신이 누굴까? 바로 삼성이다. 삼성의 불법이 드러나도 수사기관은 수사를 제대로 못하고, 공소기관은 공소를 주저한다고 한다. 빵 하나 훔쳐도 감옥에 보낸다는 법원은 그보다 몇백 배 더한 불법에도 그저 솜방망이 처벌을 할 뿐이라고 한다. 그래서 한국에 사는 어떤 이들은 한국민을 '삼성왕국의 신민'이라고 한다.[1]

언제부터 삼성은 왕국이 되었는가? 그렇다면 삼성의 이건희는 무소

불위 권력의 왕이란 말인가? 시간을 거슬러 올라가 살펴보자.

1961년 어느 날의 일화 – 부정축재자로 몰리던 이병철

5·16 군사정부에 의해 이병철은 부정축재자 제1호로 지명수배를 받았다. 당시 그는 도쿄에 머물고 있었기 때문에 당장 체포되지는 않았으나 얼마 후 귀국하여 군사정부에 전 재산을 헌납한다는 각서를 써야 했다. 그리고 벌금은 사업을 하면서 갚고, 정부의 경제개발개혁에 참여하는 것을 조건으로 풀려났다. 벌금을 갚음으로써 부정축재 문제는 해결되었지만 동시에 그가 소유하고 있던 은행주식(1958년 상업은행주식 33% 소유. 1959년 조흥은행주식 55% 소유)은 모두 국가에 헌납됐다.[2]

1966년 어느 날의 일화 – 한국비료를 헌납하던 일

이병철에게 박정희는, 삼성이 비료공장을 지으면 적극 지원하겠다고 제안했다. (…) 박정희가 아이디어를 하나 냈다. 돈을 들여오는 게 힘들면 물건을 사들여 와서 국내에서 처분을 하자는 것이었다. 밀수를 해서 돈을 한 번 더 부풀리자는 말이었다. (…) 양변기, 냉장고, 공작 기계와 건설용 기계 그리고 문제의 OTSA(사카린 원료) 등이었다. 이 OTSA를 울산에 내렸을 때 세관에 적발되었고, 이때가 5월이었다. (…)

1966년 9월 15일 목요일, 아침에 배달된 신문에 '재벌 밀수'라는 제목의 굵은 글자가 박혀 있었다. (…) 그리고 다음 날인 9월 16일, 국세청장은 이른바 '한비 공장 건설과 연관된 사카린 밀수 사건'의 개요를 발표했다. (…)

그리고 다음 날 반도호텔 803호에서 이병철과 김형욱 사이에는 다음과 같은 대화가 오갔다.

"무슨 말이냐, 신문을 통해서도 내 주식의 전부인 51퍼센트를 헌납한다고 하지 않았소?"

"그게 아니라 한비 전체를 다 헌납해야 합니다."

"만일 내가 헌납하지 않으면 어떻게 되지요?"

"이사장 가족이 국내에서 무사히 거주하는 걸 보장하지 못합니다."

(…) 이른바 '사카린 밀수 사건' 혹은 '한국비료 사건'은 그렇게 해서 끝이 났다.[3]

1980년 어느 날의 일화 – 동양방송을 헌납하던 일화

두 분(이병철과 홍진기)이 보안처장실에 가서 각서를 쓰고 오셨어요. 처음에는 홍 회장만 가셨는데 '내가 어떻게 결정하느냐. 이회장이 와야 한다.' 해서 아버님이 냉온탕 하시고 머리 기름도 바르기 전에 가셨어요. 그 일이 끝나고 신라호텔 22층 아까 그 방에 모여 그때 상황을 설명들 하시는데, 설쳐대는 군인들을 보고 홍 회장이 '저렇게 무식하게 하니 더 버티었다가는 창피만 당하겠습니다. 도저히 안 되겠습니다.' 해서 10분인가 15분 만에 각서를 쓰고 나오셨대요. 그래서 한 달 후에 TBC가 넘어갔습니다.[4]

이건희에게 동양방송국은 각별한 회사였다. 자기가 삼성그룹의 후계자가 될 가능성이 두 형들에 비해서 상대적으로 매우 낮았을 때, 그래

도 중앙일보와 동양방송국만은 자기가 경영할 것이라 생각했다. 그랬기에 이건희가 이 두 회사에 쏟은 애정과 노력은 남달랐다.

1980년 11월 30일, 신군부가 '대본 내용 그대로, 비장하지 않게, 우는 사람이 없도록 할 것'[5]이라고 주문한 가운데 TBC는 고별 방송을 했다.

좌절이 컸다. 어린 시절 영화감독을 꿈꾸었던 청년이 마침내 방송사 드라마의 제작자가 되어, 시청률을 올리기 위해 애를 쓰고 또 그렇게 노력해서 목표했던 성과를 달성해 뿌듯한 성취감에 젖을 때, 그건 행복이었다. 그 행복을 송두리째 빼앗긴 것이었다.

지금은 대한민국에서 아무것도 두려울 게 없을 것 같은 삼성과 그 조직의 수장인 고故 이병철과 이건희. 과거 모습은 이렇게 달랐다. 지금 비판받고 있는 모습을 생각하면 젊은 사람들은 상상하기조차 힘들 것이다. 어쩌면 이런 과정이 있었기에 현재와 같이 막강한 권력을 만들어낸 것이 아닐까?

흔히 재벌 그룹이라면 온갖 이권과 비리 속에 싹튼 암적인 존재라고 생각하기 마련이다. 실제로 우리 사회 한쪽에서는 재벌해체의 목소리가 드높다. 그런데 과연 삼성이 해체되면 모두가 원하는 정의가 실현되고 모두가 잘 사는 세상이 되는 걸까? 이런 의문들에 대해 연구하고 해답을 찾아 나가는 것도 분명 의미 있는 작업일 것이다. 하지만 이 책에서 다루는 내용은 위와 같은 문제 제기와 해결책은 아니다. 그 전에 우리가 반드시 살펴보아야 할 바는 그곳에 어떻게 도달했는가 하는 점이다.

2010년 기준 삼성그룹의 임직원은 34만 4천명에 달한다. 그리고 또 매년 수만 명씩 새로운 사람을 뽑는다. 물론 여기에는 외국인 임직원도 포함되어 있다. 삼성은 대한민국에 본사를 둔 글로벌 기업이기 때문이다. 삼성그룹의 대표적인 회사인 삼성전자만 보더라도, 국내 근무 인력과 해외 근무 인력이 반반이다.

또한 2011년 삼성그룹의 매출 255조 원은, 대한민국 한해 예산인 325조 원의 75%에 육박한다. 그만큼 삼성이 대한민국에 끼치는 영향은 막강하다고 할 수 있다.

우리가 수많은 자료와 문헌을 통해 파악한 바로는 그 중심에 분명히 이건희가 있다. 1987년 회장에 취임한 후 올해로 25년째 삼성을 이끌고 있다. 그가 취임했을 당시, 삼성그룹의 총 매출액은 17조 4천억 원이었다.

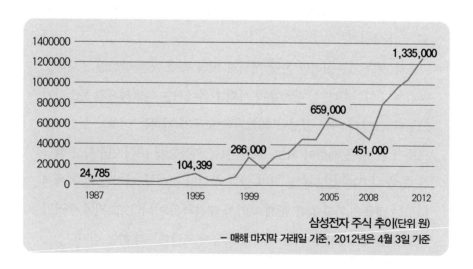

삼성전자 주식 추이(단위 원)
- 매해 마지막 거래일 기준, 2012년은 4월 3일 기준

단순히 숫자로 판단하지 않더라도, 현재 삼성의 브랜드 가치(세계 17위) 등을 고려하면 그야말로 상전벽해가 이뤄진 것이다. 이건희가 회장으로 취임했을 당시에는 국내 선두권 기업에 머무를 뿐 세계 시장에선 전혀 인정받지 못했던 삼성이었다.

스티브 잡스, 잭 웰치, 피터 드러커, 빌 게이츠, 워런 버핏, 앤드류 카네기, 록 펠러……

당신이 생각하는 뛰어난 혹은 훌륭한 경영자는 어떤 사람인가?

위에서 열거한 인물들은 모두 뛰어난 리더로 평가받고 있다. 그렇다면 그 공통점이 무엇인지 생각해 보라. 바로 자신만의 철학과 노하우를 바탕으로 소속된 조직의 가치를 드높였다는 사실이다.

우리가 누군가를 인정하고 존경하는 데에는 분명한 기준이 있다. 예를 들어, 축구 선수라면 경기를 통해 보여 준 실력을 토대로 그가 얼마나 위대한 축구 선수인가를 평가한다. 화가라면 그가 창작한 예술 작품을 통해 얼마나 대단한 화가인지를 평가한다. 작가라면 그가 집필한 작품을 통해서 얼마나 뛰어난 작가인지를 평가한다. 이것이 가장 중요하고 기본적인 방법이자 원칙이다.

위대한 경영자와 리더를 평가하는 기준에는 여기서 한 가지가 추가된다. 바로 조직의 '변화'이다. 그가 처음 조직을 이끌 때의 상황에서 현재에 이르기까지 얼마나 큰 변화가 있었는지-더 구체적으로는 발전과 성과를 말한다-를 보여 주는 구체적인 수치와 통계가 바로 그것이다.

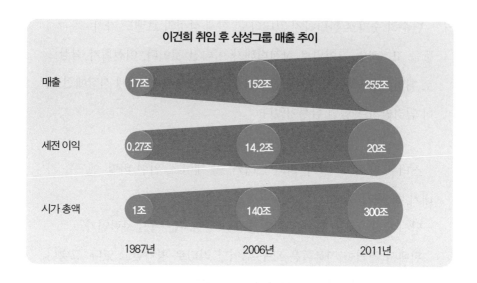

이건희 취임 후 삼성그룹 매출 추이

	1987년	2006년	2011년
매출	17조	152조	255조
세전 이익	0.27조	14.2조	20조
시가 총액	1조	140조	300조

　이건희는 '선진국을 보고 배우라'는 아버지의 지시로 초등학교 5학년 때 일본으로 유학을 갔다. 그때부터 시작된 일본과의 인연은 와세다 대학으로 이어졌다. 그 후로도 전자 산업에 뛰어들었을 때, 반도체 사업을 시작했을 때 늘 일본을 염두에 두지 않을 수 없었다. 소니와 도시바, 파나소닉과 샤프는 모두 삼성전자의 벤치마킹 대상이었다. 제품의 품질이나 세계적인 명성, 체계적인 시스템과 훌륭한 인재, 그리고 매출에 이르기까지 삼성이 이들 일본기업보다 나은 것이라곤 하나도 없었다.

　산요전기에서 라디오와 텔레비전 생산 기술을 배우기도 했고, 심지어 일본 반도체 기술자를 주말마다 한국으로 데려와 기술을 가르치게 한 적도 있었다. 하지만 여전히 삼성전자의 제품은 미국이나 일본의 전자상가에선 한쪽 구석을 벗어나지 못하는 저렴한 상품이었다.

그런 상황을 보다 못한 이건희는 1993년 신경영 선언을 외쳤다. 이미 덩치가 커진 삼성이 과연 완전히 바뀔 수 있을지 기대 반 우려 반의 시선이 그들을 주목했다.

그리고 10년 후. 삼성전자의 시가 총액은 소니를 앞질렀다. 당시 영국의 〈파이낸셜 타임스〉는 "학생이 선생을 앞질렀다"고 보도할 정도였다.

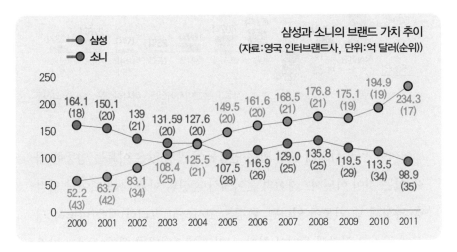

과연 무슨 일이 있었던 것일까? 이건희는 어떤 경영법으로 희대의 역전극을 이뤄냈을까?

삼성전자는 작은 성취에 만족하지 않고 무섭게 달려 나갔다. 언젠가부터 일본의 전자 기업은 더 이상 삼성전자의 경쟁자로 여겨지지도 않았다.

다시 처음으로 돌아가서 묻는다.

"과연 한국에는 위대한 경영자가 정말 없는 것일까?"

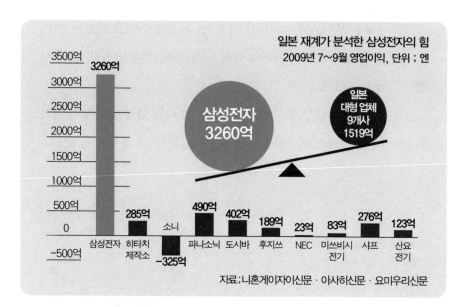

일본 재계가 분석한 삼성전자의 힘
2009년 7~9월 영업이익, 단위 ; 엔

삼성전자
3260억

일본
대형 업체
9개사
1519억

3260억

3500억
3000억
2500억
2000억
1500억
1000억
500억
0
-500억

삼성전자
히타치
제작소
285억
소니
-325억
파나소닉
490억
도시바
402억
후지쓰
189억
NEC
23억
미쓰비시
전기
83억
샤프
276억
산요
전기
123억

자료;니혼게이자이신문 · 아사히신문 · 요미우리신문

어쩌면 우리 사회에 존경 받는 인물들이 많지 않은 이유는 엉뚱한 데에 있는 것이 아닐까? 자신의 분야에서 혼신의 힘을 다해 뛰어난 업적을 달성해 낸 인물이 있다면, 존경은 고사하고 그러한 점을 마땅히 세상에 알리고 인정해 주어야 한다. 그리고 필요하다면 배워야 하고 따라야 하지 않을까? 성숙한 사회에 가장 필요한 것은 바로 이러한 자세가 아닐까 생각해 본다.

한국에 잭 웰치와 피터 드러커와 스티브 잡스 같은 위대한 경영자가 없는 이유는 어찌 보면, 우리가 한국의 경영자들에 대해 색안경을 낀 채 그들의 경영 능력과 리더십을 제대로 평가조차 하지 않았기 때문일지도 모른다.

이 책의 집필 목적은 이건희를 포장하여 실제 능력보다 과장하거나,

반대로 왜곡되고 편협한 시각으로 그를 평가절하하기 위한 것이 아니다. 철저히 사실을 바탕으로 어떻게 그가 삼성을 초일류 글로벌 기업으로 이끌었는지 밝히려는 것이다.

또한 이건희에 대한 연구 프로젝트의 일환이며 그의 리더십과 경영 능력을 정확히 분석하고 정리하여 주고자 하는 것이다. 따라서 본문에 중점을 둔 부분 역시 그의 경영 능력이고 리더십의 근원이다.

지금까지 우리는 너무나도 당연하고 기본적인 사실은 내버려둔 채, 다양한 방법으로 그를 조명하고 분석했다. 그 결과 지금까지 이건희를 주제로 한 책들이 여러 권 나왔음에도 불구하고, 독자들이 그에게서 무엇을 제대로 얻고 배워야 하는지 제대로 알려 주고 있는 책은 별로 없다.

따라서 스스로를 경영하거나, 리더가 되어 조직의 성장을 반드시 이루고 싶은 사람들이거나, 나아가 뛰어난 경영자를 목표로 하는 사람들에게 이 책은 좋은 교재가 될 수 있을 것이다. 뿐만 아니라 이 책은 피터 드러커나 잭 웰치, 스티브 잡스와 같은 다른 나라의 경영자들을 상대적으로 높이 평가하면서 한국의 경영자들에 대한 분석과 인정이 잘 이뤄지지 않은 시대에 분명히 경종을 일으켜 줄 만한 책이 될 것이다.

Contents

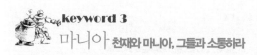

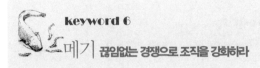

keyword 6
메기 끊임없는 경쟁으로 조직을 강화하라

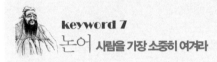

keyword 7
논어 사람을 가장 소중히 여겨라

keyword 8
연 기회는 위기에서 포착하고, 기회에선 위기를 대비하라

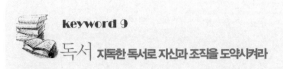

keyword 1
진돗개
집요함으로 끝장을 보라

정의 1962년 천연기념물 제53호로 지정되어 있는, 한국 특산의 개 품종이다.

특성 진돗개는 야생의 수렵본능, 주인에 대한 충성심과 보은, 귀가본능, 용맹성, 대담성, 결벽성, 경계성, 비유혹성 등의 우수한 품성을 지니고 있어 많은 사람들로부터 사랑을 받고 있으며, 이로 인하여 우리나라의 대표적인 국견이자 명실상부한 세계적인 명견으로 유명하다.

법칙 1

생生 데이터를 끊임없이 수렴하라

"끈기 있게 생(生)데이터를 모아야 한다. 그것이 중요한 것인지 그렇지 않은 것인지는 훗날 판명되며, 역사의 차이는 곧 기록의 차이다. 데이터, 경험, 역사, 이것은 돈 주고도 못 사는 것이다."
【이건희, 〈생각 좀 하며 세상을 보자〉, 동아일보사, 1997년, 135쪽】

세상에 위대한 기업은 많지 않거니와 있다 하더라도 오래 지속되기 힘들다. 짐 콜린스는 이에 대해 자신의 저서인 《좋은 기업을 넘어 위대한 기업으로(원제:Good to Great)》에서 대부분의 기업이 '좋은 기업으로 만족하기 때문'이라고 말한다. 보통 사람의 삶도 마찬가지다. 위대한 삶을 살지 못하는 단 한 가지 이유는 현재의 삶에 만족하고 안주하기 때문이다. 인텔의 회장인 앤드류 그로브도 과거와 현재의 성공에 안주하는 순간, 미래의 성공과 번영, 심지어 생존 근거까지 상실한다고 경고한다. 그는 미래의 경쟁에서 이길 수 있는 핵심 키워드로 '편집광'을 주목하라고 역설한다.[1] 현재의 성공과 불편 없는 삶에 만족하지 않는 사람만이 끊임없이 자신의 현실과 미래를 통찰하며 높은 목표의 삶을 추구할

수 있는 것이다.

'성을 쌓는 자는 망할 것이며, 끊임없이 이동하는 자만이 살아남을 것이다.'

칭기즈칸의 좌우명처럼 현대 지식정보화 사회에서는 끊임없이 새로운 지식과 정보를 축적하고 넓혀가며 의식과 사고의 수준을 높여야 살아남는다. '편집광'과 같은 집요함이 필요하다. 다시 말해, '살아 있는 정보'를 끊임없이 수집해야 한다는 것이다. "정보화 시대에는 필요한 정보를 누가 먼저 활용하느냐에 따라 승패가 결정되기 때문이다. 작은 데이터에서 정보가 축적되고 그 속에서 지혜가 나오는 법이다."[2]라는 이건희의 말은 그가 '정보, 특히 살아 있는 정보'를 얼마나 중요하게 생각하는지를 단적으로 드러낸다.

현대는 기록의 시대다. 적자생존이란 말은 기록하는 자가 승리하는 시대라는 뜻으로 변하고 있다. 기록의 축적은 살아 있는 데이터의 시스템화를 의미한다. 오늘의 삼성이라는 조직도 이와 같은 기록 문화를 바탕으로 만들어졌다. 이건희는 기록과 데이터를 바탕으로 독자적인 경쟁력과, 초일류 기업의 발판을 마련한다.

이러한 그의 본질적 속성은 '수렵'이라는 진돗개의 본성과 닮아 있다. 그렇다면 그가 말하는 데이터 경영 법칙은 무엇일까? 그 전에 잠깐 수렵본능에 대해 알아 보자.

진돗개의 근성을 가진 리더

진돗개는 천성적으로 수렵본능을 가지고 있다. 후각과 지구력이 뛰어난데다 용맹스럽기까지 하다. 또한 한번 목표로 삼은 것은 끝내 잡고 마는 집요한 승부 근성이 있다. 이런 점에서 이건희는 진돗개와 공통점이 많다. 현장의 살아 있는 구체적인 데이터를 포착하면 야생의 기질을 발휘하여 수렵하듯 자기 것으로 만든다. 여기에 그치지 않고 그 데이터를 실제적인 경영 법칙으로 발전시킨다. 어디에서든 살아 있는 데이터를 발견하면 무서울 정도로 집요하게 파고든다.

"도미는 어디 산이 좋죠?"

"남해가 플랑크톤이 많아 최고입니다."

"몇 킬로그램 짜리가 가장 맛있죠?"

"1.5kg입니다."

"수율은 얼마나?"

"30~35% 수준입니다."

"열량은요?"

"…"[3]

1990년대 초 호텔신라 경영지원실 실장과 벌인 유명한 대화다. 이건희는 경영자에게 전문화된 살아 있는 지식을 요구한다. 경영자는 누구보다 많이 알고, 직접 할 줄 알아야 한다. 책임자라면 당연히 생생한 데이터를 누구보다 많이 갖고 있어야 한다는 것을 보여 주는 단적인 사례다.

국가든, 기업이든, 개인이든 실수를 반복하지 않도록 기록을 잘하고 역사에서 교훈을 찾는 나라일수록 일류다. 일본이나 유럽의 50년 된 회사와 5년 된 회사의 결정적인 차이는 축적된 데이터의 양이다. 생생한 데이터, 사례 연구, 역사 같은 것은 돈을 주고도 못 사는 귀중한 것들이다.

그의 집요함을 보여 주는 일화는 또 있다.

이건희 회장이 미국 출장을 갈 때의 일이다. 서울에서 LA까지 12시간 동안 중앙일보를 본 적이 있는데, 보통 사람들처럼 재미있는 부분이나 중요한 부분만 집중적으로 또는 가려서 본 것이 아니라 맨 처음 '중' 자에서부터 시작해서 끝 페이지 광고까지 '한 글자'도 빼놓지 않고 읽었다.[4]

신문에 나온 정보 하나하나를 집요하게 자기 것으로 만드는 것이다. 이건희는 줄곧 지식사회에 대한 대비를 강조했다. 과거에는 방대한 군사력을 투입하여 총칼로 싸우지만, 지식정보화 사회에서는 머리와 맨손으로 싸운다. 이때 정보는 훌륭한 무기와 든든한 군사가 되는 것이다. 같은 시간 안에 얼마나 더 많은 정보를 수집하느냐에 따라 힘의 크기가 달라진다.

'그런데 우리는 대개 있는 사실(데이터)과 정보(인포메이션)를 구분하지 못한다. (…)환율이 올랐다는 사실은 데이터에 불과하다. 환율이 오르는 데서 오는 득실은 무엇이고, 환차손을 줄이고 환차익을 극대화하기 위해서는 무엇을 어떻게 해야 하는가가 곧 정보다. 데이터를 보고 읽는 관점에 따라 정보의 내용과 질이 달라진다. 따라서 필요에 따라 관점을 달리하고 이를 의사 결정에 반영하는 것이 곧 정보 활용의 핵심이라 할 수 있다.'[5]

살아 있는 데이터를 수집하고, 정보화하는 것은 이건희 제1의 경영법칙이다. 하지만 정보는 하루아침에 쌓이는 것이 아니다. 이것이 경쟁력

을 지니려면 오랜 시간 동안 꾸준한 노력이 필요하다. 도쿠가와 이에야스는 다음과 같이 말한다.

"사람의 일생은 무거운 짐을 지고 먼 길을 가는 것과 같다. 서두르면 안 된다. 무슨 일이든 마음대로 되는 것이 없다는 것을 알면 굳이 불만을 가질 이유가 없다. 마음에 욕망이 생기거든 곤궁할 때를 생각하라. 인내는 무사장구의 근본, 분노는 적이라 생각하라. 승리만 알고 패배를 모르면 해가 자기 몸에 미친다. 자신을 탓하되 남을 나무라면 안 된다. 미치지 못하는 것은 지나친 것보다 나은 것이다."[6]

이건희가 도쿠가와 이에야스를 안 것은 감수성이 가장 예민했을 때였다. 어린 나이에 혼자 일본에서 공부할 때, 48년 동안 다른 사람 밑에서 인내 하나만으로 버텨냈던 인물을 알게 되었다. 그 인물에 빠져듦으로써 근성과 인내를 체득한 것이다. 이러한 경험은 이건희에게 가장 커다란 시련의 시기였던 유공 인수 실패에서부터 신경영을 추진하여 성공하기 전까지 묵묵히 자신만의 데이터를 구축해 가며 10년 이상의 세월을 버티며 앞만 보고 나갈 수 있는 밑거름이 되어 주었다.

남모를 이건희의 고민과 위기

이건희는 취임 후 5년 동안 암흑의 시기를 보냈다. 별다른 리더십을 보여 주지 못했기 때문이다. 특히 회장 취임 직후 추진된 마이크로파이

브시MFC 인수와 프랑스 빠이오사와의 합작회사SEF 설립에서 별다른 성과를 내지 못하면서 자연스레 이병철과 비교가 될 수밖에 없었다. 모든 임직원들과 비서실, 언론과 국민까지도 이건희에 대해 우려를 표한 것이 큰 스트레스와 압박이 되었다.

'이건희가 과연 이병철만큼 삼성을 잘 이끌어 갈 수 있을까?'

이건희 본인의 귀에도 생생하게 들렸다. 어떻게든 가시적인 성과를 보여 줘야 했다. 그가 회장으로 취임한 후 겪었던 어려움과 압박감은 상상할 수 없을 정도였다. 이 시기에 그가 과거부터 운영되어 오던 조직을 아무런 개혁 없이 받아들였다면 과연 어떻게 되었을까? 아마 지금쯤 삼성은 그의 말대로 초일류조직은커녕 존속 자체가 불가능했을 지도 모르는 일이다.

"87년 회장에 취임하고 나니 막막하기만 했다. 세계 경제는 저성장의 기미가 보이고 있었고 국내 경제는 3저 호황 뒤의 그늘이 짙게 드리우고 있었다. (…) 회장으로 취임한 이듬해(1988년) 제2창업을 선언하고 변화와 개혁을 강조했다. 그러나 몇 년이 지나도 달라지는 것이 없었다. 50년 동안 굳어진 체질은 너무도 단단했다. 삼성이 제일이라는 착각에서 벗어나지 못했다. 특히 1992년 여름부터 겨울까지 나는 불면증에 시달렸다. 이대로 가다가는 사업 한두 개를 잃는 게 아니라 삼성 전체가 사그라질 것 같은 절박한 심정이었다. 그때는 하루 네 시간 넘게 자본 적이 없다. 불고기를 3인분은 먹어야 직성이 풀리는 대식가인 내가 식욕이 떨어져서 하루 한 끼를 간신히 먹었을 정도이다. 그 해에 체중이 10킬로그램 이상 줄었다."[7]

이류에 불과했던 삼성전자

이건희가 회장으로 취임했을 당시에 삼성은 이미 국내에서 몇 가지 분야에서는 1위를 다투는 선두 업체였지만 국제 시장에서는 이름조차 제대로 알려지지 않은 상황이었다. 하지만 국내 선두 기업임에도 불구하고 체계조차 제대로 갖추지 못했다. 한마디로 이류에 불과했다. 이 사실은 이건희가 신경영 선언을 했던 1993년, 당시 일본인 고문이었던 후쿠다가 작성한 보고서에 명확히 드러난다.

"삼성전자에는 삼성병이 있다. 소비적이며 비계획적이고, 철저하지도 구체적이지도 못하다. 마이크로micro와 매크로macro도 구분하지 못한다. 삼성병을 고치지 못하면 삼성은 망한다. (…) 오늘날은 디자인의 시대인데도 불구하고 삼성 사람들은 패션 디자인에만 집착할 뿐 공업디자인이나 상품 디자인은 이해하지 못하고 있다. 새로운 상품을 생산할 때 아직도 상품기획서가 없는 회사가 삼성이다."[8]

〈경영과 디자인〉이란 제목의 이 보고서는 삼성의 개혁을 촉발시켰다. 회장 취임 후 자신이 그토록 강조했던 '질質경영'이 한순간에 무너진 듯했다.

1993년 1월의 일이다. 삼성 전자 관련 사장단과 함께 LA 시내 가전제품 매장을 둘러본 이건희는 충격적인 장면을 목격했다. GE, 월풀, 필립스, 소니, NEC 등의 제품은 매장 중앙에 전시되어 있는 반면, 삼성 제품은 찾기도 힘들게 한쪽 구석에 진열되어 있었다. 실제로 당시 삼성

제품은 외국 매장의 할인점에서 중저가 제품으로나 팔리고 있었지, 고급 백화점에서는 제대로 취급조차 하지 않는 상황이었던 것이다.[9]

그 당시 삼성의 기술적 수준을 짐작할 수 있다. 소니는 삼성보다 더 우수한 인재들이 많이 있었고, 더 우수한 기술을 많이 확보하고 있었다. 그런데 20년이 지난 지금은 어떤가? 기업의 경쟁은 그야말로 전쟁터를 방불케 한다. 지구상에 존재하는 수많은 기업들은 모두 더 나은 성과를 얻고자 애쓴다. 하지만 초일류가 되는 기업은 손에 꼽힌다.

삼성은 어떻게 앞서가던 기업들을 모두 제치고 20년만에 초일류조직이 되었는가? 여기에는 어떤 비밀이 숨겨져 있는가?

이건희가 말하는 일류의 법칙

기업의 세계는 냉혹하다. 수많은 기업들이 생겨나지만, 30년 이상 버티는 기업이 드물다. 세계 기업들 중 80%의 기업이 설립 30년 후 사라진다는 '기업수명설'이 정설로 받아들여진다. 이것만 놓고 보더라도 현상 유지를 하는 것조차 대단한 경영 능력이라고 할 수 있다. 일본 닛케이비즈니스는 총 자산액 기준으로 일본 100대 기업의 경우 한 기업이 번영을 구가하는 평균 기간이 30년에 불과하다고 발표했다. 때문에 한 가지 사업만으로 30년 이상의 번영이 어렵기 때문에 시대가 요구하는 새로운 사업으로 성공적으로 전환할 수 있는 기업만이 지속 성장과 번영을 할 수 있다고 했다.[10]

소니나 다른 초일류 기업들도 모두 열심히 일을 하고, 우수한 인재를

뽑고, 최첨단 기술을 보유하기 위해 연구 개발에 엄청난 돈을 투자하고 있다. 하지만 똑같이 경쟁을 해도, 뒤처지는 회사가 있고, 심지어 망하는 회사가 있다. 그렇다면 다른 기업들은 하지 않았는데 삼성만이 했던 것이 무엇일까? 왜 삼성은 망하기는커녕 시간이 지날수록 점점 더 강해질까?

삼성이 초일류기업으로 성장하기 위해 이건희가 강조한 제1의 경영 법칙은 바로 '살아 있는 데이터와 경험과 역사를 끊임없이 수렵하라'는 것이었다. 마치 진돗개처럼 타고난 수렵성을 바탕으로 끈질긴 승부근성을 강조한 것이다.

> "(…) 국가든, 기업이든, 개인이든 실수를 반복하지 않도록 기록을 잘하고 역사에서 교훈을 찾는 나라일수록 일류다. 일본이나 유럽의 50년 된 회사와 5년 된 회사의 결정적인 차이는 축적된 데이터의 양이다. 생생한 데이터, 사례 연구, 역사 같은 것은 돈을 주고도 못 사는 귀중한 것들이다."[11]

이건희는 정보화 시대에 낙오되지 않고, 경쟁력 높은 기업이 되기 위한 방법으로 기록, 즉 살아 있는 데이터를 강조한 것이다.

삼성의 체질을 바꾼 신경영 선언

작고한 애플의 스티브 잡스는 천재적인 프레젠테이션으로 유명했다. 반면 이건희는 자기만의 방식으로 강의하여 삼성 임직원들의 사고와 의식을 변화시켰다. 물론 한두 번의 강의로 그렇게 된 것이 아니다. 대학교의 교수도 아닌 기업의 총수가 늘 해오던 회의가 아닌, 1,000여 시간이 넘는 강의로 임직원들의 의식과 사고에 변화를 일으킨 것이다. 그 성과는 97년 IMF 위기 극복과 2000년 한 해 15조 원의 영업이익과, 신경영 선언후 2002년에 소니를 추월하는 명확한 결과로 드러났다.

2000년 한해 벌어들인 영업이익 15조는 삼성이 60년 동안 벌어들인 이익의 두 배가 넘는 수치였다. 삼성이 초일류 조직으로 탈바꿈한 것이다. 그리고 바로 2년 후 삼성은 초일류 조직 소니를 뛰어넘는 역사적인 전기를 마련했다. 이건희 리더십의 진정한 힘이 결과로 드러나기 시작한 것이다.

그 밑바탕에선 10년 이상 추진해 온 이건희식 개혁이 있었던 것이다. 프랑크푸르트 켐핀스키 호텔에서 시작된 이건희의 이른바 삼성개혁을 위한 강연이 오사카, 도쿄, 그리고 런던에 이르기까지 3개월 동안 도합 500여 시간이 넘게 진행되었다. 그 후로도 몇 개월에 걸쳐서 비공식적인 강연이 계속되었다. 1993년에 그가 삼성 임직원을 대상으로 강의한 시간은 총 1,200여 시간에 이르렀다. 200페이지짜리 책으로 따지면 약 50권 정도에 해당하는 분량이다. 그는 1993년 7월 30일 후쿠오카를 마지막으로 해외 강연을 마치고 자신의 강연 내용에서 핵심을 정리해서 책자로 만들라고 지시했다.

삼성의 철학이 된 두 권의 책

이때 만들어진 두 권의 책이 바로《삼성 신경영》과《삼성인의 용어: 한 방향으로 가자》이다. 이건희의 살아 있는 정보와 강연 내용이 담긴 이 두 권의 책은 모든 삼성 임직원에게 배포되었고, 매일 아침 한 시간 씩 신경영 책자를 읽고 토론하는 시간을 가지게 되었다. "마누라와 자식 빼고 모두 다 바꾸자!"라는 그의 신경영 철학을 처음에는 언론이 비웃었고, 임직원들이 비웃었고, 국민들이 비웃었다. 하지만 이건희는 거대 조직 삼성을 뿌리부터 바꾸는 데 모든 시간과 에너지를 투자했다.

> "내가 신경영을 선언하고 신경영 대장정이라고까지 불렸던 간담회를 가진 것은 구조적인 문제는 그 근본부터 해결해야 하고 그 근본은 사람의 마음속에 있다고 생각했기 때문이다."[12]

이건희는 치밀했고 철저했다. 거기에서 멈추지 않고, 그것을 실천에 옮겼다. '대기업의 총수라는 사람이 할 일이 없어서 외국에서 수천 명의 임직원을 앉혀놓고 8시간씩, 12시간씩, 심지어는 18시간씩 강의를 하고 있나?'라는 비난 여론도 있었다. 하지만 그는 묵묵히 1,000여 시간 동안의 집요하고 끈질긴 강의를 이어나갔다. 그리고 기존 삼성인들의 의식과 업무 방식을 모두 바꾸어 놓았다. 치열하고 끈질긴 노력을 통해 거대한 삼성을 뿌리부터 바꾸어 혁신에 성공한 것이다. 이처럼 위대한 업적은 단순한 재능이나 능력으로 이루어지는 것이 아니다. 결국 가장 중요한 것은 꾸준한 노력이며, 끈기이다.

"하루에 3시간씩 걸으면 7년 후에 지구를 한 바퀴 돌 수 있다. 위대한 업적을 이룬 것은 힘이 아니라 불굴의 노력이다."라는 영국의 문학가, 사무엘 존슨의 말처럼 우리가 매일 끊임없이 데이터를 수집하고 축적해 나간다면 그것은 위대한 경쟁력이 되어 세계를 이끌어 나갈 수 있게 될 것이다. 생존과 번영의 새로운 조건이 과거에는 끊임없는 이동이었다면, 디지털 시대인 지금은 여기서 한발 나아가 이동중이건 아니건 집요하게 데이터를 수집하고 혁신해야만 하는 것이다.

실패를 무릅쓰고
목표를 향해 전진하라

"많은 사업 가운데 우리가 꼭 해야 할 사업은 어떤 장애가 있어도 반드시 추진해야 한다. 그것이 기업인의 역할이다. 그러나 해서는 안 되는 사업, 하지 않아도 좋은 사업은 포기할 줄 아는 결단과 용기도 있어야 한다."

【이건희, 《생각 좀 하며 세상을 보자》 동아일보사, 1997년, 50쪽】

노벨문학상을 수상한 철학자 버트런드 러셀Bertrand Russell은 '망설이기보다는 차라리 실패를 선택하라'고 했고, IBM의 창립자인 탐 왓슨은 '빨리 실패하고 자주 실패하라'고 했다. 빨리 성공하는 최고의 방법은 남들보다 빨리 실패하는 것이다. 머뭇거릴 바에는 차라리 실패를 선택하는 것이 훨씬 더 나은 삶을 살아갈 수 있다. 머뭇거리며 아무것도 하지 않는 것보다는 뭐라도 하는 것이 훨씬 나은 삶의 방법이라는 것이다.

이건희도 이 사실을 알고 있었다. 그는 실패를 두려워하지 말고 일단 도전하고, 그 과정에서 실패했을 경우에는 과감하게 포기하라고 말할 줄 아는 리더였다. 삼성이라는 조직 안에서 이건희는 창의적인 실패를 권장하고 용인함으로써 도약하는 계기를 만들 수 있었다. 그 과정에서 실패한 사례 또한 무수하게 많지만, 결국 실패 또한 목표를 향해 전진할 수 있는 발판이 되어 준 것이다.

신뢰와 원칙의 이병철, 충성과 신의의 이건희

호암 이병철 회장이 중요시한 건 신뢰와 원칙이라고 할 수 있다. 그렇다면 이건희가 중요시한 건 무엇이었을까? 조직 내에서 그가 우선시한 것은 충성과 신의다. 그에게 충성은 다른 말로 믿음이다. 그는 개와 좋은 친구로 지내면서 믿음과 신의에 대한 원칙을 스스로 세워 나갔다. 이건희가 유난히 개를 좋아하는 이유는 '거짓말 안 하고 배신할 줄 모르는 충직함' 때문이었다.[13]

그는 그저 개를 좋아하는 수준의 애호가가 아니었다. 진도에 가서 손수 진돗개 30마리를 사 오고, 그것을 또 다시 교배시켜서 순종을 고르기 위해 150마리까지 늘렸다. 이렇게 늘려서 다시 30퍼센트의 순종을 고르고, 그 중에서도 또다시 엄격한 순종의 조건을 다 갖추는 3퍼센트를 골라내기까지 십수년이 걸렸다. 이건희는 치밀하고 집요한 노력 끝에 1979년 일본에서 열린 세계견종종합전시회에 순종 진돗개 암수 한 마리씩을 직접 출전시킬 수 있었고, 그 덕분에 대한민국 최초로 진돗개의 원산지를 입증하여 세계견종협회에 등록했다.

장기적인 사업에 있어서는 신용이 제일이다. 신용을 얻기는 매우 어렵
다. 시간도 오래 걸린다. 그리고 한번 얻은 신용을 계속 유지한다는 것은
더욱 어렵고 또 중요한 일이다.

그러나 신용처럼 잃기 쉬운 것도 없다. 신용이란 기업에 대한 국민의 신
뢰나 다름없다. 그런 신뢰에 어긋나는 일을 해서는 안 된다는 것이 나의
신념이다.

자신이 좋아하는 개를 세계견종협회에 등록시킨 이 상징적인 사건은 그의 성격이나 기질을 단적으로 증명해 준다. 목표로 삼은 일을 이루기 위해서는 얼마나 많은 실패를 겪든, 얼마나 오랜 시간이 걸리든 해낸다. 이러한 자세는 그의 성격을 넘어 경영철학과 법칙으로까지 발전하게 된다.

　이건희의 성격은 아버지 이병철과 그의 할아버지인 이찬우에게서부터 비롯되었다. 이병철의 선친인 이찬우는 공자나 맹자의 가르침을 중시하는 유학자였다. 이병철의 자서전인 호암자전에 보면 이러한 사실이 기록되어 있다. 유학자였던 이찬우가 가장 중시했던 것은 돈이나 물질이 아닌 서로에 대한 믿음인 충성과 신의였다.

　"비록 손해를 보는 일이 있더라도 신용을 잃어서는 안 된다."

　이것이 이건희 일가에 내려오는 유학 정신이었던 것이다. 유학에서 사람이 마땅히 지켜야 할 세 가지의 강령과 다섯 가지 도리인 삼강오륜은 삼성의 투명 경영과 윤리 경영의 토대가 되었다. 그 중에서도 인의예지신仁義禮智信의 신信은 이건희의 조부 이찬우가 가장 중시했다고 호암자전에 기록되어 있다. 그리고 유학의 삼강三綱 중에 첫 번째인 군위신강君爲臣綱은 충성의 정신이 본질에 깔려 있다. 이건희 일가의 정신적 초석은 유학 정신이었다.

신의로 이룩한 걸작 미켈란젤로의 〈천지창조〉

미켈란젤로는 교황 율리우스2세와 신의를 지키며 세계적인 걸작 〈천지창조〉를 탄생시켰다. 그는 바티칸의 시스티나 성당 천장에 그림을 그리기 위해 4년 6개월 동안, 즉 1,500일에 가까운 기간에 높이가 4미터나 되는 천장에 매달려 누워서 그림을 그렸다. 그 결과 그는 목을 움직일 수조차 없을 만큼 극심한 육체적 고통을 겪기도 했다. 그가 명작을 남길 수 있었던 것은 재능이나 천재성만 아니라 불굴의 노력과 끈질김 덕분이었다.

"노고로 나의 목에 혹이 생겼다. … 나의 배는 턱을 향해 부어오르고, 수염은 위쪽으로 뻗치고, 머리뼈는 등 쪽으로 쳐지고, 가슴은 괴물 하르피이아(그리스 신화에 나오는 여인의 얼굴을 가진 새) 같다. 내 얼굴은 붓에서 떨어진 물감 방울로 알록달록한 모자이크로 변했다. 허리는 몸속으로 깊이 박히고, 팔은 평형추처럼 흔들린다. 발치를 내려다볼 수 없어서 어림짐작으로 걷는다. 몸 앞쪽의 피부는 팽팽하고 뒤쪽의 피부는 늘어졌다."[14]

미켈란젤로가 〈천지창조〉를 제작할 때의 어려움에 대해 밝힌 부분이다. 그는 하루에 최소 18시간을 40미터 높이의 천장에 매달려 그림을 그렸다.

그의 고통이 얼마나 심한지를 알아 보기 위해 영국의 한 방송사에서 다큐멘터리 제작을 했다. 미켈란젤로가 했던 것과 거의 비슷한 작업 환경을 재현하여, 두 명의 화가가 작업을 하도록 했고, 이것을 다큐멘터리로 제작을 했다. 하지만 이 다큐멘터리는 결국 완성되지 못했다. 두 명의 화가 모두 며칠이 지나지 않아, 작업 시에 따르는 고통이 너무 심해 중도에 포기를 하거나 도망을 갔기 때문이다. 나중에 이 두 명의 화가는 미켈란젤로가 4년 동안 그 엄청난 고통을 이겨내며 완성한 천장화가 있는 시스티나 성당에 들어서자마자 저절로 무릎을 꿇었다고 한다.

미켈란젤로가 얼마나 위대한 예술가였는지를 그들은 뼈저리게 깨닫고, 40미터 높이에 그려진 41.2미터의 길이에 폭이 13.2미터나 되는 엄청난 크기의 〈천지창조〉가 얼마나 위대한 작품인지를 실감했기 때문이다.

미켈란젤로든 이건희든 목표를 정해서 일을 시작했다면 끝장을 보기 전까지는 절대 멈추지 않았다. 실패나 손해, 때로는 상처나 고통을 두려워하지 않고 끝까지 집요하게 전진하여 목표지점까지 도달하는 것이다. 어느 분야건 무언가를 이룩한 사람들은 결코 재능이나 능력이 평범한 사람보다 더 뛰어난 것이 아니라, 무엇보다 끈기가 남달랐음을 알아야 한다. 목표를 정해서 끝까지 도전하고, 실천하는 이들이 어떻게 성공하지 않을 수 있겠는가!

4미터나 되는 높은 천장의 구석은 사실상 어떤 사람도 볼 수 없는 사각 지대이다. 하지만 미켈란젤로는 고집스럽게 구석까지 완벽하게 혼을 다해 벽화를 그렸다. 이런 의지를 가지고 있다면 그 어떤 위대한 일도 하지 못할 수 있겠는가? 삼성과 이건희가 놀라운 성과를 이룩한 것의 토대가 되어 준 것 역시 불굴의 의지와 '할 수 있다'는 믿음이었다.

또한 '실패'를 두려워하지 않는 대담성과 실패를 하더라도 꼭 해야 할 사업은 반드시 성공시키겠다는 집념이 바로 삼성을 100배 성장시킨 숨겨진 비밀의 법칙이다.

때를 놓치지 않고 대담하게 공격하라

"생각할 시간이 없다. 현재 맡은 것을 빨리 정상궤도에 올리고, 뛰고, 제대로 된 물건을 세계 시장에 내서 그걸 1등으로 만들어야 한다."
【〈연합뉴스〉, "이건희, '제대로 된 물건 세계 1등으로'", 2011.03.08.】

우유부단함은 무능함과 비효율의 다른 모습이다. 그리고 그 자체로 실패라고 규정지을 수 있다. 경영자들이 존경하는 CEO로 가장 많이 꼽는 인물은 단연 잭 웰치다. 그는 리더가 갖추어야 할 덕목으로 4E 리더십을 주창한 바 있다. 4E 리더십이란 활력Energy, 동기부여Energize, 결단력Edge, 실행력Execute을 가리킨다. 그는 특히 결단력을 강조했다.[15]

우유부단하여 때를 놓치는 사람은 아무것도 해낼 수 없는 약한 자다. 지금 해야 할 일이라고 판단이 된다면 절대 머뭇거려서는 안 된다. 때를 놓치지 않고 대담하게 공격하고 시도하고 도전해야 한다.

일단 저지르는 것이 아무것도 하지 않는 것보다 낫다

'일단 저지르는 것'이 '아무것도 하지 않는 것'보다 훨씬 낫다. 이것 저것 생각하다 보면 아무것도 시도해 보지 못한 채 후회만 하며 인생을 다 보낼 수도 있다. 정말 자신이 원하는 것이 무엇인가에 대해 진지하게 생각해봐야 한다. 그리고 그것을 당장 해야 한다. 이건희가 조직에게 요구한 것은 바로 이것이었다.

이건희가 삼성의 회장에 취임했을 때 삼성은 심각한 수준의 삼성병을 앓고 있었다.

"삼성은 지난 1986년도에 망한 회사입니다. 나는 이미 15년 전부터 위기를 느껴왔습니다. 지금은 잘해 보자고 할 때가 아니라 죽느냐 사느냐의 기로에 서 있는 때입니다."[16]

이건희는 삼성그룹에 골고루 퍼져 있는 고질병에 대해 '(삼성)전자는 암에 걸렸다. 중공업은 영양실조다. 건설은 영양실조에 당뇨까지 겹쳤다. 종합화학은 선천성 기형이요, 물산은 전자와 종합 화학을 나눈 정도의 병이다.'라고 진단했을 정도였다.

무엇보다 이건희에게 큰 충격을 주고, 자극을 주었던 것은 세탁기 면도칼 사건이었다. 1993년 6월 5일, 프랑크푸르트를 향해 떠나려는 이건희에게 삼성 사내방송팀이 비디오테이프 한 개를 전달했다. 삼성전자의 세탁기 조립과정을 생생하게 담은 영상물이었다.

세탁기 생산현장, 납품받은 세탁기 뚜껑 여닫이 부분의 플라스틱 부품이 규격에 맞지 않았다. 그런데 현장 직원은 대수롭지 않게 칼로

2mm를 깎아내 조립하는 장면이었다. 원칙대로라면 뚜껑 부분의 플라스틱을 새로 설계하여 다시 생산해야 했다. 더 놀라운 것은 플라스틱 뚜껑을 깎던 하청업체 직원이 급한 용무로 가버리자 다른 직원들이 투입되어 플라스틱을 깎는 것이었다. 현장의 누구도 이런 일을 자행하는 데 대한 거리낌이 없었다. 모두에게 불감증이 만연해 있었다.[17]

이건희는 곧바로 비서실 차장인 이학수에게 전화했다. 불같이 화를 내며, 자신의 말을 모두 녹음하게 한 후 지시했다.

"내가 질質 경영을 그렇게도 강조했는데 이게 그 결과요? 몇 년 동안 그렇게나 강조를 했는데 변한 게 고작 이거요? 사장들과 임원들 전부 프랑크푸르트로 집합시켜요. 이제부터 내가 직접 나섭니다." [18]

이 사건을 통해 이건희는 다짐하고 또 다짐했다. 지금이 바로 조직이 변화할 시기이며, 조직의 건강한 구조를 만들기 위해 어떤 손해라도 감수해야 한다는 것을. 그는 이 생각을 대담하게 실천하기 시작했다. 당장 시작하지 않으면 더 큰 피해가 올 것임을 예상했기 때문이다. 그냥 가다가는 삼성은 반드시 삼류로 전락하고, 망할 수밖에 없게 된다는 사실을 확신했던 것이다. 그가 선택한 방법은 무조건 건너서 돌파하는 것이었다.

관리의 삼성에서 도전의 삼성으로

그때까지 삼성의 기업문화는 한 마디로 '관리, 또 관리'였었다. 쉽게

말해 '돌다리도 두들겨 본다'가 아니라 '두들겨 본 돌다리도 다른 사람이 건너간 뒤 건넌다'였다. 절대로 그 어떤 실수도 잘못도 용납하지 않았기 때문에 업무에 있어서 늘 조심스러웠던 것이다. 이러한 조직 문화 속에서는 그 어떤 새로운 가치 창조와 도전과 변화와 혁신도 절대적으로 불가능하다는 사실을 절대 초일류 기업이 탄생할 수 없다는 사실을 이건희는 깨달았다. 그는 절대적인 변화와 혁신이 삼성그룹에 반드시 필요하다는 사실을 직감했다. 바로 이때 그가 말했다.

"돌다리가 아니라, 나무다리라도 있으면 건너가야 합니다. 썩은 다리가 있으면 뛰어서 건너가야 합니다."

이러한 절박함 속에 이건희는 보신주의나 관료주의에 물든 조직을 역동적이고 살아 있는 조직으로 만들고자 했다. 먼저 과거의 자신을 뛰어넘고, 삼성이라는 거대한 배가 과거 관리의 삼성, 관료주의에 물든 삼성을 건널 수 있도록 체질을 바꾸려고 했다. 그의 '신경영 선언'이 탄생한 배경이다.

"관료주의Bureaucracy는 '생산성의 적Productivity's enemy'이다. 관료주의를 가지고는 세계 제1위 또는 제2위의 기업이 될 수 없다. 조직은 신뢰, 열정, 자유Trust, Excitement, Informality로 가득해야 한다. 매니저Manager라는 말 대신 리더Leader라는 말을 사용하라. 빠른 물살에 얼음이 얼지 못하듯이, 의욕을 가지고 역동적으로 일하는 분위기 속에는 관료주의가 자랄 수 없다. 나는 관료주의를 멸시Desdain한다." [19]

초일류 기업이 되기 위해서는 조직의 곳곳에 신뢰와 열정, 자유와 역동으로 가득해야 한다. 사람이든 기업이든 빠른 물살에 얼음이 얼지 못하듯 의욕을 가지고 역동적으로 일하는 분위기 속에서는 조직의 성장을 가로막는 장애물이 생겨날 수 없는 것이다.

이건희는 관료주의에 물든 관리의 삼성을 역동적인 삼성으로 바꾸고자 직접 진두지휘하며 삼성호를 이끌어 나갔다. 그 결과 삼성은 '관리의 삼성', '이류의 삼성', '우물 안의 개구리 삼성'을 벗어나 일류 조직 삼성으로 넘어갈 수 있게 되었다. 그것도 불과 10년 만에.

이건희는 현재의 자신을 뛰어넘어 새로운 삼성으로 건너가기 위해 신경영 선언을 하고 7·4제를 실시했고, 사장보다 두세 배나 많은 연봉을 받는 인재를 영입하는 등 새로운 개념을 조직 안에 부여했다.

돌다리든 뗏목이든 나무다리든 뭐든지 건너가라는 그의 주문은 나태해져서 복지부동의 보신주의에 찌든 삼성을 역동적이고, 도전적이고, 창조적으로 바꾸어 놓았다. 오랫동안 굳어진 조직이 생기 있고 역동적인 조직으로 거듭나게 된 것이다.

성공하는 유일한 방법은 행동이다

현대 경영학의 창시자인 피터 드러커는 이건희가 주장했던 행동과 실천력의 중요성에 대해 다음과 같이 말한 적이 있다. "꿈과 목표와 신념을 실천하는 일, 즉 성공을 이루는 유일한 방법은 행동이다." 라빈드

"내가 질質 경영을 그렇게도 강조했는데 이게 그 결과요? 몇 년 동안 그렇게 나 강조를 했는데 변한 게 고작 이거요? 사장들과 임원들 전부 프랑크푸르트로 집합시켜요. 이제부터 내가 직접 나섭니다."

라나트 타고르Rabindranath Tagore는 더욱 더 가슴에 와 닿는 말을 했다.

"물을 바라보는 것만으로는 바다를 건널 수 없다."

이 사실을 이건희는 잘 알고 있었다. 바라보는 것만으로는 절대 그 어떤 바다도 건널 수 없다는 사실을, 그래서 무조건 행동할 것을 주문했던 것이다. 이건희가 주문했던 것처럼 때를 놓치지 않고 공격적인 경영법을 통해 큰 성공을 이룬 사례는 이외에도 많다.

일본의 모리타 아키오와 이부카 마시루는 1946년에 소니라는 회사를 세웠다. 그런데 놀라운 사실은 이들이 회사를 세운 후에도 무엇을 해서 어떻게 돈을 벌 것인지를 아는 사람은 아무도 없었다는 사실이다. 이들은 자신들이 무엇을 해서 어떻게 돈을 벌 것인지 결정하기도 전에 먼저 일단 회사를 창립했다. 어떻게 보면 무모하게 보이고, 어리석게 보이지만, 이들은 빠른 결단력과 실천력을 바탕으로 지금의 소니를 만들어 낸 것이다.

세계 정보 기술 분야의 최강자로 군림했던 휴렛팩커드HP 역시 비슷한 사례다. 이 회사를 창립한 빌 휴렛과 데이비드 패커드는 남들 다 만드는 사업 계획서 한 장 없이, 심지어는 무엇을 할 것인지조차 결정하지 않은 채, '먼저' 차고에 회사를 차렸다. 그것이 휴렛팩커드의 시작이었다.

이들은 모두 물을 바라보는 것만으로 바다를 건널 수 없다는 진리를 잘 알고 있었던 인물들이었다. 먼저 건너가는 모험을 감행했기 때문에

소니와 휴렛팩커드를 만들 수 있었던 것이다.

일본 최고 부자 손정의 역시 돌다리든 뗏목이든 나무다리든 대담하게 건넜던 인물이다. 그가 처음 회사를 만든 장소는 아무 준비도 안 된 허름한 창고였고, 직원도 제대로 구하지 못해 임시 직원 두 명만으로 무작정 회사를 창립했다. 그는 창고의 사과상자 위에 서서 아르바이트생 두 명 앞에서 무모한 이야기를 했다.

"우리 회사는 5년 이내에 100억 엔, 10년 후에는 500억 엔, 언젠가는 1조 엔대의 기업이 될 것이다."

회사 준비도 제대로 되지 않은 창고의 사과 상자 위에서 허황된 말을 하는 이상한 청년 사장을 견디지 못한 아르바이트생 두 명은 한두 달도 채 못 버티고 그만 두었다. 이것이 오늘날 일본의 대표적 기업인 소프트 뱅크의 시작이었다. 손정의는 결단력이 뛰어난 인물이었다. 이러한 결단력과 행동력은 급변하는 21세기에 리더들이 반드시 가지고 있어야 할 덕목이다. 고대 중국의 한비자가 말한다.

"일이란 빨리 결단해야 한다. 오리五里를 걷는 동안 일을 결단할 수 있는 자는 왕이 될 수 있는 자다. 구리九里를 걷는 동안에 결단할 수 있는 자는 왕은 될 수 없지만 강한 자임에는 틀림이 없다. 일을 결정하는 데 우물쭈물 날짜를 보내고 있다면 정치가 정체되기 때문에 나라가 깎이는 결과가 된다."

국가든 기업이든 우물쭈물하다간 뒤처진다. 빨리 결단해야 하고, 빨리 실행해야 한다. 결단과 행동을 통한 실천은 무엇을 하더라도 반드시 필요한 덕목이다. 망설이는 사람보다 더 무능한 사람은 없다. 능력이 없어서 무능한 것이 아니라, 망설이기 때문에 무능해지는 것이다.

"재능 있는 사람이 이따금 무능하게 되는 것은 성격이 우유부단하기 때문이다. 망설이기보다는 차라리 실패를 선택"(B. 러셀)해야 한다. "무엇이든 할 수 있다고 생각되면 당장 시작하라. 대담한 행동 안에 천재성과 힘과 마법이 있기 때문"이다.(괴테)

가만히 앉아서 생각만 하는 것은 망설임과 다를 바 없다. 천 마디의 말이나 공허한 아이디어보다 중요한 것은 때를 놓치지 않고 중요한 순간에 과감하게 실행하는 것이다. 이처럼 결단과 실행은 성공의 필수 법칙이다.

episode 1
이건희와 진돗개

이건희는 1942년 1월 9일 경남 의령군에서 삼성의 창업주인 이병철과 그의 아내 박두을 사이에서 셋째 아들로 태어났다. 초등학교 5학년이 되기까지 그의 어린 시절은 평범했다. 하지만 보통 가정과 같지는 않았다. 왜냐하면 이건희는 젖을 떼자마자 할머니 밑에서 자랐기 때문이다. 그가 다시 어머니 품에 안겨 본 것이 네 살 때라고 한다. 그 전까지 이건희는 할머니를 어머니라고 착각하며 자랐다. 그의 초등학교 시절은 전학의 연속이었다. 친구를 사귈 만하면 전학을 했고, 또 사귈 만하면 다시 전학을 했다. 사업을 하는 아버지 탓에 이사를 자주 다녔기 때문이다.

그의 비범함, 혹은 남다름이 고개를 든 시기는 초등학교 5학년 무렵 일본으로 유학을 가고 나서부터였다. '선진국을 보고 배우라'는 부친의 지시로 인해 초등학교 5학년이었던 이건희는 한국을 떠나, 당시의 선진국이었던 일본에 가서 3년 동안 살게 되었다. 이건희의 비범성, 혹은 남다름은 바로 이때부터 본격적으로 시작되었다.

그렇다면 그의 남다름이란 무엇일까? 그것은 바로 자연적인 외로움으로 비롯된 의도적인 몰입이었다. 특히 그는 개와 영화와 기계에 깊게 빠져들었다. 그저 빠져든 정도가 아니라, 철저하게 분석하며 집요하게 파고들었다. 먼저 애완견의 경우 보통 사람이라면 좋아하는 정도, 아니면 그 품종에 대해 많은 지식을 아는 정도에서 더 나아가지 않는다. 그 분야에 대해 연구를 하거나, 학위를 받고자 공부하는 사람이 아니라면 더더욱 그렇다. 하지만 이건희는 달랐다.

앞에서 언급했듯이 그는 그저 좋아하는 애호가 수준에서 한 발 더 나가서, 직접 진도에 가서 순수 진돗개 30마리를 사 오고, 그것을 또 다시 교배시켜서 순종을 고르기 위해 150마리까지 늘렸다. 이렇게 늘린 진돗개를 또 고르고 골라서 무려 12~13년이란 세월 동안 완전한 혈통의 진돗개를 만들어 이건희는 1979년 일본에서 열린 세계견종종합전시회에 순종 진돗개 암수 한 마리씩을 직접 출전시킬 수 있었고, 그 덕분에 대한민국 최초로 진돗개의 원산지를 입증하여 세계견종협회에 등록시킨 것이다.

그렇다면 이건희는 왜 개를 좋아하게 되었을까? 그건 아주 자연스럽고 당연한 과정이었다. 무엇보다 어린 나이에 부모님을 떠나서 홀로 견

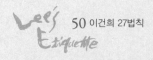

려야 했던 타국에서의 외로움 때문이었다. 아홉 살 위의 형과 함께 생활했지만 나이 차가 많은 형은 이건희에게 대화 상대도 되지 못했다. 혼자서 외로움을 달랠 수 있는 무언가가 필요했다. 그는 그런 외로움을 개를 키우면서 달랬던 것이다.

어린 나이의 이건희에게 타국 생활은 무척 힘이 들었다. 그런 상황에서 그가 소통을 나누고, 애정을 줄 수 있었던 상대는 개가 유일했을 것이다. 어찌 보면 개는 이건희에게 그 시절 유일한 대화 상대였다.

자신의 에세이《생각 좀 하며 세상을 보자》에 보면 그가 직접 밝힌 바에 따르면 개가 좋은 친구가 될 수 있다는 것이었다. 좋은 친구를 넘어 그는 사람과 동물 간에 심적 대화가 가능하다는 것도 그때 알게 되었다고 술회했다.

비록 경제학과 경영학을 전공하긴 했지만, 삼성전자의 수장으로서 기계에 대한 그의 집요한 탐구욕도 빼놓을 수 없다. 그의 남다름이 드러난 것 중에 하나가 바로 기계였다.

외로움을 달래기 위해 그는 영화와 개에 애정을 쏟았고, 더불어 기계에 몰두했던 소년이었다. 그는 누구보다도 전자 제품에 대해 끈질기고 치밀한 분석을 해야만 직성이 풀렸다. 그것이 소년 이건희에게는 외로움을 달랠 수 있는 또 하나의 방법이기도 했을 것이다. 그는 전자제품을 분해하는 것을 누구보다 잘할 수 있을 만큼 도가 텄다. 그 실력은 어린 시절 일본 유학 시기에 형성되었다고 해도 과언이 아니다.

이러한 분해는 기계에 대해 애착이 없는 사람은 절대 할 수 없는 매우 성가시고 귀찮은 것이다. 필자 역시 십 년 이상 최첨단 휴대폰 수만 개를 직접 두 손으로 분해해 보고 조립해 본 적이 있는데, 분해하고 조립하는 과정은 매우 지루하면서도 끈기를 요구하는 작업이다. 이건희가 기계에 몰두할 수 있었던 것은 기계에 대한 남다른 애착에서 비롯되었고, 그러한 애착은 결국 그가 경영자로서 두각을 나타낼 때, 좋은 토대가 되어 주었음이 분명하다. 그가 어린 시절에 기계에 몰두하고 애착을 느끼게 되어, 전자제품의 분해에 익숙해졌기에, 그룹의 회장이 되고 나서, 이류 삼성을 일류 삼성으로 끌어올릴 수 있었던 신경영의 기폭제가 되어 준 사건이 일어날 수 있었다.

LA 출장 시 삼성의 제품이 한쪽 구석에서 온갖 먼지만 덮어 쓴 채 천덕꾸러기 신세가 되어 있는 것을 보고 그는 삼성 VCR과 도시바 VCR을 구입하여, 호텔에 들어와서 두 제품을 직접 분해했다. 그리곤 삼성이 도시바 제품보다 못한 이유를 직접 사장과 임원들에게 말한다. 이것 역시 신경영 선언의 기폭제가 되어 준 사건 중 하나였다.

한국적인 비평문화의 새 장을 열었다고 평가받는 강준만 교수는 자신의 저서인 《이건희 시대》에서 이건희에 대해 이렇게 평가한다.

이건희는 한 마디로 '어려서부터 특수한 환경에서 특수한 교육을 받고 자라났고, 그러한 극소수의 사람들 중에서도 워낙 특수한 성격을 가졌기 때문에 인간에 대한 우리의 기존 지식으로는 제대로 파악이 안 되는 인물'이다. 그렇기 때문에 이건희란 인물을 한 마디로 정의하는 것

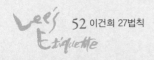

이 매우 어렵고 복잡한 문제라는 사실을 토로하면서도, 그는 기업경영의 관점에서 보는 천재가 있을 수 있다고 한다면 이건희는 천재이거나 천재에 가까운 인물일 것이라고 했다.

　진돗개 이건희는 한번 물면 절대 놓지 않는다. 목표에 대한 집중력과 끈기는 타의 추종을 불허한다. 물건에 대해 호기심이 생기면 책을 찾아 보고 사용해 보는 정도에서 끝을 맺지 않는다. 직접 분해해 보고, 조립해 보고, 남들이 잘 보지 않는 제품의 속까지 다 들여다봐야 직성이 풀린다. 개를 사랑하고 좋아하는 마음이 생기면 개를 기르는 것으로 만족하지 않는다. 더 깊게 더 넓게 남들보다 한 단계 혹은 두 단계 더 깊이 들어가서 끝장을 봐야 한다.
　이러한 특성이 이건희의 리더십을 형성한 주요한 동력이었던 것이다.

keyword 2
영화
다각적으로 사고하라

정의 일정한 의미를 갖고 움직이는 대상을 촬영하여 영사기로 영사막에 재현하는 종합 예술.

특성 순간을 기록한 장면을 연속하여 촬영한 동영상과 같이 기록한 음성을 함께 편집하여, 어떤 내용을 전달하게끔 꾸며서 만든 영상물이다. 영화는 여러 사람들의 협동으로 만들어진다. 경우에 따라서는 한 사람이 여러 역할을 담당하거나 여러 사람이 한 역할을 담당하기도 한다.

리더에겐 관리가 아닌 창조가 필요하다

"그저 생각 없이 화면만 보면 움직이는 그림에 불과하지만, 이처럼 여러 각도에서 보면 한 편의 소설, 작은 세계를 만나게 되는 것이다. 이런 방식으로 영화를 보려면 처음에는 무척 힘들고 바쁘다. 그러나 그것이 습관으로 굳어지면 입체적으로 생각하는 '사고의 틀'이 만들어진다. 음악을 들을 때나 미술작품을 감상할 때, 또 일할 때에도 새로운 차원에서 눈을 뜨게 된다."
【 홍하상, 《이건희》, 한국경제신문, 2003년, 54쪽 】

　창의력이 없는 사람은 다른 사람을 부리기보다는 부림을 받는다. 따라서 창의력이란 있으면 좋고 없으면 그만인 것이 아니다. 특히 리더나 경영자들이 창의력이 없다면 그 조직의 미래는 없다. 경영자가 실무자들을 잘 관리만 하면, 그들이 알아서 새로운 것을 만들어 올 것이라고 생각하는 건 구시대적 발상이다. 그렇다면 어떻게 해야 창의력이 있는 리더가 되는 것일까?

　'상상할 수 없다면 창조할 수 없다.' 작가이자 화가인 폴 호건Paul Horgan 에 따르면, '존재하지 않는 것을 상상할 수 없다면 새로운 것을 만들어 낼 수 없으며, 자신만의 세계를 창조해 내지 못하면 다른 사람이 묘사하고 있

는 세계에 머무를 수밖에 없다. 그렇게 된다면 자기 자신의 눈이 아닌 다른 사람의 눈으로 실재를 보게 된다. 더 나쁜 것은 환상을 볼 수 있는, 통찰력을 갖춘 마음의 눈을 계발하지 않는다면 육체의 눈으로 아무것도 볼 수 없다는 것이다.'[1]

리더라면 자신이 스스로 만든 사고의 틀을 통해 자신만의 세계를 확장시켜 나가야 한다. 스스로 상상을 못하는 사람들은 남의 눈을 빌려서야 세계를 보게 되고, 남의 세계에 갇혀 살아야만 한다. 그런 점에서 창의력이 없는 사람은 다른 사람의 세계에 갇혀 사는 노예가 되고 마는 것이다. 결국 남의 눈을 빌려 실재를 보게 되는 사람은 타인의 시야와 폭을 넘어설 수 없게 된다. 남들이 보지 못하는 것을 볼 수 있어야 훌륭한 리더가 될 수 있다. 세상을 이끌고 더 넓고 높게 확장시키는 리더는 남과 다른 것을 생각하고 창조할 수 있어야 한다. 생각 없이 화면만 바라보면 영화도 움직이는 그림에 불과하듯, 우리의 삶도 생각 없이 살아가게 되면 단순한 시간의 흐름과 일상의 반복에 지나지 않는다. 그러한 삶 속에서는 백 년이 지나고 천 년이 지나도 발전과 성장이 없다. 창조성이 결여되어 있기 때문이다. 창조를 통해 성장과 발전을 할 수 있는 자는 입체적 사고를 바탕으로 새로운 차원에 눈을 뜰 줄 아는 자들이다.

이건희 제4법칙은 입체적으로 사고하여 본질을 꿰뚫어 보라는 것이다. 그는 어린 시절 수천 편의 영화에 파묻혀 지내면서 새로운 경영법을 구상할 수 있었다. 바로 창조적이고 다각적인 사고다.

창의력이 연봉을 결정한다

다변화된 세상도 그 속을 관통하는 본질이 있기 마련이다. 그래서 그 본질을 꿰뚫어 볼 수 있는 사람은 어떤 경쟁에서도, 어떤 분야에서도 승리할 수 있다. 우리가 오랫동안 비싼 등록금을 내면서 공부를 하고, 혹은 엄청난 양의 책을 읽는 것은 모두 이 세상을 움직이고 있는 사물의 본질과 이치를 남들보다 더 잘 꿰뚫어 보기 위해서이다. 학력에 따라 연봉 차이가 나는 이유 중 하나는 공부를 통해 본질을 꿰뚫어 볼 수 있는 능력의 차이 때문이다. 또한 같은 학력이라도 더 많은 공부를 하고, 더 많은 경험과 다양하고 폭 넓은 독서를 한 사람은 그렇지 못한 사람보다 훨씬 더 본질을 잘 꿰뚫어 본다.

성공과 실패를 가르는 것이 무조건 열심히 하는 데 있는 것은 아니다. 무조건 열심히 하는 사람이 성공하는 시대는 지났다. 철저한 전략과 계획을 통해 영리하게 일을 하는 사람이 성공할 수 있다. 후자의 경우가 좀 더 본질을 꿰뚫어 보는 것에 가깝다. 세상의 본질을 꿰뚫어 보는 방법이나 기술은 누가 가르쳐 주거나 배울 수 있는 그런 종류의 것이 아니다. 웅변 학원이나 수영 학원처럼 단순하게 기술을 전수해 줄 수 있는 것이 아니기에 본질을 꿰뚫어 볼 수 있는 능력은 스스로 길러야만 하는 것이다.

창조적이지 않은 사람들은 무심코 지나치는 수많은 현상들에 대해 어떤 의문도 제기하지 않는다. 왜 야구 감독은 유니폼을 입고 농구감독은 양복을 입을까? 왜 우유팩은 사각형이고 콜라 캔은 사각형이 아닌 원통형일까? 능력이 똑같아 보이는 사람들인데 왜 봉급이 차이가 나는 걸까? 이러한 사실들에 대해서는 정답도 없고, 그것을 설명해 주는 수업이나 학교도 없다. 하지만 이런 것들에 대해 어느 정도의 견해를 스스로 가질 수 있도록 노력하고, 훈련하다보면 자신만의 독특한 견해를 가질 수 있고, 그러한 훈련은 결국 본질을 꿰뚫어 볼 수 있는 힘이 생기게 해준다.

로버트 프랭크Robert H. Frank는 자신의 저서인 《이코노믹 씽킹》(원제:The Economic Naturalist)에서 왜 우유팩은 사각형이면서 콜라 캔은 사각형이 없고 원통형뿐인지에 대해 다음과 같이 설명한다.

콜라 캔을 비롯해서 유리병과 같은 모든 음료수병은 원통형이다. 가령 사이다, 환타 병과 캔은 모두 음료수이다. 그런데 우유팩의 경우에는 직사각형이다. 물론 지금은 원통형으로 된 플라스틱 우유도 출시되고 있다. 하지만 우유팩의 경우에는 아직도 직사각형뿐이다. 그 이유는 콜라와 사이다, 환타와 같은 것들은 잘 알다시피 '음료수'다. 용기를 잡고 그대로 마시고 소비하는 제품이다. 그렇기 때문에 본질상 사람이 잡고 마시기 편한 원형이어야 하는 것이다. 하지만 우유팩의 경우에는 그 본질이 음료가 아니라, 컵이나 다른 음식과 섞어 먹기 위해 그릇에 일정량씩 부어서 사용하는 '음식'에 더 가까운 것이다.

바로 이러한 본질에서부터 차이가 발생했던 것이다. 물론 이것보다 더 본질을 꿰뚫어 보는 답변도 얼마든지 있을 수 있다. 문제는 본질을 꿰뚫어 보는 힘이 없는 사람의 경우에는 이 차이에 대해서 그 어떤 논리적인 답변도 할 수 없다는 것이다.

좀 더 다른 본질에 접근한 대답도 있다. 대부분의 음료수는 일반 선반에 진열된다. 이런 선반은 구매 비용도 저렴하고 운영비용 역시 거의 들지 않는다. 즉 상온에서 상하지 않는다. 하지만 우유는 얘기가 다르다. 우유는 값싼 일반 선반에 진열하거나 보관할 수 없다. 우유는 본질상 음료수가 아니라 음식에 속한다. 우유는 일반 상온에서 쉽게 상한다. 그렇기 때문에 우유는 반드시 값이 비싸고 운영비용도 많이 들어갈 수밖에 없는 냉장 유리진열장에 진열되어야 한다. 하지만 냉장 진열장은 비용이 많이 들기 때문에 일반 선반보다 공간이 상대적으로 작다. 이런 공간에 진열해야만 하는 우유를 원통형으로 했을 경우, 낭비되는 선반 공간이 직사각형으로 했을 때보다 훨씬 많아진다. 이러한 본질을 모르고, 경영자가 우유팩을 원형으로 하라고 지시했다고 하자. 수많은 슈퍼마켓 주인들이 원형으로 된 우유팩을 주문할까? 아니면 기존대로 사각형으로 된 우유팩을 주문할까?

처음에는 이러한 사실을 모르고 주문할 수도 있을 것이다. 하지만 실제로 우유를 진열하고 판매를 하면서, 슈퍼마켓 주인들은 냉장 유리진열장에 기존만큼 많은 우유를 진열할 수 없다는 사실을 경험으로 깨닫게 될 것이다. 그리고 나서 다시 사각형 팩만을 주문하게 될 것이다.

창조적인 사고를 하는 사람은 반드시 경험해야 깨달을 수 있는 것도 미리 경험하지 않고 시행착오를 줄여서 깨달을 수 있게 된다. 이 차이가 성공과 실패를 가르는 것이다.

입체적 사고로 세상과 경영의 이치를 이해하다

본질을 꿰뚫어 보는 사고는 이건희가 수천 편의 영화를 보면서 스스로 터득한 입체적 사고와 매우 밀접한 관련이 있다. 다각적으로 분석한다는 것은 결국 사물의 본질에 가까이 접근할 수 있는 가장 좋은 방법이자 사고의 틀이기 때문이다.

당신이 패션 업체의 CEO, 즉 경영자라고 가정을 해보자. 남자 모델과 여자 모델이 있다. 이들에 대해 몸값을 지불해야 한다. 이 두 사람의 외모는 모두 세계 최고 수준이다. 당신은 이 두 사람에게 몸값을 동일하게 지불할 것인가? 아니면 한쪽에게 더 많은 몸값을 지불해 줄 것인가?

이렇게 경영자들은 교과서에 답이 없는 질문에 대해 스스로 답을 찾아내야 한다. 세계최고 수준의 외모를 가지고 있는 두 사람에게 동일한 몸값을 지불해야 한다고 생각한 독자가 있다면 그 사람은 입체적 사고를 더 훈련해야 한다. 그리고 마찬가지로 혹시 여자보다 남자에게 더 많은 몸값을 지불해야 한다고 생각하는 사람이 있다면, 그 사람도 자신이 아직 본질을 꿰뚫어 보지 못한다는 사실을 인정해야 한다.

두 명 다 세계 최고 수준의 외모라 하더라도 입체적 사고를 할 줄 아는 훌륭한 경영자라면 남자보다 여자 모델에게 훨씬 더 많은 몸값을 주어야만 한다. 과연 왜 그럴까? 그 이유는 무엇일까?

　　먼저 여자 모델이 광고하는 옷의 본질과 남성 모델이 광고하는 옷의 본질은 흑백논리처럼 확연하게 다르기 때문이다. 남성 모델이 광고해야 할 옷은 남성복이고, 여성 모델이 광고해야 할 옷은 여성복이다. 이 차이는 시장이 10억인 제품에 대해 광고를 내면서 얼마의 광고비를 투자할 것인지 혹은 그 제품의 시장이 1,000억인 제품에 대해 광고를 내면서 얼마의 광고비를 투자할 것인지를 결정할 때와 본질적으로 같은 문제라는 사실을 꿰뚫어 볼 수 있어야 한다.

　　겉으로 보이는 것은 두 사람 모두 광고 모델이고, 광고 모델에 대한 몸값을 책정하는 문제이지만, 눈에 보이지 않는 본질적인 문제는 시장이 매우 협소한 제품과 시장이 매우 큰 제품에 대해 광고료를 책정하는 문제라는 점이다. 이제 당신이 대기업 경영자라면 어떤 모델의 몸값을 더 많이 주어야 하는지 결정을 할 수 있을 것이다. 2005년 〈포브스〉지가 선정한 '가장 많은 돈을 번 100대 유명인' 중에 모델이 5명이나 선정이 되었다. 그 중에 남자는 단 한 명도 없었다는 사실이 이것을 잘 설명해 준다.

　　입체적 사고를 할 줄 아는 경영자와 그렇지 못한 경영자는 표면적으로는 그 어떤 차이도 나지 않는다. 하지만 날마다 선택과 결정이 더해질수록 경영 성과의 격차가 점점 더 벌어지게 되어 있다.

평범한 직장인들 사이에도 입체적 사고를 할 줄 아는 사람은 일을 매우 효율적으로 한다. 그래서 일하는 속도가 매우 빠르면서도 정확하게 완수한다. 하지만 사고력이 부족한 직원들은 일하는 속도가 빠를 수가 없다. 무엇부터 해야 하는지, 어떻게 해야 하는지, 결과는 어떻게 나올 것인지에 대해 하나씩 생각을 해야 하기 때문이다. 그나마 직장인들은 위에서 시키는 일만 열심히 하면 중간 정도는 가기 때문에 좀 낫다고 할 수 있다. 하지만 이런 부류의 사람들은 평생 남이 시키는 일만 열심히 하며 살아야 하는 위치에서 벗어날 수 없다.

50대가 되어 회사에서 나오게 되면, 이런 사람들은 스스로의 힘으로는 아무것도 해낼 수 없기 때문에 매우 심각한 혼란과 좌절을 겪게 된다. 그렇기 때문에 자신이 직장인이라 할지라도 입체적인 사고를 하는 훈련을 매일 하는 것이 좋다. 자신이 경영자이거나 미래에 경영자가 되고자 하는 사람이라면 더더욱 그렇다.

경영자에게 요구되는 필수적인 요건

경영자에게 요구되는 노력 중에 하나가 창조적인 사고, 즉 입체적이고 다각적인 사고의 훈련이라고 앞에서 말했다. 결국 이와 같은 사고는 본질에 접근하고 본질을 알 수 있게 해주는 것이기 때문이다. 그리고 본질을 안다는 것은 결국 보이지 않는 것을 제대로 보는 것이고, 그것이 경영의 근본이기 때문이다.

"내가 그룹의 임직원들에게 본질적 사고, 입체적 사고를 강조하는 것도 이러한 까닭이다. 사물의 본질을 알지 못하면 주체적인 삶을 살 수 없다. 언제나 수동적이고 겉도는 존재로 남고 만다. 가령 지하철을 타더라도 그 운행 원리를 알지 못하면 그것을 타는 것이 아니라 그것에 '태워지는' 것에 불과하다. 삶이란 언제나 그러한 것이다. 나는 어려서부터 수없이 많은 물건을 구매하여 뜯어 보았다. 그 속을 보고 싶었기 때문이다. 나는 이러한 일을 누구보다도 많이 하였다고 자부한다. 이러한 활동을 통하여 나는 사물의 외관이 던지는 의문에 대하여 겉모습뿐 아니라 그 이면까지도 들여다보는 훈련을 받을 수 있었다."[2]

이건희는 특히 본질을 포착할 수 있는 능력이 필요한 시기를 기업의 위상이 근본적으로 변화하는 시기라고 말했다. 이때 표피적 변화를 꿰뚫고 사물의 본질까지 포착해야 한다는 사실을 경영자들에게 주문했다. 그리고 그 방법에 대해서도 '입체적 사고'와 함께 또 다른 방법을 제시했는데 그것이 바로 '다각적인 접근'이었다.

"나는 사물의 본질은 그것에 대하여 최대한 다각적으로 접근할 때 가장 분명하게 드러날 수 있다고 생각한다."[3]

《이건희 시대》라는 강준만의 책을 보면, 그가 사물의 본질을 가장 분명하게 드러낼 수 있는 방법이 최대한 다각적으로 접근하는 것이라고 말했음을 알 수 있다. 그렇다면 그가 말하는 다각적 접근은 어떤 것일

까? 그것은 가시적으로 눈에 보이는 것에만 관심을 가지는 것을 넘어서 눈에 보이지 않는 부분도 관심을 가지는 것으로부터 시작되어야 한다고 말한다.

"이건희 회장은 공식적인 일정이나 특별한 일이 없는 한 집에서 머무르며 재택근무를 한다. 그는 30여 평 규모의 지하실을 업무실로 꾸며 놓았는데, 그곳은 업무실이라기보다 첨단 제품 실험실이라는 말을 들을 정도라고 한다. 방 안에는 100인치 대형 스크린이 정면에 자리 잡고, 좌우에는 첨단 음향 기기들이 놓여 있다. 그리고 좌우 벽에는 15개의 VTR과 5백여 개가 넘는 테이프가 빼곡히 쌓여 있는데, 그것들은 모두 선진 기업들의 제품 개발 동향이나 컴덱스 쇼 등 전시회 관련 비디오들이라고 한다. 이건희 회장이 여기서 하는 중요한 업무 중의 하나가 그 테이프들을 보거나, 삼성 미국 본사와 일본 본사에서 보내오는 선진 기업들의 최신 제품들을 직접 사용해 보고 분해와 조립도 해보면서 비교 분석하는 것이라고 한다."[4]

우리는 보통 이건희는 사색과 고독, 몰입의 인물이라고 생각해 왔지만, 그러한 것들이 전부가 아니었음을 이 글을 통해 알 수 있다. 그는 선진 기업들의 최신 제품들을 직접 사용해 보았고, 직접 분해와 조립을 해보았고, 직접 비교 분석해 보았다. 이것이 그의 다각적 접근 모습이다. 놀라운 것은 그가 휴대폰이든, 오디오든, 어떤 전자 제품이든, 웬만한 첨단 기기들은 직접 분해하고 조립할 수 있는 능력이 있다는 사실이다. 이러한 사실은 얼마나 많은 전자 제품들을 직접 분해하고 조립하며 다각적 접근을 하기 위해 노력했는지를 입증해 준다. 그는 경영자들에게 사물의 본질을 볼 것을 주문하면서, 동시에 그 방법에 대해 다각적 사고와 함께 다각적 접근, 즉 직접 보고, 나아가 직접 분해해 보고, 직접 조립해 보고, 직접 비교해 보는 접근법을 제시했다.

이건희에게 경영은 이런 점에서 다각적이고 입체적인 것이다. 다각적 사고와 접근을 통해 그는 눈에 보이지 않는 것까지 봄으로써 본질을 포착할 수 있는 능력을 키워온 것이다.

핵심은 더 깊이 더 넓게 꿰뚫어 보는 힘이다

사업을 하든, 주식을 하든, 배우가 되든, 가수가 되든 성공의 비결과 핵심은 꿰뚫어 보는 힘이라는 사실을 알아야 한다.

동양에서 가장 유명했던 전설적인 배우 이소룡은 사실 수많은 책을 읽은 철학가였다. 실제로 철학적 성격의 저작까지 남기기도 했다. 또한 작년에 연봉이 세계에서 최고로 많았던 투자가 조지 소로스도 엄청난 양의 다독가이다. 현대 경제학의 창시자인 피터 드러커 박사는 평생 동안 3년을 주기로 다양한 분야의 주제에 대해 끊임없이 전문가 수준 이상의 공부와 연구를 했다. 엄청난 독서와 지독한 공부를 한 사람은 어쩔 수 없이 의식과 사고가 도약을 하게 되기 때문에 사물과 세상 이치에 대해 꿰뚫어 볼 수 있는 힘이 생기게 된다. 이런 힘을 가지고 있는 사

람은 무엇을 해도 본질을 볼 수 있기 때문에 성공할 공산이 크고, 성공을 해도 더 크게 성공할 수 있다.

니콜로 마키아벨리의 《군주론》이 왜 아직도 우리들에게 고전으로 남아 있고, 수많은 사람들에게 읽히는 것일까? 칼 마르크스의 《자본론》이 왜 고전으로 우리에게 읽히는 것일까? 루소의 교육론인 《에밀》은 왜 아직도 우리에게 읽히는 것일까? 왜 《삼국지》를 세 번 이상 읽지 않은 사람과는 상종을 하지 말라고 하는 것일까? 왜 사마천의 《사기》는 중국의 최고의 역사서로 평가를 받는 것일까? 손자의 《손자병법》과 한비의 《한비자》는 꼭 읽어 봐야 할 책이 되었을까? 왜 인류의 영원한 베스트셀러인 《성경》은 꼭 읽어야 하는 것일까?

이러한 책들은 그 주제에 대해 혹은 인간과 세상이 돌아가는 이치에 대해 가장 본질을 잘 꿰뚫어 보고 그 사실을 파헤쳐 놓은 책들이기 때문이다.

20세기가 전문가들이 세상을 이끌어 갔던 시대라면 21세기는 창의력이 있는 창조자들이 세상을 이끌어 가는 시대다. 남들이 하는 대로 그대로 따라 하고, 남들이 생각하는 대로 그대로 생각하는 사람은 기존의 사람들이 만들어 놓은 세계를 벗어날 수 없다. 그래서 노예가 되고, 남을 따라 가야 하는 추종자들이 될 수밖에 없다. 하지만 남과 다르게 보고 남보다 더 깊게 꿰뚫어 볼 수 있는 창조자들은 주인이 되고, 리더가 되는 것이다.

하나의 돌로 다섯 마리의 새를 잡아라

"오늘날처럼 모든 환경이 초음속에 비견될 정도로 급변하는 상황에서, 동일한 사물을 보면서 여러 각도에서 살펴보는 입체적 사고가 우리 모두에게 필요하다고 본다. 입체적 사고가 습관이 되면 일석이조가 아니라 일석오조가 가능하다."
【이건희, 《생각 좀 하며 세상을 보자》 동아일보사, 1997년, 39쪽】

뛰어난 리더는 입체적으로 사고한다. 뛰어난 예술가나 학자들도 입체적 사고를 한다. 로버트 루트번스타인의 《생각의 탄생》이란 책을 보면 조소나 디자인을 잘하기 위해서는 감상자의 위치에 구애받지 않아야 하며 여러 사람이 동시에 감상하는 것을 고려해야 한다고 말하고 있다. 바로 이것이 여러 각도에서 사물을 살펴보는 입체적 사고와 같은 방법이다. 그래서 조각가나 건축가, 디자이너, 발명가가 될 수 있는 사람들은 다각도의 관점에서 사고하는 능력이 있어야 한다고 말한다. 그리고 굳이 이런 사람들이 되지 않는다 해도 진정한 이해에 도달하기 위해서는 다각도의 관점에서 사물을 살펴보는 3차원적 사고가 절대적으로 필요하다고 강조한다.

"사고의 독창성을 기른다는 취지에서 내가 좀 더 배웠으면 하는 주제들이 있다. 나는 이 중에 두 가지를 말하고 싶은데, 하나는 차원적 분석이다. 물리학자에게 차원적 분석은 연구를 하는 데 큰 도움이 되리라는 것이 내 생각이다. 왜냐하면 그로 인해 문제의 핵심에 빨리 도달할 수 있기 때문이다. 또 다른 하나는 투영법인데, 이는 상상력 넘치는 방식으로 데이터를 열거하는 것을 말한다. 지구과학분야에서 내가 만나본 창조적인 사람은 새로운 유형의 도표와 투영법을 만들어 냈을 때 가장 뛰어난 창의성을 발휘했다. 그 도표는 이전의 것들과 완전히 다른 것이었다. 이 두 가지, 즉 차원적 분석과 도표투영법은 대학에서 반드시 배워야 함에도 대부분 그렇지 못하다. 그 이유는 이것들이 쓸모없고 중요하지 않다고 생각하기 때문이다."[5]

사고의 독창성을 기르기 위해서라면, 학교에서 차원적 분석과 도표투영법을 반드시 배워야 한다고 주장하는 학자도 있다. 하지만 이건희는 어렸을 때부터 영화 감상을 통해 입체적 사고, 3차원적 사고를 연습했고, 물론 경영에 철저히 활용했다.

간절하게 고민하고, 간절하게 원하라

이건희의 창조적 리더십이 드러난 신경영 선언 당시에 그는 삼성의 임직원들에게 다음과 같은 말을 한 적이 있다.

"골치 아픈 것도 훈련하면 된다. 2킬로미터를 뛰다가 3킬로미터, 4킬로미터를 달리는 것은 어렵지 않다. 갑자기 4킬로미터를 뛰려고 하니 문제가 생기는 것이다. 아내와 자식에 대해 골치 아프게 분석하다 보면 내가 분석되고 회사와 동료, 선후배도 분석된다. 육체적 몸살을 앓는 것에서 벗어나 정신적 몸살을 앓을 정도로 고민하고 분석해야 한다."

이 말은 자신을 둘러싼 상황에 대한 고민과 분석을 어느 정도까지 해야 하는가를 잘 설명한다. 심지어 아내와 자식에 대해서도 지금까지는 한 번도 골치가 아플 정도로 분석하지 않았다면, 그것도 해보라는 것이다. 그렇게 폭넓은 대상에 대해서 분석하다 보면 자기 자신에 대해 분석이 되고, 더 나아가 회사와 동료, 선후배에 대해서도 분석이 되고, 꿰뚫어 볼 수 있게 된다는 것이다.

우리의 인생은 너무나 짧다. 끝없이 추구하고 갈망하지 않는다면 아무것도 배울 수 없고, 자신을 더 깊고 더 넓게 확장시키거나 성장시킬 수 없다. 갈망이 없는 사람은 절대 크게 도약할 수 없다. 윌리엄 셰익스피어의 말대로 "내 안에는 사그라지지 않는 갈망"이 있는 법이다. 리더와 경영자에게 필요한 것도 바로 이것이다.

소크라테스에게 어떤 제자가 찾아왔다.
"선생님, 저는 지식을 얻기를 원합니다."
그러자 소크라테스는 다음과 같이 말하면서 제자를 바닷가로 데려갔다.
"나를 따라오게."

바닷가에 도착한 소크라테스는 인정사정 볼 것 없이 제자의 머리를 물속으로 처박았다. 제자는 숨이 막혀 필사적으로 살기 위해 머리를 빼내려고 몸부림쳤다. 소크라테스는 제자를 물 위로 끌어올리면서 다음과 같은 질문을 제자에게 던졌다.

"자네가 물속에 있는 동안 무엇을 원했는가?"

제자는 온 몸에 힘이 빠져, 겨우 대답을 했다.

"어떻게든 공기를 마시고 싶었습니다. 온 힘을 다해서도 말입니다."

소크라테스는 그때서야 제자에게 매우 중요한 교훈을 알려 주었다.

"자네가 있는 힘을 다해 숨쉬기를 원하고 노력했듯이 지식을 그처럼 갈망한다면 꼭 얻을 수 있을 것이네."

우리가 물속에 빠져서 숨이 막힐 때, 온 힘을 다해 숨쉬기를 열망하듯, 지식과 성장에 대해서도 그만큼 갈망하면 목표를 이룰 수 있다. 이건희의 주문 역시 조금 더 노력해 보라는 것이 아니라, 정신적인 몸살을 앓을 정도로 갈망하고 고민해 보라는 것이다.

더 깊이, 더 넓게, 더 치밀하게

이러한 그의 주문은 삼성이 초일류로 도약하는 데 필요한 밑거름이 되어 주었다. 이건희는 좀 더 다양한 분야에서, 다양한 대상을 통해 더 깊게, 더 넓게, 더 높은 경지에 올라가는 방법을 제시했다.

그는 더 깊게, 더 넓게 앞으로 나아가기 위해서는 고객을 더 넓게 더 깊게 더 치밀하게 이해해야 한다고 말한다. 그는 고객과 세상을 이해하는 것을 넘어 고객을 감동시킬 수 있는 기업이 되기 위한 방법을 요구했다. 그래서 남들이 더 나아가지 않는 경지까지 나아가고, 남들이 생각하지 않는 것을 생각하고, 남들이 하지 않는 일들을 하도록 주문했던 것이다.

"드라이버가 250야드 나가는 사람이 10야드 더 내려면 근육이나 손목의 힘, 그리고 목의 힘이 달라져야 한다. 아이언을 처음 치는 사람이 50야드 내려면 아주 쉽지만, 150야드에서 160야드로 10야드 더 보내기란 제로에서 100야드 보내는 것보다 더 힘들다. 왜 혼자서만 개발하려고 하는가. 이것은 애사심이 아니다. 우리 실력으로 안 되면 결국 언젠가는 같은 기술을 또 도입해야 한다. 골프와 비교하면 혼자 연습하다가 도저히 100타를 못 넘기고 결국 프로한테 배우러 가는 것과 마찬가지다." [6]

1993년 도쿄 오쿠라 호텔에서 했던 말이다. 지금 이 기술, 이 수준, 이 정도에 만족하지 말고, 앞으로 더 나아가야 하고, 더 깊고, 더 넓게 기술이든 뭐든 향상시켜야 한다고 강조하고 있는 것이다.

그는 부회장 시절부터 삼성의 임직원들이 더 넓은 세계를 경험하도록 사원 해외 파견을 주창하기도 했다.

"내가 부회장 시절인 15년 전부터 삼성맨의 국제화를 위해 사원 해외 파견을 지시했으나 이루어지지 않았다. 내가 회장이 되고 나서도 계속

말했는데 이행되지 않다가 화를 내니까 그때서야 실시할 정도로 회장의 말이 먹혀들어가질 않았다. 사원 해외 파견 제도가 10년 전에만 실시됐어도 삼성의 모습은 오늘날과는 크게 달라졌을 것이다."[7]

이건희는 삼성의 임직원들이 더 넓게, 더 깊게 경험하고, 성장할 수 있도록 주문하고, 조력해 주었으며 그렇게 이끌었다. 가장 훌륭한 리더는 직원들의 역량과 크기를 성장시켜 스스로 할 수 있게 만드는 리더임은 두말할 나위 없다.

자신의 분야에서 자신의 위치를 확고히 하라

이건희가 2010년 다시 경영 일선에 복귀하면서 강조한 말은 다름 아닌 모든 분야에서 항상 자기 위치를 확고히 하라는 것이었다.

"지금 국내도 그렇고 국제적으로도 그렇고 기업뿐 아니라 모든 분야에서 항상 자기 위치를 쥐고 가야만 앞으로 '변화무쌍한 21세기'를 견뎌낼 수 있다."

변화무쌍한 21세기를 견뎌내기 위해 모든 분야에서 항상 자기 위치를 확고히 하고 나가야만 한다는 그의 주장은 현재의 위치에서 만족하거나 안주하지 말고 더 깊게, 더 넓게 전진하라는 말이다. 일본 중세의 시인인 마쓰오 바쇼는 '소나무에 관한 것은 소나무에게 배우고, 대나무에 관한 것은 대나무에게서 배워라'고 말한 적이 있다. 그의 말처럼 우리는 더 깊이 배우고, 더 멀리 배워야 한다. 스승은 우리가 접하는 모든 사물이며, 사람이며, 사건이며, 심지어 실패 경험이다. 데일 카네기는 다음과 같이 말했다.

"하는 일에 대해서 배워라. 모르면 물어라. 점점 더 전문가가 되어 갈수록 점점 더 열정적이 된다. 분명한 목표를 갖고 마음으로부터 꼭 달성해야겠다는 굳은 결의를 다지며 지속적으로 노력해야 한다. 쓰러지지 않는 것이 아니라 쓰러져도 오뚝이처럼 일어나서 다시 노력하는 것이 열정이다."

이건희는 다음과 같은 말을 했다.

"앞으로는 창조력이 뛰어나고 자기 분야의 전문 지식이 월등한 골드 칼라가 주역이 될 것이다."[8]

그는 창조력과 함께 자기 분야의 전문 지식이 월등한 사람이 되어야 함을 강조했다. 한 마디로 더 깊게, 더 넓게 나아가라는 것이다. 북미 최대 가전쇼인 CES 행사장에서 인터뷰한 그의 말 중에 이런 말이 있다.

"이제 이 정도 갖고 안 되겠다, 더 깊이 미래를 직시하고 더 멀리 보고 더 기술을 완벽하게 가져가야 하겠다, 하는 생각이 들었습니다."[9]

이처럼 다각적이고 입체적인 사고를 갖게 되면 이전에 생각하지도 못했던 더 많은 것을 얻게 된다. 하나를 투자해 둘을 얻는 것이 기존에 직원들이 가진 사고였다면, 이건희가 말한 방식대로 했을 때는 하나를 투자해 다섯을 얻게 된다. 즉 일석오조의 경영 방법인 것이다. 변화와 혁신에 있어서도, 다른 기업보다 더 깊게, 더 넓게, 더 많이 하고자 했던

것이 이건희의 목표였다.

5% 성장은 불가능해도 30% 성장은 가능하다. 5% 성장을 목표로 움직일 때는 과거의 방식에서 크게 벗어나지 않고 거기에서 조금만 더 열심히 하게 된다. 결국 3% 성장도 달성하기 힘들게 되는 것이다. 하지만 30% 성장을 목표로 하게 되면, 기존에 열심히 하던 것하고 차원을 달리하여 전혀 새로운 방법이 필요하다. 이렇게 혁신적으로 바꾸고 확장시켜서 도약을 하기 때문에 오히려 30% 성장은 현실로 다가오는 것이다.

높고 명확한 목표를 잡아라. 그리고 끊임없이 갈망하라. 마지막으로 동일한 상황도 여러 각도에서 살펴보는 입체적 사고를 하라. 이전과 같은 공간, 같은 시간 속에서 엄청난 차이의 성과를 목격할 것이다. 오늘날의 리더에게는 하나를 투자하여 둘을 얻는 일석이조의 낡은 사고가 아니라 일석오조의 혁신적인 경영이 필요하다.

창의적으로, 창의적으로, 또 창의적으로

"수요일과 토요일 오후, 일요일과 노는 날, 이런 때 노상 극장에 가서 살았죠. (…) 제가 거길 아침 9시에 가서 저녁 10시까지 영화를 봤으니까요. 점심도 거기서 샌드위치 사먹고요."
【오효진, "삼성 뉴리더 이건희 회장", 《월간조선》, 1989년 12월, 339쪽】

무언가를 창조하는 과정에서 사실상 가장 중요한 것은 '무언가'가 아니라 '어떻게'이다. 마찬가지로 창의적인 삶을 산다는 것은 어떤 사람으로 살아가느냐의 문제가 아니라 어떻게 살아가느냐의 문제라고 볼 수 있다. 그런 점에서 창의적인 사람들은 휴가와 일과 취미 생활을 모두 중요시 여기며, 둘의 조화를 매우 중요시한다.

지금은 창의력과 아이디어, 정보를 모아서 새로운 가치와 부가가치를 창조하는 시대다. 휴대폰 한 대를 팔아도 소프트웨어와 인적 네트워크를 생각해야 하고, 냉장고 한 대를 팔더라도 그 속에 '가족'이라는 '감성적 스토리텔링(이야기서사)'을 담을 수 있어야 한다. 단순한 기계의 조립 완성품만으로는 누구도 만족시킬 수 없는 것이다.

휴가는 노는 것이 아닌 재충전이다

"지금 우리는 마음의 여유가 없다. 휴가를 노는 것으로 생각하는 농업적 근면성에서 벗어나야 한다. 재충전의 시간을 가져야 개인도, 조직도 활력을 유지할 수 있다."[10]

성공한 리더들은 재충전의 시간이 얼마나 중요한지 잘 알고 있다. 미국의 16대 대통령 링컨은 '나무 베는 데 한 시간이 주어진다면, 도끼를 가는 데 45분을 쓰겠다'라고 했다. 일을 하는 것보다 준비하고 재충전하며 도끼를 가는 것이 훨씬 더 효율적이란 사실을 알고 있었던 것이다.

이건희가 삼성을 성공적으로 이끈 데에는 일이나 공부 외의 여가 생활이 중요한 역할을 했다. 영화와 개와 기계에 빠졌던 어린 시절은 그에게 사고를 확장시킬 수 있는 기회가 되었다. 특히 영화를 통해 사물의 다양한 면을 보고, 본질을 파악할 수 있었던 시간은 그에게 무엇보다 중요했다. 휴가의 또 다른 이점은 또 다른 차원의 몰입이 가능한 몸과 마음을 만들 수 있다는 것이다. 영화와 비디오를 통해 단단해진 몰입은 사물의 본질을 이해하는 눈을 키우는 데 큰 영향을 준 생산적 활동이었다. 여가 생활이 시간 낭비가 아니라 재충전이 되고, 나아가서 사물의 본질을 이해하는 눈을 키우는 생산적인 활동으로 거듭나는 것이다.

여행을 가는 것도 대표적인 여가 활동이다. 사람들은 여행을 통해 새로운 장소를 접하고, 새로운 경험을 하게 된다. 낯선 공간에 자신을 노출시키고, 새로운 생각을 할 때 우리는 지금까지의 협소한 사고의 틀에서 벗어나 넓은 세계를 경험하게 된다. 이것은 사람의 의식과 사고를 향상시키고, 다양한 사고력을 기르게 해주며, 시야를 넓게 만들어 준다.

줄곧 자신의 집과 학교와 회사만 왔다 갔다 하는 사람과 넓은 세계를 여행하며 보고, 듣고, 경험한 사람 중 어떤 사람이 더 사고의 유연성을 가질 수 있으며, 의식과 사고의 능력을 높일 수 있을까? 분명히 넓은 세계를 여행하며 경험한 사람일 것이다. 이런 점에서 회사에서 일만 하는 사람보다는 휴가를 통해 정기적으로 재충전을 하는 사람이 훨씬 더 창의적이고 생산적임을 우리는 알 수 있다.

특별한 휴가로 생산성과 창의성을 극대화한 빌 게이츠의 경우

특별한 휴가나 여가생활로 생산성과 창의성을 극대화하는 CEO가 또 있다. 바로 마이크로소프트사의 빌 게이츠이다. 그는 일 년에 두 번 정도 아주 특별한 휴가를 보낸다. 그의 특별 휴가는 일주일 동안 외딴 섬의 별장에 틀어박혀 300여 편에 달하는 직원들의 리포트를 독파하는 휴가이다. 이것을 그는 '생각주간Think Week'이라고 칭한다.

매일 출근하는 일터와 매일 만나는 직원들 속에서는 창의력의 충전이 불가능하다는 생각에서 그는 고독한 혼자만의 생각주간을 통해 미래를 창조해 내는 재충전의 시간을 가지는 것이다. 생존을 넘어 세계를

이끌어 가는 초일류 기업의 리더들은 이와 같이 생각을 중요시 여기고 있는 것이다.

이건희는 삼성 본관 28층에 있는 자신의 집무실에도 잘 나오지 않고 주로 한남동의 승지원에서 재택근무를 보는 것을 좋아한다. 빌 게이츠가 외딴섬의 별장에 틀어박혀 있는 것과 비슷하다. 그리고 이건희는 야행성 체질이어서 낮보다는 주로 밤에 일하는 스타일이다. 그런데 그의 일하는 스타일은 남들이 보기에 일하는 것이 아니라, 몇 시간이고 꼼짝 않은 채 공상에 빠져 있는 사람처럼 보인다고 한다. 그는 초밥 서너 개만으로 하루를 버티며, 생각에 빠지면 48시간 동안 잠을 자지 않기도 한다. 이러한 모습에서 우리는 이건희나 빌 게이츠나 모두 '생각'을 매우 중요시하고 있다는 사실을 알 수 있다. 또한 생각을 많이, 다양하게 하기 위해서는 바쁜 업무 시간이 아닌 혼자만의 시간, 즉 일종의 휴가가 필요하다는 사실이다. 빌 게이츠는 그것을 위해서 '생각주간'을 만들었고, 이건희는 회사에 출근하기 보다는 자신의 한남동 승지원에서 사색의 시간을 가진다. '은둔의 경영인'이라는 별명이 나오는 이유도 바로 이것 때문이다.

"부모형제와 늘 떨어져 자라서 그런지 고민이 생기면 저 혼자 고민합니다. 골방 속에 혼자 들어가서 문 딱 잠가놓고 세 시간이고 네 시간이고 두문불출이지요. 금년에도 무슨 일 때문에 48시간 방에 틀어박혀 책도 보고 TV 프로그램도 보고 흘러간 옛 노래도 들었습니다. 그러다 보면 70~80퍼센트 해결을 보고 나옵니다."[11]

이 두 사람은 모두 일종의 생각주간을 보내고 있는 셈이다. 빌 게이츠는 일 년에 두 번, 이건희는 1년에 수도 없이 생각주간을 보낸다. 평범한 직장인들이 빌 게이츠나 이건희처럼 하기는 힘들다. 하지만 휴가를 통해 창의성을 높이고, 사고를 확장할 수 있는 재충전의 시간을 가질 수는 있다.

창의력은 균형 잡힌 삶에서 나온다

미 육군은 군사훈련을 통해 아무리 강한 체력을 가진 군인이라도, 계속되는 훈련보다 적당한 휴식 시간을 주기적으로 가질 때 행군을 더 잘할 수 있다는 사실을 발견했다. 공부를 할 때도 역시 몇 시간이고 계속해서 하는 사람보다는 한두 시간마다 10분 정도는 꼭 휴식 시간을 가지는 사람이 훨씬 더 많은 양을 공부할 수 있고, 몸과 마음도 덜 지친다는 사실은 잘 알려져 있다.

우리 몸에 있는 심장의 경우도 마찬가지다. 엄청난 양의 혈액을 온몸의 구석구석에 보내기 위해 쉬지 않고 펌프질을 해야 한다. 그런데 평균 수명을 90세로 봤을 때, 심장은 어떻게 90년 동안 24시간 쉬지 않고 그 많은 펌프질을 할 수 있는 것일까? 이러한 의문에 대해 하버드 대학교의 월터 B. 캐논 박사는 '대부분의 사람들이 심장은 쉬지 않고 일을 한다고 생각하지만, 사실은 수축할 때마다 일정한 휴식기간이 있다'고 말한다. 사실상 심장은 24시간 중에 일하는 시간은 겨우 9시간이며, 15시간 정도는 휴식을 취하고 있는 것이다.

데일 카네기는 균형 잡힌 삶을 살기 위한 첫 단계가 바로 가족이나 운동 또는 휴가를 위한 시간을 낭비하는 시간으로 생각하는 태도를 버리는 것이라고 말한다. 윈스턴 처칠은 제2차 세계 대전을 승리로 이끈 지도자다. 그는 제2차 세계 대전을 승리로 이끌기 위해 하루 16시간을 활기차게 일했다. 그때 그의 나이는 70세였다. 그가 그렇게 할 수 있었던 단 한 가지 비결은 중간 중간에 취하는 휴식이었다. 휴식을 자주 취했기 때문에 그는 매일 16시간 이상을 활기차게 일할 수 있었고, 건강을 유지할 수 있었던 것이다.

휴가와 휴식을 잘 보내는 사람들은 창조적이고 의욕적이며 효율적으로 업무에 임할 수 있다. 그래서 대부분의 리더들이나 성공한 사람들은 휴가와 휴식을 정기적으로 보내는 경향이 있다. 이런 점에서 이제 휴가나 휴식을 그저 노는 것이나 시간 낭비라고 생각하지 말고, 재충전의 시간이라고 생각해야 한다. 창조성을 키우는 것은 반복된 일상이 아니라 새로운 자극이며, 평범한 직장인이라도 휴가를 통해 오히려 경쟁력을 높일 수 있는 것이다. 이제는 창의적인 사고가 리더의 필수 조건이며, 능력의 잣대가 되었다.

이건희와 영화

이건희는 어린 시절 엄청난 양의 영화를 보았다. 어린 시절에는 어른들보다 집중력이 떨어지기 때문에, 수백 편의 영화도 보기 힘든 것이 사실이다. 하지만 그는 도쿠가와 이에야스 같은 인물들의 비디오는 수십 번이나 보았고, 영화만도 무려 1,300편가량 보았다.

그는 이른바 단순히 시간을 죽이거나 흥미 위주로만 영화를 본 것이 아니었다. 그는 영화를 보면서 입체적으로 사고하는 틀을 키워나갔다. 그가 영화를 보는 스타일은 남들과 매우 달랐다. 영화를 감상할 때 보통 사람들은 대개 주인공에게 치중해 보게 된다. 주인공의 처지에 흠뻑 빠지다 보면 자기가 그 사람인 양 착각하기도 하고, 그의 애환에 따라 울고 웃기도 한다. 그런데 이건희는 스스로를 조연이라고 생각하면서 영화를 보고, 등장인물 각자의 입장에서 본다. 심지어 카메라맨이나 촬영감독, 나아가 감독의 입장에서 영화를 본다.

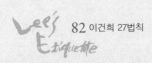

그것도 부족해서 이건희는 아예 영화를 제작하는 감독을 비롯해서 카메라맨의 입장이 되어 보고, 다양한 위치에서 두루 생각하면서 본다. 그렇게 두루 입장을 바꾸어 가면서 다양한 생각을 하면 또 다른 감동을 맛보게 된다는 것이다. 그저 생각 없이 화면만 보면 움직이는 그림에 불과하지만, 이처럼 여러 각도에서 보면 한 편의 소설, 작은 세계를 만나게 되는 것이기 때문에, 입체적인 사고를 할 수 있게 된다. 하지만 이런 방식으로 영화를 보려면 처음에는 무척 힘들다. 그러나 그것이 습관으로 굳어지면 입체적으로 생각하는 '사고의 틀'이 만들어지며, 그 덕분에 음악을 들을 때나 미술작품을 감상할 때, 또 일할 때에도 새로운 차원에서 남들이 전혀 생각지도 못한 것을 생각할 수 있게 된다. 나아가서 사물의 본질을 꿰뚫어 볼 수 있는 다각적 사고력이 생기게 된다.

어린 시절에 수천 편의 영화를 보면서, 하나의 작은 세계를 만나고, 여러 각도에서 해석하면서, 영화에 나오는 모든 사람의 인생을 간접 체험하는 입체적 사고의 틀을 형성했다는 것은 이건희의 집요함이나 치밀함이 어느 정도였는지 짐작해 볼 수 있는 대목이다. 여기에서 그치지 않고 이건희는 1,300편의 영화를 통해 얻게 된 입체적 사고를 기업 경영을 해 나가는 데에 적극적으로 활용하였다. 그가 훗날 어린 시절에 형성된 입체적 사고를 통해, 경영에 어떻게 응용하고, 활용했는지를 알려 주는 대목이 있다.

"경영이 무어냐고 묻는 사람들이 많다. 그럴 때마다 나는 '보이지 않는 것을 보는 것'이라고 답하면서 경영이든 일상사든 문제가 생기면 최소한 다섯 번 정도는 '왜'라는 질문을 던지고 그 원인을 분석한 후 대화로 풀어야 한다고 덧붙인다. 그리고 자기중심으로 보고, 자기 가치에 의존해서 생각하는 습관을 바꾸라고 권한다. 한 차원만 돌려 상대방의 처지를 생각하면 모든 것이 다르게 보이기 때문이다. 그런 의미에서 오늘날처럼 모든 환경이 초음속에 비견될 정도로 급변하는 상황에서는 동일한 사물을 보면서도 여러 각도에서 살펴보는 '입체적 사고'가 우리 모두에게 필요하다. 입체적 사고가 습관이 되면 '일석이조'가 아니라 '일석오조'가 가능하다. 나무를 심을 때 나무 한 그루만 심으면 그 가치는 몇 십만 원에 지나지 않지만, 나무가 모여 숲을 이루면 목재로서 뿐만 아니라 홍수 방지, 공해 방지, 녹지 제공 등 여러 효과를 거두게 되고 재산 가치도 커진다. 나무를 심더라도 숲을 생각하는 것, 이것이 입체적 사고이자 소위 일석오조인 것이다."[12]

여기서 이건희가 말한 입체적 사고는 다양한 사고와 많은 경험, 새로운 발상, 스스로 고민하는 과정에서 나오게 되는 새로운 사고의 틀이라고 볼 수 있다. 불교에서 말하는 '깨치다'라는 개념과 비슷하다. '문리文理가 트여야 성공할 수 있다'라는 말이 있듯이, 이건희는 어린 시절 1,300편의 영화를 통해 사물의 이치를 깨치는 방법을 스스로 터득해 나간 것이다. 그가 영화를 보는 방식에 대해서 살펴보면 이러한 사실은 더욱 더 잘 알 수 있다.

이건희는 기업가의 집안에서 태어나지 않았더라면 영화감독을 꿈꿨

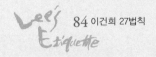

을 것이라고 직접 밝히기도 했다. 삼성에서 보여 준 이건희의 집요한 리더십과 각 분야 최고만을 기용하는 용인술을 보면, 그가 영화감독이 되었더라도 성공했을 가능성이 높다. 실제로 영화에 대한 꿈을 포기하지 않았던 이건희는 미국으로 건너가 스티븐 스필버그를 만나서 투자 상담을 하기도 했다.

이건희는 이때부터 혼자서 깊이 생각하고 사고하는 습관이 생겼다. 고독한 이건희에게 몰입하는 습관을 길러 준 것은 바로 영화 감상이었다. 이건희가 일본에 있을 때는 일본 영화의 전성기 때이다. 그때 초등학생이었던 이건희는 1,300편에서 2,200편의 영화를 탐독했다.[13]

이건희는 기계만 분해하고 조립한 것이 아니라, 영화를 보면서 영화도 분해하고 조립했던 것이다. 연출가의 시점에서, 출연자들의 시점에서, 카메라맨의 시점에서 그는 영화를 쪼개고 분석하며, 영화에 출연한 배우는 물론이고 만든 사람까지 모든 이들을 분해하고 연구했다. 다각적이고 입체적인 사고는 거저 주어진 것이 아니었다.

keyword 3
마니아
천재와 마니아, 그들과 소통하라

정의 어떤 한 가지 일에 몹시 열중하는 사람. 또는 그런 일.

특성 그리스어(語)로 '광기(狂氣)'란 뜻. 플라톤 철학의 주요 개념으로, 병자(病者)의 광기와는 다른, 신의 선물로서의 신적 광기를 말한다. 유한(有限)하여 당연히 죽을 존재인 인간에게 일상성(日常性) · 시간성(時間性)의 굴레를 벗어나게 하여 영원한 것(가치 · 이데아)과 해후할 초월적인 힘을 준다. 현대에 들어서는 전문가의 영역을 일컫기도 한다.

1%가 99%를 먹여 살린다

"한마디로 '마니아' 형의 인재를 말합니다… 모든 분야에서 고루 우수하지는 않더라도 특정 분야에 있어서는 남다른 재능과 흥미를 갖고 자신의 영역을 구축해 가는 사람이지요. 이런 사람들은 조직 내의 협조적인 측면에서는 다소 부족할지 몰라도 자기 분야에서 최고가 되겠다는 열정과 몰입도는 굉장히 높아요. 특정 분야의 전문가로 성장이 기대되는 인재 유형이지요."
【 이채윤. 《이건희, 21세기 신경영노트》, 행복한 마음, 2006년, 128쪽 】

삼성의 창업주인 이병철 전 회장이 삶과 경영의 지침으로 삼았던 논어에 보면 이런 이야기가 나온다.

"어찌하여야 백성들이 복종할 수 있겠습니까?"

"바른 사람을 찾아 굽은 사람 위에 등용하면 백성들은 복종할 것이요, 굽은 사람을 바른 사람 위에 쓰면 백성들은 복종하지 않을 것입니다."[1]

이 대목에서 우리가 알 수 있는 것은 2,500년 전에도 재능이 있는 사람, 바른 사람이 모든 경영과 정치의 근본이었다는 사실이다. 논어에 보면, 벼슬자리를 얻어서 정치를 하러 나가는 제자들에게 항상 '자네는

사람을 얻었는가'[2]라는 질문을 한다. 여기서 공자가 언급하는 사람, 즉 바른 사람은 모두 인재를 말하고 있는 것이다. 인재를 구하는 것이 국가 경영의 출발이며 근본이라는 것이다.

예나 지금이나 인재를 귀하게 여길 줄 아는 사람은 인재의 중요성을 누구보다 먼저 깨달은 사람이고, 자신이 인재일수록 인재를 귀하게 여길 수 있게 되는 것이다. 지속적으로 인재 경영을 강조해 왔던 이건희 역시 인재를 귀하게 여길 줄 알았던 인물이다. 그가 보여 준 인재에 대한 파격적인 대우와 권한위임은 그가 얼마나 인재를 귀하게 여기는가 하는 사실을 잘 보여 준다.

빌 게이츠와 같은 인재를 갈망하다

"빌 게이츠와 같은 인재가 서너 명 있으면 우리의 1인당 국민소득도 2만 달러, 3만 달러로 늘어날 수 있다. 불투명한 미래를 위한 준비경영은 설비투자에 있는 것이 아니라 세상이 어떻게 변하고 시장이 어떻게 변하든 미래를 책임질 수 있는 천재급 인재의 확보에 있다."[3]

이것이 이건희의 경영 지침이다. 그는 불투명한 미래를 위한 준비가 천재급 인재의 확보라고 말했다. 그렇다면 인재는 어떤 사람인가? 자신의 분야에서 1% 안에 드는 사람이어야 한다. 그렇다면 자신의 분야에서 1% 안에 드는 사람이란 어떤 종류의 사람일까?

이건희는 창조력이 뛰어나고, 자기 분야의 전문 지식이 월등히 뛰어난 골드칼라가 21세기에 새로운 가치를 만드는 주역이 될 것이라고 말했다. 또한 '한 명의 천재가 10만 명을 먹여 살린다'는 천재 부국론을 주장하기도 했다.

1% 안에 드는 사람은 바로 이런 사람이다. 어떻게 하면 1% 안에 드는 사람이 될 수 있을까? 바로 '공부'와 '엄청난 노력'을 통해 '자신을 넘어서는 도약'이 있어야 한다. 이런 점에서 이건희 역시 1%의 인재라고 할 수 있다. 삼성을 이어받을 사람이 없다는 현실과 자신은 그 정도의 그릇이 될 수 없다는 두 가지 사실을 직시했을 때, 지독한 공부와 노력을 통해 한계를 넘어섰기 때문이다.

이건희는 단순히 전문성을 갖춘 엔지니어가 1%의 인재는 아니라고 강조했다. 그에게 1% 인재는 기술자로서의 자질과 능력만 뛰어난 엔지니어가 아니라, 종합기술자여야 하고, 경영자로 성장이 가능한 사람이고, 계속해서 성장할 수 있도록 스스로 부단히 채찍질하여 자신의 한계를 넘어설 수 있는 사람이다. 삼성에서 배출된 엔지니어 출신 전문경영인의 대표적 사례인 윤종용 부회장은 명실상부한 1%인재라고 할 수 있다.

"엔지니어가 경영자로 성장하기 위해서는 단순히 기술자로서의 자질과 능력만 갖추었다고 되는 것이 아닙니다. 사업의 운명과 미래를 결정 할 수 있는 자질을 갖추었는지 수없이 많은 관문을 통해 검증을 받게 되죠. 좋은

예가 삼성전자 윤종용 부회장이죠. 윤 부회장은 전자공학을 전공한 엔지니어 출신으로 기술에 대한 지식과 안목이 해박해요. 게다가 일본을 오가면서 근무해 전자업계 전반에 대한 사업 감각을 두루 갖추었고, 사업 방향을 내다보는 눈과 결단력이 있지요."4

이건희가 원했던 1% 인재

이건희가 원했던 1% 인재는 엔지니어 출신이면서 경영도 잘하며 엔지니어 경영의 정수를 제대로 보여 준 윤종용 부회장이 대표적이다. 또한 그가 원한 1% 인재는 관련 분야의 기술을 다 알고 있는 '종합기술자'이다. 삼성인들의 용어를 통일하여 출간한 《삼성 용어집》에는 '종합기술자'에 대한 설명이 나와 있다.

"유능한 기술자가 되려면 우선 자기 분야의 기술 핵심을 정확히 알고 변화의 추세도 파악해야 하며, '내가 제일이다'라는 사고방식에서 벗어나 자기의 약점과 강점을 분명히 알아야 한다. 그리고 기술고문에게 배울 때에도 겨우 일부를 알고 나서 '다 알았다'고 생각하거나 조금 안다고 자기 고집대로 해서는 안 된다. 결국, 지금의 기술자는 만능박사는 아니라도 자기 분야와 관련된 기술은 다 알고 있어야 하며, 항상 고객 입장에서 생각하고 업무에 반영하는 종합기술자가 되어야 한다."

이러한 종합 기술자들이 바로 1% 안에 드는 최상층의 슈퍼Super급 인재들인 것이다. 이건희는 S급 인재들의 스카우트를 위해서 회사 전용기까지 내줄 정도로 인재 사랑이 각별하다.

전경련이 2004년에 '대기업이 원하는 인재의 유형 10가지'를 발표한 적이 있다.

- 전문지식과 폭넓은 교양이 있는 사람.
- 국제 감각과 외국어 구사 능력이 있는 사람.
- 진취적이고 긍정적인 사고를 가진 사람.
- 도전정신과 성취의식이 있는 사람
- 유연한 사고와 창의력을 가진 사람.
- 가치관이 올바른 사람
- 인간미가 있는 사람
- 책임감이 있는 사람
- 협력하고 협동할 줄 아는 사람
- 예의바른 사람.

삼성의 이건희가 원하는 1% 인재는 이 10가지 조건을 다 갖추었다고 해서 되는 것이 아니다. 이 10가지 조건을 다 갖추었다고 해도 자신의 분야에서 1% 안에 들지 못하는 사람이 수두룩하기 때문이다. 그만큼 이건희가 원하는 인재는 까다롭다. 우린 그런 사람을 천재라고 부른다. 여기서 이건희의 천재경영 이론이 탄생하게 되는 것이다. 21세기는 변화가 너무 심해서 어떻게 달라질지 모른다. 그런데 5년 후, 10년 후를 예측해서 어떤 사업을 하는 것은 불가능하다. 그런 이유에서 미래를 책

임지고, 미래를 준비하는 최고의 방법은 천재급 인재를 많이 확보하는 것이다. 21세기는 사람의 머리로 싸우는 두뇌 전쟁의 시대다. 더욱이 모든 지식과 정보, 보상이 일등에게만 모이게 되는 승자독식사회가 오고 있다.

이런 시대에 평범한 인재들은 더 이상 인재라 할 수 없다. 1% 안에 드는 인재들만이 끝까지 살아남을 수 있는 천재들인 셈이다. 빌 게이츠와 같은 천재들을 키워야 하는 것은 일본이나 미국보다 땅이 좁고 자본도 적고 시장도 작은 우리나라 기업들이 경쟁력을 확보하기 위한 최선의 비결이다. 이건희도 바로 이런 점을 잘 알고 있었다. 그의 천재 경영론이 초일류 기업 삼성을 만든 토대가 되었기 때문이다.

1% 안에 드는 인재들이 삼성을 1% 안에 드는 기업으로 도약할 수 있게 해준 셈이다.

사장보다 두세 배 연봉이 많은 직원

"사장보다 두세 배 더 많은 연봉을 받을 만한 핵심 인재를 영입하라."[5]

신현만의 《이건희 인재 공장》이라는 책에 나오는 말이다. 핵심 인재들이 사장보다 더 중요하다는 말이기도 하다. 과거의 연봉서열에 얽매여 있는 조직에는 활기가 돌지 않는다. 뛰어난 업적을 달성하면, 누구나 사장보다 더 많은 연봉을 받을 수 있고, 뛰어난 일을 해내기만 하면 누구나 자신의 직위보다 두세 배 더 많은 연봉을 받을 수 있는 회사라면, 자신의 모든 것을 걸고 일에 몰두하는 직원들이 적지 않을 것이다. 이러한 분위기와 조직 문화가 초일류 삼성을 만들었다. 이건희의 이 말은 실제로 사장보다 두세 배 더 많은 연봉을 받는 스타 직장인들을 배출했을 뿐만 아니라, 평사원들에게 엄청난 동기 부여를 해주었다. 덕분에 사원들은 누구보다 더 열심히 일을 했고, 자신이 맡은 업무 분야에서 어떻게 하면 엄청난 업적을 달성해 낼 수 있을까에 초점을 맞추는 기현상까지 생겼다.

자신이 맡은 분야에서 그 이전 선배들이 달성해 내지 못했던 놀라운 성과를 거두기만 하면, 연봉이 두세 배 많아지고, 자신보다 높은 직급의 연봉보다 더 많아질 수 있는 일이 실제로 삼성 내에서 일어나고 있기 때문이다. 이러한 분위기에서 삼성의 직원들은 주어진 일만 잘 해내고, 주어진 월급만 받는 직장인들이 아니라, 스스로 자신의 일을 창출해 내고, 놀라운 성과를 만들어 내는 창조형 직원들이 되어 갔다.

"같은 직급이라도 3배 이상 연봉이 차이나는 것이 1류 기업이다."
"인센티브란 인간이 만든 위대한 발명품 중 하나로 자본주의가 공산주의와 대결해서 승리한 요인이다."

이건희 회장의 지론이기도 한 이 말들은 삼성의 분위기를 고려했을 때 처음에는 상당히 파격적이었다. 실력만 있다면 연봉 서열이나 업무 시스템에 크게 구애받을 필요가 없다는 것이다.
이러한 삼성의 변화와 개혁은 뱀이 자신의 몸을 보호해 주는 단단하

고 질긴 껍질을 주기적으로 벗지 못하면 죽을 수밖에 없는 것처럼, 스스로 생존하기 위한 몸부림이었다.

"탈피하지 못하는 뱀은 죽는다."

독일의 문호 괴테의 말처럼, 삼성의 임직원들은 스스로 과거의 자신을 벗어나지 못하면 망하게 된다는 사실을 직감하고, 과거의 자신을 파괴하고, 새로운 자신을 창조해 나갔다. 이건희가 파격적이고 도발적인 경영법을 내세우지 않았다면, 삼성맨들 역시 변화하려고 시도조차 하지 않았을 것이다.

삼성의 핵심 인재들을 등급별로 나누어 보면, S급 인재가 최고의 레벨이다. 그 다음이 A급 인재, 그리고 H급 인재로 나누어진다. 이 중에서 사장보다 더 많은 연봉과 최고 수준의 대우를 받는 핵심 인재는 S^{Super}급 인재들이다. 이들은 연봉 100만 달러(원화로 약 11억 원)이상을 받고, 80평 이상의 아파트나 타워팰리스에 살며, 에쿠스 이상의 최고급 승용차, 해외여행 시 최고의 대우, 회사 이직 시에 경제적, 법률적 문제에 대한 지원 및 일괄 처리 등의 대우를 받는다.[6]

이러한 대우를 성과만 뛰어나다면 누구나 받을 수 있는 곳이 삼성인 것이다. 문제는 자신의 능력이지, 출신 성분이 아니다. 그런 점에서 목숨을 걸고 도전해 볼 만한 가치가 있는 조직이기도 하다. 조직의 리더라면 직원들이 혼을 심을 수 있는 조직 문화를 만들 수 있는 탁월한 경영을 할 줄 알아야 한다.

천재가 주역이 되는 21세기

'21세기에는 탁월한 천재가 10만에서 20만 명을 먹여 살리는 인재경영의 시대, 지적 창조력의 시대이다.'라고 말한 것은 2002년 6월 삼성의 사장단 50여 명 앞에서였다. 천재 한 명이 이십만 명을 먹여 살리는 시대라는 그의 주장은 충격적이었다. 과거에는 수십만 명이 군주 한 사람을 먹여 살렸다. 하지만 이제는 천재 한 명이 혼자서 이십만 명을 먹여 살린다는 것이다. 당시에는 쉽게 이해가 되지 않았다. 하지만 지금은 누구나 다 이 사실을 이해할 수 있다. 마이크로소프트사의 빌 게이츠나 페이스북의 마크 주커버그나 애플사의 스티브 잡스와 같은 천재들은 수천 명에서 수만 명의 직원들을 먹여 살린 천재들이다. 다 죽어가던 애플을 다시 살리고 세계에서 가장 창조적인 회사로 만든 것은 스티브 잡스라는 천재 한 명이었다. 지구상의 수억 명을 이어 주고 있는 페이스북도 마크 주커버그 한 명의 역할이 가장 컸다.

이건희의 말대로 이제는 인재 경영의 시대다. 인재가 수십만 명을 먹여 살리는 지적 창조력의 시대이다. 그런 점에서 인사가 진정 만사가 된 시대이다. 이건희 역시 기업이 곧 사람이며, 인사가 만사라는 사실을 자주 상기시킨다.

"나는 선친으로부터 '기업은 곧 사람'이라는 말을 수없이 들어왔다. 나 자신 삼성의 회장으로서 제일 힘든 일이 사람을 키우고, 쓰고, 평가하는 일이라고 생각한다. 기업이 필요로 하는 사람을 키워, 필요한 때에 쓰는 일이야말로 기업 경영자의 의무인 것이다. 손자병법에서도 천시

는 지리만 못하고 지리는 인화에 못 미친다고 하여 사람의 중요성을 거듭 강조하지 않았던가. 인사가 만사인 것이다." [7]

21세기는 사람의 수로 싸우는 시대가 아니라, 사람의 머리로 싸운다. 머리가 월등히 좋은 한 사람이 수십, 수천, 수만 명을 이길 수 있는 시대이다. 바둑 1급이 10급 열 명을 이겨내는 것처럼 말이다. 이건희가 천재 경영을 강조한 이유의 본질은 이것이다. 승자독식사회가 되었기 때문에, 모든 지식과 정보, 심지어 인재들까지 1등에게만 몰리게 되어 있다. 2등부터는 더욱 더 약해질 수밖에 없고, 모든 것이 불리해질 수밖에 없다. 21세기에는 2등의 생존도 보장할 수 없는 상태가 된다.

21세기는 변화가 심하기 때문에 세상이 어떻게 변할지 예측하는 것은 불가능하다. 어떻게 변하든 유연하게 대처하고, 미래를 이끌 수 있는 천재들이 많이 있다면 얘기는 달라진다. 한 명의 천재가 이십만 명을 먹여 살릴 수 있는 시대이기 때문에, 삼성을 비롯한 모든 조직은 그 사업을 만들고 이끌어나가는 인재에 달려 있다고 해도 과언이 아니다. 여기서 더 나아가 미래에 조직의 흥망은 천재를 얼마나 보유했는지에 따라 명확하게 구분될 것이다.

시대를 앞서는
담대한 목표를 설정하라

"선진국일수록 유능한 기업 경영자가 많다. 경영자는 아는 것에서 그쳐서는 안 되
며 실천으로 옮겨야 하고, 실천은 경영 성과로 나타나야 비로소 의미가 있다"
【이건희, ≪생각 좀 하며 세상을 보자≫, 동아일보사, 1997년, 275쪽】

유능한 경영자인지 아닌지를 판단하는 기준은 무엇일까?

"싸움에서 이기는 군대는 먼저 이길 수 있는 조건을 만들어 스스로를 불패의 자리에 세운 연후에 적과 싸움을 벌일 기회를 기다리지만, 패하는 군대는 무턱대고 먼저 싸움을 벌인 후에 요행으로 승리할 방법을 찾는다오."8

성공한 경영자들을 보면 먼저 성과를 창출해 낼 수 있는 기업 문화와 조건을 다 갖추어 놓고 시작한다. 만약에 그것이 어려운 경우라면 임직원들에게 확고하고 담대한 목표를 제시하여 놀라운 성과를 창출해 낼 수 있도록 동기 부여를 한다. 이건희의 경영법 역시 이와 비슷하다.

삼성그룹을 끌고 나간 선구자 이건희

이건희는 초일류 기업으로 가는 길이 아무리 험난하고 힘들다 할지라도 그것은 우리가 반드시 이룩하여 후세에 넘겨주어야 할 지고의 가치이자 목표라고 했다. 또한 신경영 선언 당시, 이 목표의 실현을 위해 자신의 생명과 재산 그리고 명예를 다 바치겠다고 천명했다.

이 말 속에는 그의 확고하고 담대한 목표와 불굴의 의지가 담겨 있다. 이렇듯 성공을 하기 위한 제일의 첫 번째 조건은 담대한 목표이다. 그러한 목표가 없다면 절대 성공할 수 없다. 위대한 성공과 업적은 담대하며 확고한 목표를 통해서 비롯된다는 사실을 명심해야 한다. 이건희는 국내 1위에 안주하던 삼성의 임직원들에게 세계 초일류라는 담대한 목표를 제시해 주었고, 그것을 위해 어떠한 대가도 감수하겠다고 다짐했다.

우리가 담대하고 높은 목표를 잡아야 하는 이유는 그것이 우리 자신을 넘어설 수 있도록 이끌기 때문이다. 소가 수레를 이끌 듯, 목표는 우리를 이끌고 간다는 사실을 알아야 한다. 그런 점에서 목표를 높게 잡은 사람은 높은 목표를 향해 자신의 수준을 높이게 된다. 하지만 목표를 처음부터 낮게 잡은 사람은 나태해지고 느슨해진다. 그렇기 때문에 위대한 업적을 달성해 내고, 놀라운 일을 해내는 사람들은 하나같이 위대한 목표를 설정해 놓고, 그것에 모든 것을 쏟아 붓는 사람이다.

르네상스 시대의 위대한 천재 예술가인 미켈란젤로는 이러한 사실을 잘 알고 있었다. 그가 위대한 시스티나 성당의 천장화인 〈천지창조〉를 그릴 수 있었던 것은 남들보다 높은 목표를 잡았기 때문이다.

"대부분의 사람들에게 가장 위험한 일은 목표目標를 너무 높게 잡고 거기에 이르지 못하는 것이 아니라, 목표를 너무 낮게 잡고 거기에 도달하는 것이다."

이 말처럼, 대부분의 사람들은 목표를 너무 낮게 잡기 때문에 위대한 일을 해낼 수 없는 것이지, 능력이나 재능이 부족하기 때문에 위대한 일을 하지 못하는 것이 아니다. 이런 점 때문에 이건희는 '초일류 기업으로 성장'이라는 높은 목표를 잡은 것이다. 이러한 목표가 삼성의 임직원들에게 주어지지 않았다면, 삼성의 모든 임직원들은 국내 1위에 만족하며, 다른 많은 기업들이 그랬듯이 우물 안 개구리로 안주했을 것이다.

가슴 뛰는 담대한 목표를 가져라

불과 십 년 전에는 한국의 수많은 기업들이 삼성과 비슷했는데, 왜 지금은 삼성과 비교될 수 없을 만큼 격차가 생긴 이유는 무엇일까? 바로 리더가 어떤 목표를 제시하였느냐의 차이이다. 임직원들로 하여금 피끓게 하는 담대한 목표를 가질 수 있게 하느냐 그렇지 않느냐에 따라 리더의 자질이 결정된다.

위대한 리더는 자신의 힘으로 회사나 조직을 일등으로 키우는 것이 아니라, 임직원들의 힘으로 회사나 조직을 일등으로 키우는 것이다. 한비자는 과거의 경영자라고 할 수 있는 군주들을 세 등급으로 나누어 말했다.

"삼류 군주는 자신의 능력을 쓰고, 이류 군주는 남의 힘을 쓰며, 일류

군주는 남의 머리를 쓴다."

최고의 경영자는 임직원들의 힘과 머리를 쓸 줄 아는 자이다. 이건희는 바로 그러한 경영자였던 것이다. 그가 신경영 선언을 통해 임직원들에게 주문한 것은 변화와 혁신이고, 그러한 변화와 혁신은 결국 한 단계 더 성장한 임직원들의 능력으로 삼성을 초일류 기업으로 도약시키기 위한 것이다.

확고한 목표를 가지고 있지 않은 사람이나 기업은 모든 채널에 다이얼을 맞추고 있는 것이나 다를 바 없기에 이도 저도 들을 수가 없게 된다. 역량이 분산되어 버리는 것이다. 작은 물방울조차 하나의 목표 지점을 가지고 쉼 없이 끈질기게 떨어지면 바위도 뚫을 수 있지만, 여기저기 흩어져서 떨어지게 되면 얇은 나뭇잎조차 뚫지 못한다. 확고한 목표의 중요성은 조직의 모든 역량을 한 곳을 향해, 한 방향을 향해 나아가도록 하기 때문에 반드시 필요한 성공 전략이다. 이건희가 삼성을 세계적인 초일류 기업으로 성장시키겠다는 목표를 처음 밝힌 것은 1993년이 아니었다. 그는 삼성의 부회장에서 회장으로 취임할 때 이미 자신의 담대한 목표를 가지고 있었다.

"삼성의 새 역사 창조에 장엄한 시동을 걸어 제2 창업의 영광을 위해 이 한 몸을 바치겠습니다. 미래지향적이고 도전적인 경영을 통해 90년대까지는 삼성을 세계적인 초일류 기업으로 성장시킬 것입니다."

1987년 12월 1일, 서울 호암아트홀에 모인 삼성그룹 임직원들 앞에서 당시 46세의 이건희 부회장이 새로운 삼성그룹 회장으로서 밝힌 취임 일성이었다. 그는 미래지향적이고 도전적인 경영을 통해 90년대까지는 삼성을 세계적인 초일류 기업으로 성장시키겠다고 다짐했고, 선언했던 것이다. 그리고 그 선언에 걸맞게 국내 1위에 불과하던 삼성이 2002년 세계 초일류 기업 소니를 넘어서며 세계 초일류 기업으로 성장하는 발판을 마련한 것이다.

유능한 리더는 비전을 제시해야 한다

이건희는 삼성의 직원들이 큰 꿈을 꿀 수 있게 했고, 더 큰 세상을 향해 더 멀리 나아갈 수 있는 장을 만들어 주었다. 그 전과 비교도 되지 않는 담대하고 큰 목표와 비전을 제시해 주었던 것이다. 그리고 새로운 조직문화 속에서 경쟁을 즐기는 분위기를 조성하였다. 자신과, 동료와, 세계와의 경쟁을 통해 열정과 성취감을 서서히 체득해 나가게 만든 것이다.

"A급 리더라면 비전을 만들어 내고, 타인들로 하여금 그 비전을 자신들의 것으로 받아들임으로써, 일하고 싶어 하도록 열정을 불러주고Energizing others, 스스로는 학습문화Learning culture의 가치에 충실하며, 경쟁을 즐기고 경쟁에 이기겠다는 열정Passion을 가져야 하며, 보스가 아니라 코치로 행동해야 한다."

잭 웰치의 말처럼, 이건희는 비전을 만들었고, 직원들로 하여금 그 비전이 자신들의 것임을 스스로 받아들이게 했다. 경쟁을 즐기고, 경쟁에서 승리하여 두세 배 많은 연봉을 받고, 자신의 분야에서 세계 최고가

되겠다는 열정과 열망으로 가득 찬 조직으로 바꾸어 나갔던 것이다. 괴테는 '이왕 꿈을 꾸려면 작게 꾸지 말라'고 말한 바 있다. 자그마한 꿈은 사람들의 마음을 움직이는 힘이 없기 때문이다. 그것이 그 어떤 리더의 역할보다 중요하다. 이건희가 가장 중점적으로 삼성을 변화시킨 것 중에 하나가 삼성맨들의 이류 의식이었다. 조직이 성공하기 위해 필요한 것은 조직원들이 최고가 되겠다는 변화의 열정이 무엇보다 필요하다. 그런데 삼성맨들은 종종 안주하는 의식을 보이곤 했다.

"1977년 삼성전자의 불량률을 거론하면서 이대로 가면 망한다고 했다. 1987년에도 그런 이야기를 했더니, 매년 망한다고 하더니 망하지 않는데 왜 그렇게 걱정하느냐고 했다. 매년 200~300억 원씩 이익이 나고 있는데 왜 망하냐는 것이었다. 참 한심한 일이었다. 50만 평에 수천억 원을 투자했으면 5천억 원 정도는 이익을 내야 하는데도 그 정도 이익이 난 걸 가지고 자랑하고 있으니 한심하지 않은가. 망하지 않고 그저 근근이 연명하는 것을 잘 되고 있다고 착각하고 있었던 것이다."

그는 삼성 사내 교육 자료인 《삼성 신경영》에서 삼성의 이류 의식, 안주하는 의식에 대해 이렇게 호되게 지적했다.

자신의 분야에서 최고가 되겠다는 목표는 리더와 조직원 모두에게 필요하다. 그런 사람이라야 비로소 마니아형 인재라고 할 수 있다. 여기서 리더는 시대를 앞서는 크고 담대한 목표를 세워 자신을 비롯한 조직원 모두가 기존의 역량을 뛰어넘는 최고의 인재가 될 수 있도록 조율해 나가야 함은 두말할 나위가 없다.

혁신하는 자가 미래를 지배한다

"나는 어려서부터 수없이 많은 물건을 구매하여 뜯어 보았다. 그 속을 보고 싶었기 때문이다. 나는 이러한 일을 누구보다도 많이 하였다고 자부한다. 이러한 활동을 통하여 나는 사물의 외관이 던지는 의문에 대하여 겉모습뿐 아니라 그 이면까지도 들여다보는 훈련을 받을 수 있었다."

【권터 뷔르테레, 《21세기의 도전과 전략 : 세계 정치 · 경제 지도자 26인의 미래 예측과 그 대안》, 밀알, 1996년, 242~243쪽】

혁신하는 자가 전쟁에서 승리하고, 미래를 지배한다. 혁신이란 남들이 가지 않은 길을 가고, 남들이 생각하지 못한 것을 생각하여 해내는 것이다. 기원전 2세기, 카르타고의 장수 한니발은 불과 1만 명의 병력으로 세상에서 가장 강력하다는 로마군 7만 명을 물리쳤다. 평탄한 길이 아니라, 알프스를 넘어 진격했기 때문이다. 누구도 예상치 못한 전략이 바로 혁신이다. 그의 놀라운 혁신은 그 후 나폴레옹에게 전수되었다. 또한 그들의 혁신과 도전 정신은 이 시대에 위대한 성공을 거두는 많은 개인과 기업들에게 그대로 전수되고 있다. 이처럼 혁신하는 자는 전쟁에서 승리하고, 경쟁에서 이기고, 미래를 지배한다.

현대의 경영자들에게 큰 영향을 끼치는 경영사상가인 게리 해멀은

자신의 저서인 《꿀벌과 게릴라Leading the Revolution》에서 이렇게 말했다.

"성실과 근면만으로는 더 이상 생존할 수 없으며, 혁신하는 사람과 혁신하는 기업만이 살아남을 수 있다."

남들보다 잘해서 성공하기보단 게임의 룰을 완전히 바꿔야 성공할 수 있는 시대이기 때문이다. 그의 말처럼 우리는 이제 열심히 일만 하는 꿀벌이 아니라 혁신하고 모든 것을 뒤바꾸는 게릴라가 되어야 한다.

창조를 통해 혁신을 일으킨 두바이

'미래 비전을 가진 셰이크 모하메드(두바이 지도자)가 두바이를 창조적 발전모델로 변화시켰듯이 우리도 창조경영에 힘써야 한다.'

2006년 10월 8일 아랍에미리트 버즈두바이 공사 현장에서 이건희가 한 말이다. 이건희는 그저 변화만을 강조한 것이 아니다. 변화의 핵심은 새로운 것을 추구하는 혁신이었고, 그러한 혁신의 본질은 창조였다. 그가 임직원들에게 주문한 것은 새로운 삼성의 창조였고, 새로운 개인의 창조였다. 그가 이토록 창조를 강조한 이유는 불과 십 년 전에 사막의 가난한 도시였던 두바이가 지금은 세계적인 부자들이 가장 가고 싶어 하는 기적의 도시로 도약한 것을 직접 눈으로 보고, 경험했기 때문이다.

두바이가 이렇게 눈부시게 변한 것은 그야말로 창조에 가까운 기적이다. 아무것도 보이지 않는 황량한 사막에 위치한 두바이는 그야말로 볼품없는 사막의 작은 도시였고, 인구가 30만 명도 채 되지 않는 곳이었다. 석유도 몇 해만 퍼내면 바로 고갈될 것이 뻔해서 미래가 불투명한 도시였다. 아무도 찾지 않았던 곳이고, 어떤 기대나 희망이 없어 보이던 도시였다.

그런 도시가 불과 십 년 만에 전 세계 금융과 물류, 관광, 엔터테인먼트, 언론의 중심 도시로 급부상한 것이다. 이곳에 어떤 기적이 일어난 것일까?

그 기적은 바로 두바이의 리더인 셰이크 모하메드의 창조성에서 비롯되었다. 그는 기발한 상상력과 창조성으로 세계에서 가장 높은 빌딩을 올렸고, 최고급 호텔을 지었으며, 사막 한가운데 스키장을 만들고, 인공섬 팜 아일랜드를 건설했다. 아무것도 없었던 사막 한가운데 도시가 환골탈태한 것이다. 바로 지도자의 창조경영 덕분이었다. 우리는 두바이를 통해 창조경영을 배워야 한다. 이건희는 이러한 사실을 강조했던 것이다.

두바이가 예전처럼 그 어떤 변화도 시도하지 않았다면, 지금의 두바이는 존재하지 않았을 것이다. 그곳은 창조경영이 어떤 결과를 낳을 수 있는지 보여 주는 명백한 증거다.

아이디어에 목말라한 리더, GE의 잭 웰치

창조를 통한 혁신에 대해 GE의 CEO였던 잭 웰치는 다음과 같이 말한다.

"새로운 아이디어를 갈구Craving new ideas하지 않는 리더는 GE를 떠나라. GE가 경영적 발상Management thought에서 세계적인 진원지Foun-tainhead가 되라고 주문하지는 않는다. 하지만 우리는 세계에서 '아이디어에 가장 목말라하는 기업Thirstiest pursuer of big ideas'이 돼야 한다. GE가 가장 성공적으로 실천한 식스 시그마Six Sigma 역시 모토로라Motorola가 그 진원지였다."

잭 웰치는 자신의 기업이 아이디어에 가장 목말라하는 기업이 될 것을 주문했다. 이건희 역시 삼성이 일류가 되기 위해 창조경영 기업이 될 것을 주문했다.

"일류가 되기 위해서는 창조경영을 통해 미래형 제품을 꾸준히 개발해 나가야 한다."[9]

일본 요코하마 평판디스플레이FPD 전시회에서 주장했던 말이다. 그가 외쳤던 것은 '창조적 발상을 하라'는 것이었다. 이건희는 21세기는 그저 상품을 만들어서 파는 시대가 아니라고 했다. 창의력과 아이디어, 정보를 통해 혁신적인 가치를 만들어야 하기 때문이다. 그는 끊임없는 창조와 창의력을 통한 혁신을 강조하고 또 강조했다.

"창조적인 경영시스템과 창의적인 인재를 발굴 · 육성하지 않으면 기회를 선점할 수 없을 것이다."
"창조적 발상을 하라."

"삼성의 주요 제품들이 이미 국내외 시장을 통틀어 선두권에 진입해 있는 만큼 다른 기업의 경영을 벤치마킹하거나 모방할 수 있는 상황이 아니다."

"앞으로는 삼성만의 고유한 독자성과 차별성을 구현할 수 있는 창조적 경영이 필요하다."

"잘 나간다고 자만하지 말고 항상 위기의식을 갖고 변화의 흐름을 잘 파악해야 한다. 과거에 해오던 대로 하거나 남의 것을 베껴서는 절대로 독창성이 생기지 않기 때문에 모든 것을 원점에서 보고 새로운 것을 찾아내는 창조성이 필요하다."

이러한 말들은 모두 이건희 삼성그룹 회장이 2006년 6월 28일 서울 한남동 승지원에서 전자와 금융 부문을 제외한 13개 독립계열사 사장단 회의에서 삼성이 지향해야 할 좌표로 '글로벌 창조경영'을 강조하면서 쏟아낸 말들이다.

글로벌 창조 기업에 목마른 이건희

이건희가 원한 것은 국내 1위가 아닌 글로벌 창조 기업이었다. 그는 어디를 가더라도 창조라는 말을 떼놓지 않았다. 아래는 영국의 프리미어 리그 첼시 홈구장을 방문했을 때와 연이어 UAE 버즈두바이 공사 현장을 방문했을 때 한 말들이다.

'프리미어리그는 세계 최고인력들이 펼치는 창조적 플레이의 경연장' [10]

'미래 비전을 가진 셰이크 모하메드(두바이 지도자)가 두바이를 창조적 발전모델로 변화시켰듯이 우리도 창조경영에 힘써야 한다.' [11]

그의 머릿속에는 오직 창조뿐이었다. 창조를 통해 삼성을 재창조하겠다는 그의 지속적인 의지와 열정이 얼마나 강했는지를 짐작해 볼 수 있는 대목이다. 그리고 그의 창조와 혁신에 대한 갈망은 2012년 신년사에서도 나타난다.

"삼성의 미래는 신사업 · 신제품 · 신기술에 달려 있다."

창조와 창의성을 통한 혁신, 새로운 사업, 새로운 제품, 새로운 기술에 대해 이미 초일류 기업이 된 2012년에도 신년사에서 언급할 정도로 그의 열정은 식을 줄 모른다. 번트 슈미트 컬럼비아대학교의 비즈니스 스쿨 교수는 삼성에 대해 다음과 같은 평가를 한 적이 있다.

"삼성의 변화 핵심은 혁신, 그중에서도 기술적인 혁신이 아닌 좀 더 넓은 라이프스타일과 창의성에 관한 혁신이다. 지금도 삼성이 집중하는 분야이고 창의적인 기업으로 탈바꿈하고 있다" [12]

그는 삼성의 변화와 그 핵심이 창조적 혁신임을 매우 정확하게 통찰하고 있다. '혁신'을 목표로 하는 기업은 삼성뿐만이 아니다. 사실상 전세계 CEO들의 전략 1순위 목표가 바로 이것이다. 최근 IBM이 1,500명의 CEO를 대상으로 실시한 조사에서 미래 최고의 리더십 역량은 바로 창조력이라는 사실이 밝혀졌다. 성공하는 혁신가들의 5가지 스킬을 밝힌 제프 다이어의 《이노베이터 DNA》란 책에 소개된 내용을 보면, 역사적으로 볼 때에도 산업계의 혁신이나 부의 창출 면에서 창조적이고 혁신적인 아이디어가 어떤 위력을 가지고 있었는지 알려준다. 소니의 워크맨을 뛰어넘은 애플의 아이팟, 기존 커피숍을 점령한 스타벅스의 원두커피와 분위기 등의 사례들을 소개하면서 창조력이 가장 큰 경쟁력임을 주장한다.

혁신과 창조는 결국 남들이 보지 못한 것을 볼 수 있어야 가능하다. 이미 포화된 시장에서 벗어나지 못한 채 제로섬 게임에만 몰두하다 보면 언젠가 그 시장과 함께 도태되고 만다.

episode 3
이건희와 마니아

인재 찾기에 배고팠던 이건희

"나는 아직도 인재 찾기에 배가 고프다."

이건희 회장이 2005년 5월 월간조선과의 인터뷰에서 던진 말이다. 그는 왜 그토록 인재 찾기에 목말라하고 배고파할까? 그는 사실 마니아적인 기질을 많이 가지고 있다. 자신이 좋아하는 것이나 관심이 있는 분야에 대해서는 누구보다 더 깊게 몰입하고 집착하는 것이다. 그러한 마니아적인 근성은 남들이 미처 생각도 하지 못했던 것들을 생각하게 하고, 남들이 절대 보지 못한 부분까지도 볼 수 있는 혜안과 식견을 길러주었다.

이건희는 가장 좋아하는 영화인 〈벤허〉를 수십 번이나 감상하며, 볼 때마다 다른 관점으로 보았다. 그가 이 영화를 보면서, 남들이 무심코 지나쳐버리는 영화 장면을 통해 자신만의 경영철학을 정립했다는 점에서 우리는 매우 놀라지 않을 수 없다.

　우리는 보통 신상필벌의 관념을 가지고 있다. 오래 전부터 내려온 고전에서 나온 말이기에 더욱 더 그 말에 순응을 했다. 그래서 잘한 사람에게는 상을 주고, 잘못한 사람에게는 벌을 주는 것에 대해 당연하게 생각해 왔다. 하지만 이건희는 대부분의 사람들이 당연하게 여긴 이러한 관념에 의문을 품었고, 자신만의 새로운 관념을 만들었다.

　그것이 바로 '신상필상'의 철학이었다. 그는 〈벤허〉라는 영화의 하이라이트 장면을 보면서, 벤허와 멧살라의 차이점을 발견했다. 벤허는 말을 다루는 데 채찍을 절대로 사용하지 않는다는 점과 이와 반대로 멧살라는 위협적인 채찍으로 말을 다룬다는 사실을 발견하고, 신상필상이라는 새로운 관념을 정립했다. 부하직원의 성과가 부진하더라도 질책하는 대신 인센티브를 주고 격려를 하면 두세 배의 효과를 거둘 수 있게 된다는 철학적 마인드를 가지게 되었던 것이다.

　이렇게 마니아적인 근성을 가진 이건희의 마음을 사로잡는 인물은 학교 성적이 우수한 모범생 타입의 인재들이 아니라, 마니아형의 인재들이었다.

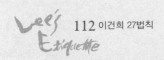

이건희가 찾는 마니아형 인재

"마차를 잘 만드는 인재도 중요하지만, 마차에서 자동차를 꿈꿀 수 있는 인재가 우선이다"

이건희가 말하는 인재는 한 마디로 '마니아'형 인재다. 모든 분야에서 고르게 우수한 인재를 말하는 것이 아니라, 특정 분야에서 남과 다른 재능과 흥미를 가지고 자신의 영역을 구축하는 사람을 말한다. 어떻게 보면 이런 '마니아'형 인재는 조직 내에서 융화적인 측면으로 볼 때는 다소 부족할 수 있지만, 자기 분야에서 최고가 되겠다는 열정과 몰입도만은 굉장히 높은 사람들이다. 한 마디로 특정 분야에 푹 빠져 있기 때문에 그 분야에서 반드시 전문가로 성장하는 인재 유형이다. 이들은 모두 개성이 강하고, 재능이 넘친다. 이런 이들에게 필요한 것은 이들의 끼를 더욱 더 살려 주고, 이들이 언제나 남다른 발상을 할 수 있는 여건을 마련해 주는 것이다. 이건희는 특히 고위급 간부라면 반드시 그런 '마니아'형 인재들에 대해 빠짐없이 다 파악하고 있어야 한다고 주문한다.

이런 유형의 인재로 대표적인 인물을 한 명 들라고 하면, 바로 빌게이츠 같은 사람이다. 마이크로소프트사의 매출액은 미국 국내총생산 GDP의 2.7%를 차지하며 세금 역시 미국 총관세액의 1.8%에 이른다. 우리나라에 빌 게이츠 같은 천재가 세 사람만 나오면 우리 경제는 차원이 달라질 것이라고 이건희는 말한다. 그는 이런 천재 세 사람을 찾는 것이 자신의 목표라고 밝히기도 했다.

새로운 시대에 새로운 유형의 인재들이 필요한 것은 사실이다. 하지만 군이 기업에서 천재나 인재들이 많이 필요한 이유는 무엇일까? 열심히 시키는 일만 잘하는 사람들이나 주어진 일을 잘 해내는 사람들, 혹은 학교 성적이 우수한 머리가 좋은 직원들이 있으면 되지 않을까? 왜 이건희는 군이 자신이 찾고 있는 천재들을 중요시하고, 찾아내고 확보하고자 노력하는 것일까? 인재야말로 우리나라가 지금보다 더 나은 국가로 도약하고, 삼성이 일류 기업으로 나아가기 위해서 반드시 필요한 존재들이라는 남다른 철학이 그에게 있었기 때문이다.

"국민소득을 2만 달러로 높이기 위해서는 천재가 필요하다. 천재들을 키워 5년, 10년 후 미래 산업에서 선진국과 경쟁해 이겨야 한다. 지금 우리가 살고 있는 디지털 시대는 총칼이 아닌 사람의 머리로 싸우는 '두뇌전쟁'의 시대이기 때문에 결국 뛰어난 인재, 창조적 소수가 국가 경쟁력을 좌우하게 된다."

국민소득 2만 달러 획득을 위해 필요한 것은 천재다.

"20세기까지는 컨베이어벨트가 제품을 만들었으나 21세기는 천재급 인력 한 명이 제조 공정 전체를 대신할 수 있다. 반도체 라인 1개를 만

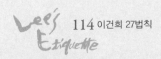

들려면 30억 달러 정도가 들어가는데 누군가 회로선 폭을 반만 줄이면 생산성이 높아져 30억 달러에 버금가는 효과를 거두게 된다. 천재 한 명이 수만 명을 먹여 살린다는 얘기가 바로 이런 것이다."

회로선 폭을 반으로 줄일 수 있는 천재 한 명이 있다면, 수만 명을 먹여 살리고도 남는 부가가치를 창출해 낼 수 있다는 말이다. 그의 인재 사랑은 오래 전부터 비롯되었다.

"내게 욕심이 하나 있다고 하면 사람에 대한 욕심이며, 세계에서 제일 많을 것이다. 조금이라도 나보다 나은 사람, 우수한 사람은 한 사람이라도 안 내놓는다. 돈 몇 푼 펑크나는 것은 신경도 안 쓴다. 우수한 사람을 더 데리고 더 효율을 내면 되는 것이다."

그가 1995년에 했던 말이다. 또한 핵심 인력 확보에 자신의 업무 절반을 두고, 사장 평가 항목에 이것을 반영하겠다고 말했다.

"앞으로 나 자신의 업무 절반 이상을 핵심 인력 확보에 둘 겁니다. 핵심 인재를 몇 명이나 뽑았고, 이를 뽑기 위해 사장이 얼마나 챙기고 있으며, 확보한 핵심 인재를 성장시키는 데 얼마나 노력하고 있는지를 찾아 사장 평가 항목에 반영하도록 하세요." [13]

이처럼 그는 수십 년 동안 인재를 찾고 확보했지만, 여전히 배고프다고 말하고 있다. 그는 기업은 결국 사람이라는 만고불변의 진리를 확고하게 깨달은 리더였던 것이다. 그가 얼마나 인재들을 확보하는 것에 주력했는지는 그에 대해 출간된 많은 책들과 그에 대한 매스컴의 보도 자료들을 통해서도 쉽게 확인해 볼 수 있다.

국내 기업인 최초로 〈타임〉에 선정되다

국내 기업인으로는 처음으로 미국 시사주간지 〈타임〉 선정 '세계 100대 인물'에 뽑힌 삼성 이건희 회장은 자기 자신이 인재임을 알고 있을까? 이건희는 기업인 부문에서 스티브 잡스, 래리 페이지 등과 함께 '세계에서 가장 영향력 있는 올해의 인물 100인(2005년)'에 선정된 바 있다. 〈타임〉은 삼성의 이 회장을 처음으로 선정한 이유에 대해 '삼성그룹 이 회장이 무명의 삼성전자를 소니에 도전장을 내미는 세계 최고의 기업으로 탈바꿈시켰다.'고 설명했다.

이건희에 대해 탁월한 리더라고 평가해 주는 언론은 〈타임〉뿐만이 아니었다. 영국의 경제일간지 〈파이낸셜타임스〉 역시 '존경받는 세계 재계 리더'에 한국인으로는 처음으로 유일하게 선정했다. 2003년 11월 24일 〈뉴스위크〉에 실린 그의 기사 내용은 해외 언론들이 이건희에 대해 어떻게 평가하고 있는지 잘 알 수 있다.

"삼성그룹의 지휘권을 물려받은 뒤로 이건희 회장은 대담한 리더십을 발휘해 왔다. 유행의 선도를 중시하고 현실 안주를 기피하는 삼성 문화의 건설에 앞장 서 왔다. 전문가들은 삼성의 활기찬 생명력은 책임감, 디자인, 품질 관리를 개선한 그의 개혁에서 나왔다고 생각한다. 실제로 1993년 실시한 이 회장의 개혁 덕택에 삼성은 아시아의 금융위기 때 무사히 살아남았

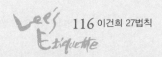

다. 오늘날 삼성의 주식 중 적어도 300억 달러어치는 외국인 투자자들이 소유하고 있다. 아마도 아시아의 어느 기업보다 많은 양일 것이다. 많은 투자자들은 틀림없이 삼성의 개방성과 자체 개혁의지에 매력을 느꼈을 것이다. 삼성의 부상이 워낙 인상적이다 보니 이제는 일본의 경제 신문들도 삼성을 칭찬하기에 바쁘다.

삼성은 금융위기를 무사히 넘긴 유일한 재벌이었다. 한국 기업들의 모범이 될 만했고 실제로도 모범이 됐다. 현재 삼성은 한국 역사상 그 어떤 기업보다도 더 막강한 힘을 갖고 있다.”[14]

이처럼 세계 언론과 일반인들의 눈에는 분명 그가 ‘인재 중에 인재’인 셈이다. 삼성을 초일류 글로벌 기업으로 성장시킨 그의 리더십은 우리나라뿐 아니라 미국, 일본 등에서도 연구의 대상이 되고 있다.

인재가 인재를 사랑하고, 인재에 대한 욕심이 넘쳐나는 것은 어쩌면 너무나 당연한 것인지도 모른다.

keyword 4

<u>스포츠</u>

에티켓과 룰을 지키며 상대를 제압하라

정의 일정한 규칙에 따라 개인이나 단체끼리 속력, 지구력, 기능 따위를 겨루는 일
특성 스포츠는 운동에 참여하는 사람의 수와 형태에 따라서 한 사람 한 사람이
하는 개인 운동과 여러 사람이 참여하는 단체 운동으로 나뉜다. 여기에서 <u>스포츠</u>
는 개인의 건강을 유지하는 데 도움을 줄 뿐만 아니라, 단체 운동의 경우에는 경
쟁심을 고취하여 구성원의 협동 정신을 높이는 좋은 효과를 갖고 있다.
스포츠는 또한 뛰어난 운동선수들의 경쟁과 보다 나은 기록을 추구함으로써 사
람이 가진 신체적 능력의 한계에 도전하는 활동이라고도 볼 수 있다.

에티켓을 갖추되 선제압하라

"누차 얘기하지만 뛸 사람은 뛰고 빨리 걸을 사람은 걸어라. 걷기 싫은 사람은 앉아서 놀아라. 아무도 안 말린다. 그래도 의식주는 보장하겠다. 삼성에서 일 안 한다고, 못한다고 내쫓지는 않는다. 인간은 일하지 말고 '놀아라 놀아라' 해도 일하게 되어 있다. 한 달도 못 논다. 그러면 뭐냐? 남의 뒷다리는 잡지 말아라. 뛰는 사람, 빨리 걷는 사람, 앞으로 가는 사람들 뒷다리만 잡지 말고 가만히 앉아 있어라. 자신이 변하는 건 분명히 어렵다. 강요 안 한다. 변하기 싫은 사람은 변하지 않아도 좋다. 남들 뒷다리만 잡지 않으면 된다."
【강승구 편, 《이건희 이야기:이제는 바꿔야 산다》, 미래미디어, 1993년, 94쪽】

에티켓이란 용어는 누구나 알고 있을 것이다. 이 말은 원래 프랑스 궁전에서 '화원을 망가뜨리지 마세요.'라고 적혀있던 입간판을 뜻한다. 그러다가 점차 변형되어 다른 이에게 피해를 주지 말라는 의미로 통용되며 '예의'를 뜻하게 되었다.

개인 간의 에티켓은 꼭 지켜야 하지만, 몰라서 지키지 못했을 때도 큰 제재가 발생하진 않는다. 하지만 기업경영에서는 더 엄격해진다. 에티켓 하나로 중요한 거래가 결정되기도 한다. 즉, 작고 사소한 것들이 위대한 기업을 만드는 것이다. 이러한 명제를 이론적으로 뒷받침하고 있는 학자가 있다. 바로 《사소함이 만드는 위대한 성공 법칙, 리틀 빅 씽 The Little BIG Things》의 저자인 톰 피터스Tom Peters다.

세계에서 가장 강력한 미국의 헌법을 탄생시킨 사람들은 보통 사람들 4명이었다. 작은 결론의 합집합이 거대한 힘의 결정체가 되듯, 결국 오늘날 초강대국 미국의 슈퍼 파워는 이처럼 작은 힘들이 한데 모여 탄생했다. 이와 마찬가지로 친절과 정중한 예절, 에티켓, 배려 등과 같은 작고 사소한 것들이 큰 차이를 만들고 위대한 기업과 국가를 만드는 원동력이 된다고 주장한다. 톰 피터스와 같이 이건희도 사소한 에티켓 하나까지 소홀히 해서는 안 된다고 강조한다.

경영도 스포츠도 정정당당하게 하라

"예절이 갖는 힘을 체득하라. 두 배의 가치가 돌아온다. 예절의 기술은 모든 인간관계를 향상시킨다"라고 스페인의 작가인 발타자르 그라시안Baltazar Gracian이 말했다. 이건희 역시 이와 비슷한 말을 한다.

"국제화에 제대로 적응하려면 현지인과 골프도 쳐야 하고, 술도 마셔야 하고, 식사 초대를 하거나 초대에 응하기도 해야 한다. 사소한 에티켓을 소홀히 해서 중요한 상담을 망쳤다면 국제화된 기업이라고 할 수 없다."[1]

이건희는 줄곧 에티켓을 강조해 왔다. 삼성의 신입 사원 교육에서도 중요한 비중을 차지하고 있는 것이 바로 인간미와 에티켓 교육과 실습이다. 그가 에티켓에 대해 중점을 두게 된 것도 어떻게 보면 골프의 영향이 컸다고 할 수 있다. 골프는 무엇보다도 에티켓과 룰을 강조하는 정정당당한 경기이기 때문이다. 그는 골프와 관련하여 다음과 같은 말을 한 적이 있다.

"나는 단순히 핸디캡을 줄이려고 골프를 하지 않습니다. 나는 골프를 통해 나 자신을 컨트롤하는 법을 배웁니다. 골프의 룰은 법전만큼 다양하고 방대하지만 심판은 없습니다. 골프를 할 때는 남이 보든지 보지 않든지 간에 볼을 건드리려는 유혹에 빠지지 말아야 합니다. 골프는 도덕과 법을 스스로 지키는 연습을 할 수 있는 좋은 교육입니다."

그의 말처럼 골프를 통해 자율과 에티켓을 배울 수 있고, 정도 경영과 자율 경영에 대한 의식을 익힐 수 있다.

이건희는 골프 선수 중에 바비 존스를 매우 좋아한다. 그가 바비 존스를 좋아하고 존경하는 이유가 최초로 그랜드슬램을 달성한 실력 있는 선수이기 때문이 아니다. 바비 존스가 정정당당하게 시합을 치르는 모습에 매료되었기 때문이다. 바비 존스가 한 타 차로 선두를 달리고 있는 경기였다. 그는 러프에서 어드레스하면서 실수를 했다. 공이 움직이고 만 것이다. 다행히 그것을 목격한 사람은 아무도 없었다. 그런데 바비 존스는 그 사실을 경기 위원회에 신고하여, 1타 차로 우승을 하지 못하게 되었다. 이러한 정직함 때문에 바비 존스를 좋아하는 것이다.

이건희는 골프와 같은 다양한 스포츠를 통해, 정정당당하게 경영하는 것을 배웠을 것이다. 그리고 그는 배우는 것으로 끝내지 않고, 경영에도 정정당당한 스포츠 정신을 접목하였다. 이러한 사례가 바로 '라인

스톱제'와 '휴대폰 화형식'이다. 신경영을 통해 실시된 제도 중에 하나가, 불량품이 나올 경우 라인을 전부 세우는 '라인스톱제'이다. 이러한 제도는 스포츠 경기 중에 반칙이 나왔을 경우에 경기를 중단시키는 것과 매우 닮아 있다. 뿐만 아니라 이러한 라인스톱제의 밑바탕을 이루는 이건희의 정신은 불량품을 소비자들에게 파는 건 비겁하다는 철저한 스포츠맨십의 발로라고 할 수 있다. 가장 정정당당하게 이기는 기업은 최고 품질의 제품을 만들어 내는 기업이다. '21세기에는 불량이 없어져야 한다. 그러면 서비스센터가 없어질 것이고 새로운 개념의 서비스가 만들어질 것이다.'

그의 스포츠맨십이 드러난 또 다른 사례가 휴대폰 화형식이다. 물론 임직원들에게 개혁 의지를 눈으로 보여 주고, 품질 경영을 이끌기 위한 일환이었지만, 그 이면에는 고객에 대해 불량품이 없는 제품을 제공해 주겠다는 마음과 다른 기업들에 대해 정정당당한 경쟁을 하고자 하는 스포츠맨십의 표출이었다. 1990년대 초 불량 휴대폰이 시중에 유통되고 있다는 보고를 받은 이건희는 정정당당하게 정면 승부를 하기로 결단했다. 그것이 바로 시중에 나간 제품을 모조리 회수하여 불 태워 버리는 것이었다.

"아직도 전화기 품질이 그 모양인가. 고객이 두렵지도 않나. 돈 받고 불량품을 팔다니. 시중에 나간 제품을 모조리 회수해 공장 사람들이 전부 보는 앞에서 태워 없애라고 하시오."

정정당당하게 경쟁하여 이기는 스포츠맨십은 경영에도 똑같이 적용

"이제 개인과 기업을 막론하고 남을 속이고 기만하는 이류 행동, 이류 경영으로는 승리를 기대할 수 없다. 신용과 신의라는 에티켓만이 진정한 승리를 가져다줄 것이다."

된다. 비겁한 길을 선택해서는 절대로 이길 수 없다. 대범하고 정정당당하게 경영에 임해야 한다.

'1년 간 회사 문을 닫는 한이 있더라도 제품 불량률을 없애라.'[2] 그의 이 말에 우리는 스포츠맨십 이상의 비장함마저 느낄 수 있다. 이건희는 정정당당하게 실력을 키워 삼성을 이류에서 일류로 만들었다. 1992년 비즈니스 위크는 그 당시 삼성이 이류에 불과하다는 사실을 잘 알고 있었고, 그러한 사실을 증명하듯 '삼성이 소니나 GE와 같은 세계 일류 기업과 어깨를 나란히 할 수 있을 것인가?'라는 부정적인 보도를 내보냈다. 하지만 그로부터 정확히 10년 후 2002년 한국에는 두 가지 기적이 일어났다.

하나는 한국 축구가 월드컵 4강에 올라선 것이고, 또 다른 하나는 이류 기업에 불과했던 삼성이 세계 일류 기업인 소니를 넘어선 것이다.

경영도 스포츠처럼 팀플레이다

삼성의 3대 스포츠는 골프, 야구, 럭비이다. 이건희는 골프를 통해 룰과 에티켓을 배우라고 임직원들에게 주문한다. 럭비를 통해서는 팀워크와 투지를 배워야 한다고 했다. 그가 럭비를 통해 배운 팀워크 정신은 경영에도 그대로 적용이 되었다. 모든 임직원이 하나가 되어야 하고, 목표를 향해 꺾이지 않고 전진해야 한다는 사실을 깨달았던 것이다.

"럭비는 한번 시작하면 눈비가 와도 중지하지 않고 계속한다. 걷기조차 힘든 진흙탕에서도 온몸으로 부딪치고 뛴다. 오직 전진이라는 팀의 목표를 향해 격렬한 태클과 공격을 반복하면서 하나로 뭉친다. (…) 악천후를 이겨내는 불굴의 투지, 하나로 뭉치는 단결력, 태클을 뚫고 나가는 강인한 정신력, 이것이 럭비에 담긴 정신이다. 이 시점에 우리에게 가장 필요한 것은 몸을 던져서라도 난관을 돌파하는 럭비 정신으로 현재의 정신적 패배주의를 극복하는 일이다."[3]

경쟁에서 이기기 위해서는 팀원들이 모두 잘해야 한다는 사실과 상대가 있어야 한다. 삼성의 신입사원들은 4~6주 동안의 신입사원 연수를 통해 당연하지만 분명한 이 사실을 몸으로 익힌다. 신입생 연수 프로그램 중에는 매우 특별한 경험을 할 수 있는 프로그램이 있다. 각 팀의 신입사원들이 가진 돈을 모두 압수한 후 삼성의 제품들을 배급하는 것이다. 그 제품을 일정한 가격 이하로는 절대 팔 수 없도록 제한선을 두고, 아침 일찍 낯선 곳에 내려준다.

생전 한 번도 가보지 못한 도시의 어느 구석에서 팀원들과 함께 삼성의 제품인 카메라, 카세트, 시계, 라디오 등을 몇 개씩 들고, 빈털터리 상태로 하루 종일 버텨야 한다. 물론 이 프로그램의 주목적은 물건을 얼마나 많이 팔았느냐는 것이다. 하지만 이 프로그램을 통해 삼성의 신입사원들은 처음으로 고객들을 대면하게 된다. 그것도 물건을 파는 판매자의 입장에서 말이다. 그때 가장 의지가 되는 것은 다름 아닌 함께 난관을 헤쳐 나갈 동료들이다. 적게는 2~3명, 많게는 4~5명이 하나의 팀을 이루어서 제품을 팔아야만 점심이나 음료수를 사 먹을 수 있는 생소하고 특별한 경험을 하게 되는 것이다.

팀플레이의 중요성을 알다

그때 비로소 팀워크가 무엇인지 절대적으로 느끼게 된다. 난생 처음 보는 사람에게 다가가서 말을 건네고, 물건을 사라고 해야 한다. 물건을 사줄 잠재적인 고객들을 처음으로 상대하는 것이다. 그들은 이제 고객이라는 엄청난 존재를 각인하게 된다. 아무리 물건이 좋고, 아무리 저렴해도 고객의 마음에 들지 못하면 팔 수 없는 것이다. 한편으로는 그 물건을 사주는 고객이 얼마나 고마운 존재인지 깨닫게 된다.

이러한 훈련을 통해 삼성의 임직원들은 함께 동고동락을 하는 동료들의 중요성을 실감한다. 혼자서는 죽어도 못하는 일을 동료와 함께 할 때 해낼 수 있다는 사실을 알게 된다. 경쟁에서 승리하기 위해서는 동료가 있어야 하고, 팀워크가 중요하다는 사실을 깨닫게 된다. 뿐만 아니라 고객에 대해서도 생각하게 만든다. 누가 사줄 것인지를 항상 염두에 둬야 한다. 이 과정에서 물건을 기획하고, 연구하고, 생산하는 사고의 틀이 형성되며 고객 중심에서 일을 하는 습관을 몸으로 익히게 되는 것이다.

애플의 스티브 잡스는 위대한 혁신의 아이콘이었다. 그리고 위대한

기업가이다. 그런데 그도 역시 비즈니스에서 위대한 업적을 내기 위해서는 한 사람이 아닌 팀으로 뭉쳐야 한다는 사실에 대해 말했다.

"비즈니스에 관한 나의 본보기는 바로 비틀즈다. 그들은 멤버 4명이 각자가 지닌 좋지 않은 성향들을 보완해 주었다. 서로 균형을 맞추어 주었고, 일부가 뭉치기보다는 모두 함께하는 것을 더 중요하게 여겼다. 그것이 바로 내가 비즈니스를 바라보는 관점이다. 비즈니스에서 위대한 업적은 결코 한 사람으로부터 만들어지지 않는다. 팀으로 뭉친 사람들이 해내는 것이다."[4]

스티브 잡스는 세상에서 제일 뛰어난 인재들과 일하면서, 애플은 '팀 스포츠'로 움직인다고 말했다. 그만큼 팀플레이의 중요성을 그도 잘 알고 있었던 것이다.

0.0001의 한계를 넘어야 한다

"스포츠를 통해 우리가 얻을 수 있는 또 하나의 교훈은 어떤 승리에도 결코 우연은 없다는 사실이다. 천재적인 재능을 타고난 선수라도 노력 없이 승리할 수는 없으며, 모든 승리는 오랜 세월 선수, 코치, 감독이 삼위일체가 되어 묵묵히 흘린 땀방울의 결실이다."

【이건희, 《생각 좀 하며 세상을 보자》, 동아일보사, 1997년, 196쪽】

세계 최고가 되기 위해서는 0.0001의 한계를 넘어야 한다. 실제로 삼성중공업은 품질에 대해 그 어떤 불만도 없는 불만제로 선박을 시공하는 데 성공한 기업이다.

"삼성중공업은 미국 셰브론시핑Chevron Shipping사에 10만 5천 톤급 유조선을 인도함으로써, 약 1년 3개월의 기간 동안 선박 60척 연속 무결함 인도, 그리고 평균 40일 조기 건조라는 대기록을 수립했다. '납기를 맞추고 결함을 최소화' 하는 수준에서 만족한 것이 아니라 완전무결한 제품, 전혀 흠이 없는 제품을 고객이 원하는 날짜보다 더 앞당겨서 만들어 낸다는 자사만의 목표를 세우고 그것을 향해 매진한 결과다. '무결함 선박'이란 인도 전에 선주사와 조선사가 함께 참여해 실시하는

최종 점검에서 품질에 관한 한, 단 한 건의 지적사항도 없는 고객 불만 제로(0)인 선박을 말한다."[5]

이처럼 불가능해 보이는 목표라도 오직 그것을 향해 매진한다면 결국 이뤄낸다. 이것은 스포츠와 경영의 공통점이기도 하다. 예전에 텔레비전 광고를 보면 한 수영 선수가 경기에 임하기 전에 삭발하는 모습이 나온다. 물과 마찰을 줄여 0.0001초라도 줄이기 위한 전략이다. 대수롭지 않게 생각했던 머리카락으로 신기록이 좌우될 수 있는 것이다. 이 상황은 아무리 노력해도 한계를 넘을 수 없다고 여겨질 때, 기존의 방식을 바꿈으로써 성공할 수 있다는 사실을 보여 준다.

경영에서도 비슷한 사례가 있다. 망해 가고 있는 GE를 잭 웰치가 살려 낼 때 사용한 것이 6시그마였다. 6시그마란 최고의 품질을 추구하자는 품질 경영이며, 일하는 방식과 사고하는 방식을 바꾸자는 철학적 경영이다. 그리고 이것의 강점은 바로 100만 개 중 불량품을 3.4개 이하로 줄이는 도전적 목표를 지속적으로 추진하게 해 준다는 점이다.

하지만 이런 새로운 발상에 대해 많은 사람들이 오해하는 것 중에 하나가 바로 어렵다는 것이다. 6시그마가 어려운 이유는 넘지 못할 한계를 넘기 위해 부단히 노력하게 만드는 경영 기법이기 때문이다.

경영도 강한 자, 빠른 자가 이긴다

2010년 7월 5일, 일본의 주간지인 〈닛케이 비즈니스〉에는 '삼성 최강의 비밀'이란 이름으로 특집기사가 실렸다. 이 기사는 일본의 대표 전자업체인 소니와 파나소닉이 무려 400억 엔과 1천억 엔 이상의 적자를 내면서 비틀거리고 있는 것에 반해 이웃 나라 한국의 삼성은 오히려 흑자를 내고 있다는 사실에 충격을 받고, 삼성에 대해 분석하고 평가하는 기사였다.

삼성은 2009년 순이익이 7천300억 엔에 달했다. 소니와 파나소닉이 적자에서 벗어나지 못하고 있는 것에 비하면 충격적인 도약이었다. 오래 전부터 한국을 깔보았던 일본이, 이제는 한국의 삼성을 배우겠다며 자존심을 버리고 삼성에 대한 기사를 내보낸 것이다. 시가총액만 따져도 삼성은 파나소닉이나 소니보다 3배나 높다. 그들로서는 놀랍고도 충격적인 상황이었다.

그런데 이 기사에서는, 소니와 파나소닉을 넘어서고 초일류 기업으로 성장할 수 있었던 삼성의 원동력을 '마치 올림픽 경기에 출전하는 선수들처럼' 고도로 훈련을 받고, 단련되어 있는 8만 5천 명의 삼성맨들'이라고 분석을 해놓았다.

마치 스포츠맨십으로 무장된 삼성맨들의 일면을 보여 주는 듯한 기사였다. 스포츠에서는 강한 자가 이기고, 빠른 자가 이긴다. 경영도 마찬가지다. 이건희는 이를 조직에도 그대로 적용하여, 좀 더 빠르게, 좀 더 강하게 행동하고 움직이는 것을 습관화했다. 남들보다 2시간 일찍

움직이는 7·4제가 가장 좋은 예이다. 삼성의 주요한 성장 비결의 한 가지는 바로 학벌이나 문벌에 연연하지 않고, 능력으로 정정당당하게 경쟁하여 성과가 좋은 직원들에게 성과만큼 보상해 주고, 승진시켜 주는 스포츠맨십에 있다.

공고를 나오고, 대학을 졸업하지 못한 인력들이 아무리 열심히 일을 하고, 창조적으로 놀라운 성과를 내더라도, 학벌과 같은 요건에 밀려 승진도 제대로 못하고, 대접도 못 받는 조직은 결코 튼튼해질 수 없다. 더구나 갑자기 초일류 기업이 되기는 더욱 힘들다. 하지만 삼성은 공고를 나오든, 대학을 졸업하지 못했든 상관하지 않았다. 스포츠 정신에 입각하여, 누구든 성과를 창출해 내면 그만큼 승진하게 되어 있고, 보상을 받게 되어 있다.

이런 조직에서 누가 혼을 심지 않겠는가? 자신의 인생을 걸고 피나는 업적을 내기 위해 불철주야 노력하게 될 것이다. 정정당당하게 도전하고, 노력하여 경쟁했는데도 불구하고 질 수도 있다. 하지만 그 패배를 계기로 더욱 발전하여 다시 승리에 도전하는 것, 그것이 바로 스포츠 정신인 것이다.

삼성의 성장 비결 스포츠 정신

삼성의 성장 비결은 바로 이것이다. 지금의 삼성을 이끈 삼성의 눈에 보이는 '성과 제일주의'는 결국 스포츠 정신을 토대로 하여 운영되는 셈이다. 청소년 시절, 레슬링과 럭비에 몰두했던 이건희는 자신의 경험과 스포츠 정신을 경영에도 그대로 반영했다.

이러한 스포츠 정신을 통해 삼성은 그 어떤 조직보다 더 역동적이고, 진취적이고, 도전적인 조직 문화를 만들 수 있었다. 경쟁자보다 0.1초라도 빨리 들어와서 1등을 할 경우, 2등이 받는 보상과 영광에 비해 상상을 초월하는 혜택을 얻는다. 그것이 1등과 2등의 엄청난 격차이다. 이건희도 이러한 결과를 잘 알고 있었다.

"1년 남보다 빨라지면 2등에 비해 플러스알파가 또 나온다. 따라서 타이밍이 생명이다. 모든 것을 선점해 들어가면 10배, 15배의 이익이 간단히 나게 된다."[6]

올림픽 경기에서 일등과 이등의 성적이 불과 0.0001초 밖에 차이가 나지 않는 경우도 있다. 하지만 이등은 기억조차 나지 않는다. 스포츠에서는 관객의 모든 박수와 환호를 일등이 독차지한다. 기업에서 모든 고객들을 독차지하는 것도 일등이다. 이런 점에서 스포츠와 기업은 매우 닮아 있다.

리더가 승패의 결정적 관건이다

"여러 계통의 1급들을 보면서 그 사람들이 톱의 자리로 올라가기 위해서 어떻게
노력하는가를 연구했죠. (…) 철저하고, 인간미가 넘쳐흐르고, 그리고 벌 줄 때는
사정없이 주고, 상 줄 때도 깜짝 놀랄 정도로 주고…….."
【오효진, "삼성 뉴리더 이건희 회장", ≪월간조선≫, 1989년 12월, 342쪽】

    어느 조직이건 목표가 주어지고, 비전이 주어진다. 하지만 왜 조직마
다 성과에는 확연한 차이가 발생하는 것일까? 그것을 다만 인재나 기술
의 차이라고만 하기에는 무리가 있다. 똑같은 직원들과 똑같은 기술 수
준을 가지고 있는 회사라도 누가 이끄느냐에 따라 성과의 차이가 엄청
나다. 그것은 바로 리더가 누가 되느냐에 따라 전쟁에서 승패가 결정되
듯, 기업 경영도 이와 전혀 다르지 않기 때문일 것이다.

    재미있는 사실은 안 되는 조직일수록 리더의 인심이 후하다는 것이
다. 그리고 잘 되는 조직일수록 리더는 엄격하고 철저하면서도 동시에
보상은 철저하게 한다는 것이다. 삼성의 이건희는 이렇게 했다.

기존의 사고를 비틀고 다르게 생각하라

'다르게 생각하라'는 애플의 슬로건이었다. 이것은 애플이 가장 창조적인 기업 중에 하나라는 사실과 밀접한 관련이 있다. 가장 창조적인 CEO로 평가 받고 있는 스티브 잡스는 '창조력이란, 현상이나 사물을 연결시키는 것'이라고 말했다. 이를 위한 방법이 바로 '다르게 생각하기'이다. 혁신을 일으킨 사람들은 모두 기존 사고와 다르게 생각한다.

심지어 토머스 에디슨은 실패조차도 남과 다르게 생각했다.
"나는 실패한 적이 없다. 그저 작동하지 않는 1만 가지 방법을 발견했을 뿐이다."

이처럼 창조적인 사람들은 다르게 생각하고, 다르게 행동하는 경향을 보인다. 그들의 공통점은 '연결하기', '질문하기', '관찰하기', '실험하기'와 같은 능력이 매우 발달돼 있다는 것이다. 이건희는 어렸을 때부터 이런 연습을 해왔다. 사물의 본질을 꿰뚫어 보고, 다각적으로 사고하면서 다양한 사물에 대해 질문하고, 관찰하고, 연결한 것이다. 사색과 고독과 몰입을 통해 사물을 꿰뚫어 보는 훈련을 하고 전자 제품을 분해, 조립하면서 수많은 실험을 했다.

델과 아인슈타인, 구글의 창업자들 역시 분해하는 것을 좋아했다. 이들은 제품이든, 프로세스든, 기업 자체든, 기술이든, 이를 직접 분해해 보면서 혁신적인 아이디어를 떠올렸다. 구글의 창업자 래리 페이지도

무엇이든 분해하는 것을 매우 좋아했다고 한다. 앨버트 아인슈타인은 눈에 보이는 제품이 아닌 눈에 보이지 않는 이론을 분해하기를 좋아했다고 한다. 그래서 시간과 공간에 대한 뉴턴의 이론을 분해하는 과정에서 상대성 이론이라는 혁신적 이론을 발견하게 되었다고 설명한다.

혁신가들은 이처럼 제품이든 프로세스든 아이디어든 분해하는 것을 좋아했고, 그 과정을 통해 작동 원리를 배우면서, 왜 그렇게 작동하고 있는지에 대해 스스로 질문을 던지는 과정을 통해 훨씬 더 혁신적인 창의성과 아이디어가 도출된다고 한다.

이제 비로소 이건희가 전자 제품들을 많이 분해하고 조립하는 취미를 가지고 있다는 사실에 대해, 그리고 그가 어떻게 이류 삼성을 초일류 삼성으로 이끌어 올렸는지에 대해 의문점이 다소 풀릴 것이다. 이건희도 역시 스티브 잡스와 같은 혁신가라는 사실을 알게 되었기 때문이다. 대부분의 혁신가들은 관찰에 뛰어난 사람들이다.

혁신적인 리더의 영향력

혁신적인 리더 스티브 잡스가 애플을 창립한 후 애플에서 쫓겨날 때까지인 1980년부터 1985년 동안 애플은 매우 창조적이고 혁신적인 기업이었고, 당연히 실적도 매우 높았다.

하지만 스티브 잡스가 회사를 떠났던 1985년부터 1998년까지 애플은 적자를 면치 못했고, 망하기 직전까지 갔다. 더욱 더 놀라운 사실은 이러한 적자 회사에 혁신적인 리더인 스티브 잡스가 다시 복귀하자, 적자는 곧 흑자로 전환이 되었고, 스티브 잡스가 본격적으로 정비를 마치고 일을 했던 2005년부터 2010년 까지는 세계 최고의 창조적인 기업으로 도약에 도약을 거듭했다는 사실이다.

똑같은 직원들이, 똑같은 회사에서, 똑같은 프로세스로 일을 하고 있는데 리더 한 사람의 있고 없음에 따라 기업의 실적이 이렇게 극단적으로 달라질 수 있다는 사실을 잘 보여 주는 사례이다. 이처럼 리더의 역할이 그 기업의 흥망성쇠를 모두 결정하고도 남는다. 그만큼 리더가 중요한 것이다.

이런 점에서 이건희는 자신이 생각하는 21세기형 리더의 모습은 혁신을 통해 항상 새로운 것에 도전하는 변화 추구형이어야 하고, 미래를 선점하는 전략을 창조할 수 있는 모습이어야 한다는 점을 강조했다.

"미래 변화에 대한 통찰력과 직관으로 기회를 선점하는 전략을 창조할 수 있어야 합니다. 그리고 혁신을 통해 항상 새로운 것에 도전하는 변화 추구형이어야 해요. 또 경영자 스스로가 고부가가치 정보의 수신자, 발신자 역할을 할 수 있어야 합니다. 물론 국제적 감각은 필수요건이지요. 경영은 하나의 종합예술입니다. 사장이 무능하면 그 기업은 망한다 해도 틀림이 없을 정도로 경영자의 역할은 막중하지요. 그러나 의욕과 권한만 가지고는 안 됩니다. 종합예술가에 비유될 정도의 자질과 능력을 갖춰야 합니다."[7]

리더가 무능하면 그 조직은 반드시 망한다고 말하는 이건희는 리더

의 중요성을 누구보다 잘 알고 있었던 경영자였다. 그리고 21세기 리더들이 꼭 갖추어야 할 덕목으로 변화와 혁신, 그리고 창조성을 들고 있다.

episode 4
이건희와 스포츠

레슬링에 푹 빠진 소년 이건희

"외로움을 달래기 위해 영화와 개에 애정을 쏟고, 기계와 레슬링에 몰두했던 소년 이건희"란 말은 이건희의 어린 시절을 가장 잘 설명하고 있다. 그런데 이건희가 레슬링에 몰두했던 적이 있다는 사실은 많은 사람들에게 새로운 사실일 수 있다.

이건희의 움직임이 그렇게 민첩하게 보이지 않기 때문이기도 하지만, 사색과 고독, 은둔의 황태자라는 별명이 붙은 그에게 역동적인 레슬링은 쉽게 매치가 되지 않기 때문이다. 하지만 놀랍게도 그는 서울사대부속고교에 입학하자마자 레슬링부에 들어가서 운동을 시작해서, 전국대회에 출전하며 입상까지 했다. 이건희가 레슬링을 시작하게 된 것은 일본에서 영웅이 되었던 역도산의 영향을 받았음이 분명하다. 그도 처음에는 유도를 할지, 레슬링을 할지 고민을 했다. 그러다가 결국 역도산

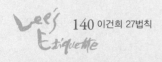

을 롤모델로 삼아 레슬링을 선택한다.

　기업의 경영자로서 아버지 이병철은 레슬링을 하는 아들의 모습이 그렇게 좋아 보이지는 않았을 것이다. '그냥 좀 하다가 말겠지' 하는 생각도 있었을 것이다. 하지만 이건희는 레슬링을 오랫동안 할 기세로 전국대회에 출전까지 할 만큼 실력을 쌓았다. 무엇보다 이때의 레슬링 경험이 이건희에게는 매우 값진 경험이 되었다. 항상 외톨이로 지냈던 이건희가 처음으로 동료와 친구들과 함께 땀을 흘렸고, 그 가운데서 스포츠 정신과 규칙과 규율을 익혀 나갈 수 있었기 때문이다. 친구들을 사귀고, 동료와 함께 땀을 흘리고, 함께 생활한다는 것이 외로웠던 이건희에게는 전혀 다른 세상의 경험이기 때문이었다.

　이때 이건희의 값진 경험은 처음으로 무엇인가 목표를 가지고 도전하여, 성과를 냈다는 점이었다. 전국 대회 출전이라는 목표를 가지게 되었고, 목표를 향해 땀을 흘리며 전력투구한다는 것이 무엇인지, 동료와 함께 땀을 흘린다는 것이 무엇인지를 체득했을 것이다.

　하지만 2학년 말에 연습 도중 약간의 부상을 당했는데, 이 사건을 두고 놀란 어머니가 온갖 방법을 총동원해서 레슬링부에서 쫓겨나게 했다. 계속하고 싶었지만, 압력 때문에 거의 반강제로 레슬링부에서 나와야 했던 이건희는 이후 럭비를 시작했다.

럭비를 통해 팀플레이를 배우다

럭비를 통해 이건희는 처음으로 팀플레이의 중요성에 대해서 체득했다. 레슬링은 혼자서 경기를 하는 운동이지만, 럭비는 절대로 혼자서 할 수 없는 팀 경기이다. 그런 점에서 이건희는 럭비를 통해서 또 다른 세계를 경험하게 되었다. 그가 어린 시절부터 지금까지 해 온 것은 혼자서 영화를 보는 일이었고, 혼자서 기계를 조립하고 분해하는 일이었고, 혼자서 상대방을 제압하는 운동이었다. 하지만 럭비는 혼자서 아무리 잘해도 그것이 승패와는 전혀 상관없는 일일 수 있다는 사실에 대해 깨닫게 해준 고마운 운동이었다.

럭비는 단체운동이다. 이건희는 럭비라는 운동을 통해 '함께', '공동체', '한 방향'이란 의식을 얻게 되었을 것이다. 이것이 결국에는 그가 삼성의 회장이 된 후 신경영 선언을 통해서 꾸준히 강조해 온 '한 방향 운동', '뒷다리 잡지 않기 운동'을 실천하도록 해준 것이다.

공이 어디로 튈지 모른다는 점에서 축구보다 럭비는 더 변수가 심한 경기이다. 이것은 어디로 어떻게 변화할지 모르는 변화무쌍한 기업을 이끌어야 할 이건희에게 큰 깨달음을 제공해 준 운동이었다.

이것뿐만이 아니다. 우리가 생각하는 것과 달리 이건희의 취미는 매우 다양하다. 레슬링, 승마, 골프, 탁구, 스키, 럭비와 같은 운동에서부터, 영화 감상, 자동차와 각종 기계 분석, 독서, 사색, 음악 감상, 개 키우기, 각종 수집에 이르기까지 그의 취미는 상당히 다채롭다. 그 중에서도 운동을 통해 얻은 스포츠 정신은 기업 경영에 매우 큰 도움을 주었

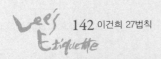

을 것이다. 나약한 심성을 가지고 있는 사람이라면 절대로 거대한 조직을 제대로 이끌어 갈 수 없다. 그는 럭비와 레슬링 같은 거친 운동을 통해 강인한 정신과 몸을 길렀고, 정정당당하게 싸워야 한다는 정신도 기를 수 있었다.

스포츠 같은 역전 드라마를 쓴 이건희

이건희의 경영철학에서 '골프'를 빼 놓을 수 없는 것은 그의 경영 혁신 중에 1993년 신경영 선언을 빼놓을 수 없는 것과 마찬가지다. 이건희는 아버지를 쫓아다니면서 경영 수업의 하나로 골프를 배우곤 했다. 하지만 그의 진짜 골프 스승은 다름 아닌 비디오였다.

이건희는 무언가를 혼자 하는 것을 좋아한다. 스포츠카 운전이나 승마도 그렇지만, 골프도 혼자서 하는 것을 좋아했다. 혼자서 해야 골프에 대해 여러 가지 생각을 할 수 있다는 것이다. 그리고 그렇게 해야 골프를 더 잘 배우고, 더 잘 이해할 수 있고, 더 잘 칠 수 있다는 것이다. 그는 사장들과 함께 골프장에 가도 대개의 경우 사장들끼리 라운드를 하라고 지시하고 자신은 드라이버 하나만 빼들고 연습장으로 간다. 드라이버로 연습을 하면서 볼의 스피드와 각도, 손목의 힘 등을 면밀히 연구하고, 생각한다. 그에게 있어서 골프도 역시 하나의 연구 대상인 것이다.

그는 이러한 골프를 즐기면서도, 이것을 연구하여, 경영으로 승화시켜 개혁을 강조하기 위해 사용했다. 기업이든 개인이든 도약을 하기 위해서는 처음부터 다시 시작하여 기본으로 돌아가야 한다는 의미이기도 하다. 프로 골퍼들도, 프로 야구 선수들도 더 이상 향상이 없을 때는 골프채 잡는 법부터 다시 익히고, 야구 스윙 자세부터 다시 익히는 것이 바로 이것 때문이다. 이건희는 기업도 이와 마찬가지 원리라고 생각했다.

스포츠 마케팅을 통해 초일류 기업으로 성장하다

이뿐만 아니라 이건희는 자신의 취미였던 스포츠를 통해 삼성이 초일류로 도약할 수 있는 발판을 만들었다. 바로 스포츠 마케팅이었다. 그는 승마에서 골프에 이르기까지 스포츠 마케팅을 통해 이류 삼성의 이미지를 쇄신하고, 일류로 끌어 올렸다.

삼성은 1998년 나가노 동계올림픽부터 올림픽 파트너로 모토로라를 제치고 선정되었고, 모든 무선 기술을 책임져야 하는 막중한 임무에 과감하게 도전했다. 이것도 모두 이건희의 지시였다. 주위에서는 모두 무모한 도전이라고 말렸다. 특히 그것이 그 당시 최고의 위상이었던 모토로라가 버티고 있던 무선 분야였기에 더더욱 그랬다. 하지만 이건희는 코카콜라와 IBM 같은 회사가 올림픽 스폰서를 통해 이미지를 향상시켰다는 사실을 알았고, 그것을 벤치마킹하라고 지시하기도 했다.

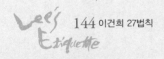

이건희의 스포츠 마케팅은 대성공이었다. '애니콜 신화의 8할은 올림 픽 마케팅'이라는 말이 나올 정도로, 1998년에 휴대폰 점유율이 세계 9 위에 불과했던 삼성이 올림픽 마케팅을 통해 2003년 세계 3위로 비약 적인 도약을 이루어 낼 수 있었던 것이다.

레슬링에 몰두했던 소년 이건희, 골프와 승마와 럭비를 좋아했던 청 년 이건희는 결국 자신이 좋아했던 스포츠를 활용하여 삼성의 휴대폰 을 5년 만에 18배 성장시키면서, 세계 3위의 휴대폰 업체로 도약시켰고, 지금은 세계 1위를 다투는 최강의 휴대폰 업체로 만드는 데 기여했다.

이건희는 삶의 과정을 경영에 대부분 활용한다. 그게 그가 보통사람 과 결정적으로 다른 점이기도 하다.

골프를 좋아했던 이건희가 골프 선수 박세리를 통해 스포츠 마케팅 의 대박을 터뜨린 것 또한 우연이 아니었을 것이다. 이건희는 좋은 골 프 선수를 기르면 국가엔 명예, 개인엔 부와 영광, 스폰서 기업엔 브랜 드 가치 제고의 효과가 있다는 사실을 강조했다. 곧 이어 무명에 가까 운 박세리 선수를 1996년 말, 계약금 8억 원, 연봉 1억 원이라는 파격 조건으로 정식 계약을 맺었다. 그리고 바로 2년 후인 1998년 삼성 브랜 드가 과할 만큼 크게 찍힌 모자를 쓴 동양의 여자 선수가 미국 LPGA에 서 우승을 하는 기적이 일어났다. 삼성의 브랜드 광고 효과는 계약금의 수백 배 혹은 수천 배를 넘어서게 되었던 것이다.

이건희처럼 골프와 맺은 인연을 통해 사업에서 큰 성공을 거두거나,

골프를 경영에 활용했던 리더들은 한둘이 아니었다. 수많은 세계의 경영자들이 존경하는 GE의 잭 웰치도 골프와 깊은 인연이 있다. 잭 웰치는 1년에 50번도 넘게 골프를 쳤다고 한다. 그런데 놀라운 사실은 그가 새로운 임원을 고용할 때는 반드시 골프를 쳐본 후에 최종 합격자를 결정했다는 것이다. GE에 입사하기 위해서는 골프를 칠 줄 알아야 할 뿐만 아니라, 성공하기 위해서도 골프를 칠 줄 알아야 한다고 소문이 날 정도였다.

《빌 게이츠는 18홀에서 경영을 배웠다》라는 데이비드 리네키의 책을 보면, 빌 게이츠와 워런 버핏, 도널드 트럼프 등과 같은 경영의 대가들이 경영전략을 배우고, 거래를 배운 것은 바로 골프라고 이야기하는 것을 볼 수 있다. 골프는 복잡한 인생사와 매우 닮았을 뿐만 아니라, 경영과도 매우 닮았다고 한다. 18홀 한 라운드에는 50가지의 학습 요소가 있으며, 또 그 안에는 네 가지 경영의 대 원칙이 숨어 있다고 말한다.

첫 번째 원칙은 거리와 방향을 동시에 추구해야 하는 것이 경영에 있어서 매출과 당기순이익을 동시에 추구해야 하는 것과 같다는 원칙이다. 여기서 골프의 본질인 '멀리 그리고 정확히Far and Sure'란 개념이 나왔다.

두 번째 원칙은 인생사와 같이 끊임없이 발생하는 새로운 문제들에 대해 해결할 수 있는 대응력이 있어야 한다는 것이다. 골프의 상황이 끊임없이 변하듯, 경영도, 인생도 그렇다는 것이다. 어제와 오늘이 다

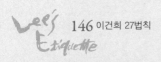

르고, 아침과 저녁이 다른 것이 경영이듯 골프를 통해 대응력을 키우고 배우라는 것이다.

세 번째 원칙은 기본과 원칙에 충실해야 한다는 원칙이다. 골프를 잘 치기 위해서는 골프의 기본인 그립grip과 스탠스stance가 확고해야 하듯, 경영을 잘하기 위해서는 튼튼한 기본기와 확고한 경영 원칙이 확립되어 있어야만 한다.

네 번째 원칙은 고통이 없으면 얻는 것도 없다는 원칙이다. 고요한 바다는 훌륭한 선장을 만들지 못하듯, 시련과 역경, 악조건 속에서 훌륭한 리더가 탄생한다는 사실을 골프를 하면서 배워나가라는 것이다.

스포츠도 경영도 열심히 하면 잘할 수 있다. 하지만 단순하게 열심히 한다는 것은 어디까지나 취미일 때 해당된다. 남들보다 더 잘하기 위해서는 현재 나의 상황, 경쟁자의 실력, 경기장의 상태 등 전략적이고 분석적인 접근이 필요하다. 모자란 부분을 보완할지, 뛰어난 부분을 강화할지 결정의 순간이 오기도 한다. 이 선택에 따라 승패가 정해질 수도 있다. 이처럼 스포츠와 경영은 비슷한 궤적을 그리고 있다.

keyword 5

목계

카리스마로 상대를 제압하고 목표를 달성하라

정의 나무로 만든 닭.

특성 장자의 '달생 편'에 나오는 투계가 가장 발전한 단계의 모습이다. 교만함이 없고 겸손과 여유로 세상을 다스리며, 유연함이 강하고 센 것을 이긴다는 이치를 보여 준다. 보통 훌륭한 리더에 비유된다.

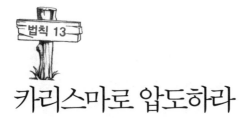

카리스마로 압도하라

"기업의 위상이 근본적으로 변화하는 시기에는 외관상 난삽하기 이를 데 없는 표피적 변화를 꿰뚫고 사물의 본질을 포착할 수 있는 능력이 요구된다."
【강준만, 《이건희 시대》, 인물과사상사, 2005년, 90쪽】

사마천의 《사기》에 나오는 예양이란 사람은 다음과 같이 말했다.

"선비는 자기를 알아 주는 사람을 위하여 목숨을 바치고, 여자는 자기를 기쁘게 해주는 사람을 위하여 얼굴을 꾸민다."

그런데 이 말이 현대에 와서는 카리스마를 가장 잘 표현하는 말이 되었다. 독일 사회학자 베버는 '카리스마'에 대하여 '보통 사람과 구별되는 초자연적, 초인간적, 특수한 예외적 힘이나 자질을 부여받은 개인적 인품의 특수한 자질'이라 정의하고 있다. 또한 카리스마란 '조직원들로 하여금 스스로 목숨을 바쳐 일을 하게 해 주는 놀라운 힘'이다. 그런데

그 힘은 결국 경영자들이 임직원을 인정해 주고, 존중해 주고, 격려해 주고, 배려해 줄 때 발생하는 것이다. 참된 카리스마는 사물의 본질뿐만 아니라 인간의 마음까지도 꿰뚫어 볼 수 있는 능력에서 비롯된다.

'감성지능'으로 유명한 심리학자 다니엘 골먼Daniel Goleman은 "팀원들에게 최고의 결과를 기대하는 경영자는 우선 팀원들이 좋은 감정(감성)을 갖게 만들어야 한다."고 말했다. 자신이 인정받고, 존중을 받고 있다는 기분이 들 때, 성과가 좋아지고 일도 더 잘할 수 있기 때문이다. 이런 점에서 리더가 가져야 할 덕목은 직원들이 스스로 존중받고 있다고 느끼게 해주는 것이다.

이것이 바로 손자병법 가운데 최고의 병법, 싸우지 않고 이긴다는 상지상上之上 전략인 것이다.

침묵에는 힘과 카리스마가 숨어 있다

서양 속담에 '웅변은 은이요, 침묵은 금이다.'라는 말이 있다. 말을 아무리 잘해도 침묵하는 것보다 더 나을 수는 없다. 말을 많이 하다보면 항상 허점이 드러나게 되기 때문이다. 즉 말을 많이 하며, 자신의 속을 다 표출해 내고, 자신의 표정을 다 드러내는 사람은 무게감이나 신비감이 전혀 없어지기 때문에 말에 담긴 힘도 점점 줄어든다.

노자의 《도덕경》에 '말이 너무 많으면 자주 궁지에 몰리게 된다'라는 뜻의 '다언삭궁多言數窮'이란 말이 있다. 노자는 다언삭궁을 말하면서,

넘치지도 모자라지도 않는 중용의 도를 지키라고 역설한다. 그의 말처럼 말을 많이 하는 것은 스스로 자신을 궁지로 몰아넣는 것이다. 그래서 어리석은 사람일수록 주절주절 말을 많이 하는 편이고, 반대로 지혜로운 사람일수록 반드시 필요한 말만 하며, 경제적으로 말을 하는 편이다.

말을 하는 동안, 말이 많은 사람은 자신이 어리석은 사람임을 드러내며, 말이 적은 사람은 자신이 현명하거나, 최소한 멍청하지는 않다는 사실을 드러낸다. 잠언 10장19절에는 다음과 같은 구절이 있다.

"말이 많으면 허물을 면키 어려우나, 제어하는 자는 지혜가 있느니라"

이건희는 대표적인 경청형 리더다. 그를 개인적으로 만나본 대부분의 사람들은 그가 대단히 과묵하다고 평가한다. 그는 사색과 고독, 은둔을 즐긴다. 대부분의 업무적인 권한을 위임하고, 자신은 보다 높은 차원의 일을 한다. 그룹 전체의 나아갈 방향이나 미래전략을 위한 큰 그림을 그리는 것이다.

서양의 속담 중에 이런 말이 있다.
"침묵은 바보를 천재로 만들 수 있다."

말이 많은 사람은 자신을 스스로 바보같이 만들 수 있지만, 침묵하는 사람은 스스로를 천재로 만들 수 있다. 침묵을 통해 자신의 무지나 허점이 드러나지 않을 뿐만 아니라, 상대의 말을 더 많이 듣고, 더 많은 정보를 얻을 수 있기 때문이다. 이런 점에서 경영자들에게 필요한 무형의 자산이자 필수적인 스킬이 바로 경청과 침묵이다.

싸우지 않고 이기는 것이 카리스마의 진가이다

이건희가 목계의 가르침을 통해 얻은 가장 큰 교훈은 싸우지 않고 승리하는 법에 대한 체득이었을 것이다. 《손자병법》에서도 가장 좋은 것은 백 번 싸워 백 번 이기는 것보다 싸우지 않고 적이 굴복하여 이기는 것이라고 말했다.

《손자병법》 제3편 〈모공 편〉에 나오는 이야기이다.

"무릇 전쟁을 하는 방법은 적국을 온전한 채로 두는 것이 상책이며 적국을 파괴하는 것은 차선책이다. 적의 성을 온전히 두는 것이 상책이며 적의 성을 파괴하는 것은 차선책이다. 적의 군대를 온전한 채로 두는 것이 상책이며 적의 군대를 파괴하는 것은 차선책이다. 적의 졸을 온전히 두는 것이 상책이며 적의 졸을 파괴하는 것은 차선책이다. 적의 호를 온전히 두는 것이 상책이며 적의 호를 파괴하는 것은 차선책이다. 그러므로 백 번을 싸워서 백 번을 다 이기는 것이 최선의 방법이 아니요, 싸우지 않고 적군을 굴복시키는 것이 최선의 방법이다."

이처럼 전쟁을 잘하는 자는 싸우지 않고 평화를 택하면서도 적을 굴복시킬 수 있어야 한다. 적의 성을 함락시키기 위해서 무조건 공격하고 싸우는 것만이 최선의 방법은 아니다. 싸우지 않고 공격하지 않고, 적이 스스로 무너지게 하는 것이다. 이것이 바로 목계의 가르침이기도 하다. 손자가 강조한 것도 이것이다.

싸우지 않고 목표를 쟁취하는 것은 리더가 보여 줄 수 있는 최고의 덕목이다.

보이지 않는 것을 볼 줄 아는 힘

이건희는 경영의 본질을 보이지 않는 것을 볼 줄 아는 것이라고 했다. 보이지 않는 미래를 내다볼 줄 알고, 보이지 않는 일의 본질을 파악하는 힘. 그에게 경영이란 이것을 쟁취해 가는 투쟁의 과정이었다.

때문에 그는 신경영 선언을 통해 기존 조직의 잘못된 관행과 낡은 사고의 틀을 깨는 것이 삼성의 생존을 위한 첫 걸음이라는 사실을 보았고, 양 위주로 흘러가는 삼성을 질 위주의 삼성으로 바꾸어 놓기 시작했다. 자신이 속한 조직의 드러나지 않은 문제점을 볼 수 있는 것도 리더의 능력이다.

"경영이 무어냐고 묻는 사람들이 많다. 그럴 때마다 나는 '보이지 않는 것을 보는 것'이라고 답하면서 경영이든 일상사든 문제가 생기면 최소한 다섯 번 정도는 '왜?'라는 질문을 던지고 그 원인을 분석한 후 대화로 풀어야 한다고 덧붙인다. 그리고 자기중심으로 보고 자기 가치에 의존해서 생각하는 습관을 바꾸라고 권한다. 한 차원만 돌려 상대방의 처지를 생각하면 모든 것이 다르게 보이기 때문이다."[1]

그렇다면 보이지 않는 것을 본다는 것은 대체 무슨 말인가?

그것은 눈에 보이는 일을 하면서, 눈에 보이지 않는 그 일의 목적을 파악하고, 눈에 보이지 않는 일의 본질을 볼 수 있어야 한다는 것이다. 이러한 사실에 대해 그는 다음과 같은 말을 덧붙인다.

"삼성만 해도 이 일의 목적이 무엇인가, 꼭 해야만 하나 하는 의문 한 번 없이 그저 지시 받은 대로 선배들이 했던 방식대로 일하는 것을 종종 목격할 수 있다. 과거에 대한 부정 없이는 개선도 없는 법이다. 모든 사물과 일을 대할 때 원점 사고를 갖고 새롭게 바라보아야 비로소 본질을 파악할 수 있다."

그는 본질을 파악하는 것의 중요성에 대해 그것이 바로 경영이고, 눈에 보이지 않는 것을 보는 것이라고 생각했다. 그래서 항상 일을 할 때 일의 목적이 무엇인지, 이 일이 꼭 필요한 일인지, 새로운 개선 방식은 없는지, 본질은 무엇인지를 파악해 볼 것을 강조한다.

자신이 하는 업의 개념을 파악하라

"그러나 무엇보다 중요한 것은, 회사가 추구하는 '업(業)의 개념'과 회사가 가진 강약점이 무엇인지를 확실하게 파악하는 일이다. 그래야만 그 업이 나아갈 방향에 맞게, 그리고 그 업에 맞는 회사의 강점만을 살려서 제대로 연구하고 투자도 할 수 있기 때문이다."
【이건희, 《생각 좀 하며 세상을 보자》, 동아일보사, 1997년, 264쪽】

구글을 탄생시킨 세르게이 브린Sergey Brin은 '단순한 것이 승리한다'는 사실을 잘 알고 있었다. 그는 구글 성공의 비결로 '단순함'을 꼽는다. 브린은 자신이 하고자 하는 사업의 업의 개념을 누구보다 잘 파악한 인물이다. 바로 그 개념이 더 단순하고 사용이 편리하게 만들어야 한다는 원칙으로 승화되어 세상에서 가장 단순한 검색 사이트가 만들어지게 된 것이다.

브린은 구글 사용자들의 기회와 심리를 파악했다. 복잡하고 난해한 사회구조 속에서 크고 작은 심리 질환으로 고통 받고 있는 현대인들이 원하는 것이 무엇인지에 대해 정확하게 꿰뚫어 보았던 것이다. 그는 자

신이 하고자 하는 업의 개념이 소비자들의 만족과 편리라는 사실을 깨달은 리더였다.

위대한 경영자의 요건, 통찰력

위대한 경영자들은 눈에 보이지 않는 것을 간파하는 능력이 뛰어났다는 사실을 잭 웰치의 말에서 알 수 있다.

"진실을 알기 위해서는 끊임없이 질문해야 한다. 나는 한 자리에서 1만 8천 번이나 질문하고, 그래도 일어서지 않고 끈질기게 버틴 적이 있다. 또한 나에게는 창조성은 별로 없지만 그것을 간파하는 능력은 있다."[2]

훌륭한 경영자일수록 간파하는 능력, 즉 보이지 않는 것을 볼 수 있는 능력이 있다. 이건희와 잭 웰치는 이러한 점에서 매우 닮아 있다.

통찰력과 관련한 이건희의 경영법칙은 입체적 사고와 분해와 조립 등 직접 체험을 통한 다각적인 접근에 근원을 두고 있다. 그는 누구보다 사색을 좋아한다. 여기서 말하는 사색은 전체적인 문맥과 변화 가능성 등을 여러 각도에서 생각하는 것이다. 이것은 그가 눈에 보이지 않는 것을 보는 두 가지 방법이다.

"그것의 변화 가능성, 전체적인 문맥에서 갖는 의미 등을 여러 각도로 생각하는 것이다. 물론 이것이 본질에 이르는 유일한 방법은 아니겠지만 적어도 유력한 방법은 된다고 믿는다. 그래서 지금도 나는 TV를 세 번 이상 재미있게 보고도 TV 수상기의 내부에 관심이 없는 사람이라면 훌륭한 경영자라 할 수 없다고 생각한다. 이와 같은 다각적 사고를 나는 공간적 사고 또는 입체적 사고라 부른다. 입체적 사고의 훈련은 거의 초인적인 노력을 요구하는 과정이지만 나는 이 같은 노력을 모든 경영자에게 요구한다."[3]

이건희의 경영은 업의 특성을 찾는 것

이건희에게 경영은 보이지 않는 것을 보는 것이다. 그런데 사업은 저마다 본질과 특성이 독특해서 핵심 성공 요인과 경영의 맥이 다르다. 따라서 전략 경영의 요체는 업의 특성에 맞게 역량을 집중해야 한다는 것이다.

업의 특성을 찾아 역량을 집중할 수 있게 하는 경영이 왜 중요할까? 그것은 역량을 집중할 수 있을 때 의미 있고 가치 있는 결과를 창출할 수 있기 때문이다. 그리고 이것은 현대경영학의 창시자로 평가받았던 세계적인 경영석학 피터 드러커가 경영의 의미에 대해서 설명한 것과 정확하게 일치한다.

"'실무practice'로서의 경영은 매우 오래 전부터 존재해 왔다. 역사상 가장 성공적인 경영자는 4,700년 전에 참고할 만한 아무런 전례가 없는 상태에서 처음으로 피라미드를 구상하여 단기간 내에 건설한 이집트 사람들이다. 그들의 피라미드는 오늘날까지도 여전히 건재하니까 말이

다. 그러나 '이론discipline'으로서의 경영이 등장한 것은 겨우 50년 전의 일이다. 이론으로서의 경영이 어렴풋이 인식되기 시작한 것은 제1차 세계대전 무렵이었다. 그리고 체계적인 이론으로서의 경영이 처음 등장한 것은 제2차 세계대전 이후의 미국에서였다. 이후로 경영은 사회의 주요 기관으로서 급속히 성장하고 발전하였다. 또한 경영은 빠르게 성장하는 새로운 학문 분야로서 학자들의 주요 연구 대상이 되었다.

경영은 지난 50년 내지 60년 동안 사회적 기능으로서도 눈부실 만큼 빠르게 발전하였다. 역사상 어떤 사회적 기능도 경영만큼 그렇게 확실히 단기간 내에 전 세계로 퍼져 나가지는 못하였다. 오늘날 경영대학에서는 여전히 경영을 예산 관리budgeting와 같은 여러 가지 기법들의 묶음으로 가르치고 또 배우고 있다. 물론 경영도 고유한 도구와 독자적인 기법을 갖고 있다. 하지만 의학에서 소변 검사가 중요하지만 그것이 의학의 본질은 아니듯이, 경영에 있어서도 여러 가지 기법들이 중요하긴 하지만 그것들이 경영의 본질을 구성하는 것은 아니다. 경영의 본질은 어디까지나 지식을 활용하여 의미 있는 결과를 창출해 내는 데에 있다. 바꾸어 말하면, 경영은 사회적 기능이다. 그리고 그 실무적인 측면에서 경영은 진실로 '일반 교양liberal art'이다."[4]

경영의 본질은 지식을 활용하여 의미 있는 결과를 창출해 내는 데 있으며, 경영은 사회적 기능이라고 피터 드러커는 말했다. 실무적인 측면에서는 기존 상식과 달리 일반교양에 속한다고 말했다. 그렇다면 이건희가 정의한 경영과 어떤 점에서 일맥상통한 것일까? 이건희 역시 기법들보다 사물의 본질을 꿰뚫어 보고, 보이지 않는 것을 보는 것이 경영이라고 말했다. 이것은 본질을 파악함으로써 의미 있는 결과를 창출어 보는 활동이라는 점에서 두 사람의 경영 법칙은 같은 궤를 그리고 있는 것이다.

피터 드러커 역시 여러 가지 기법이나 도구보다 본질에 집중할 줄 알았고, 이건희 역시 본질에 집중했다. 오랜 경험과 많은 지식을 가진 경영자의 경우 잔잔한 가지나 나무를 보지 않고, 숲을 보며 큰 그림을 그릴 줄 안다.

프랑스의 작가 마르셀 프루스트Marcel Proust는 '진정 무엇인가를 발견하는 여행은, 새로운 풍경을 바라보는 것이 아니라 새로운 눈을 가지는 데 있다.'라고 말한 적이 있다. 그의 말처럼 새로운 풍경을 바라보듯, 새로운 사업을 일으키는 것은 경영이 아니다. 이전에 보지 못했고, 발견하지 못했던 업의 특성을 볼 수 있는 눈을 가지는 것이 진정한 경영인 것이다.

보이지 않는 것을 볼 줄 알았던 이건희는 1990년대 초 휴대폰 사업의 강화를 지시했다.

"반드시 1명당 1대의 무선 단말기를 가지는 시대가 온다. 전화기를 중시하라."

그리고 그의 말은 현실이 되었고, 삼성은 그의 선견지명 덕분에 휴대폰 업계에서 세계 1위를 다투는 최고의 휴대폰 기업으로 성장했다.

업의 개념을 정의하라

취임 후 이건희가 경영진에게 항상 강조하던 것이 '업業의 개념'이다. 지금 하는 일을 정확히 정의해야 사업을 효과적으로 확장할 수 있기 때문이다. 업의 개념을 파악하지 못하면 항상 치열한 경쟁에서 피를 흘리며 싸워야 한다. 승패가 보장되지도 않는다.

하지만 지금의 상황과 사업을 달리 보면 결과도 달라진다. 자기의 사업을 다르게 정의하여 업의 개념을 제대로 정의하면, 기존의 비슷한 기업들과 싸울 필요 없이 새로운 시장이 열리는 것이다.

코카콜라의 경우를 보면 조금 더 쉽게 이해가 될 것이다. 코카콜라를 혁신적으로 변화시킨 전 회장 로베르토 고이쥬에타는 업의 개념을 잘 이해하고 새로 정의한 경영자였다.

그는 이미 포화된 탄산음료 시장에서 우위를 지키는 것에 머물지 않았다.

"코카콜라의 경쟁 상대는 다른 탄산음료들이 아니라 모든 음료수이다. 모든 음료수와 경쟁했을 때, 우리의 시장 점유율은 40퍼센트가 아니라 3퍼센트밖에 되지 않는다."

"사업은 저마다 독특한 본질과 특성이 있다.
따라서 핵심 성공요인과 경영의 맥(脈)도 다르다.
업의 특성을 찾아 역량을 집중하는 것이 전략 경영의 요체다."

그 결과 전 세계 모든 업종을 통틀어 브랜드 가치 1위에 오른 음료 회사가 되었다. 탄산이 들어 있다고 그 시장에서만 경쟁했다면, 그냥 좋은 탄산음료 회사에 머물렀을 것이다. 하지만 '음료'회사라는 업의 개념을 다시 정의한 덕분에 세계 최고의 종합음료기업이 될 수 있었다.

스와치는 세계적으로 유명한 시계 회사이다. 모든 시계 회사가 더 정확한 시간을 강조하며 경쟁할 때였다. 하지만 스와치는 입체적 사고와 발상의 전환을 통해 기존 업의 개념을 다시 정의했다. 그들의 정의는 바로 '시계는 패션 제품이다.'라는 것이었다. 그 후 새로운 시장이 생겨났고, 스와치의 경쟁력은 누구도 넘볼 수 없게 되었다.

이런 사례는 또 있다. 복사기 회사로 유명한 제록스는 단순히 '좋은 복사기를 만드는 것'에 안주하지 않았다. 업의 개념을 미래 성장 동력으로까지 확장하여 '사무실의 효율을 올리는 것'으로 정의한 것이다. 덕분에 단순한 복사기 제조업체에서 머물지 않고, 새로운 가치를 창출하며 사무기기 종합업체로 성장할 수 있었다.[5]

이처럼 '업의 개념'이란 경영자에게 있어서 가장 필요한 요건이며, 기업의 미래를 좌우하는 본질인 것이다. 제일기획에서 발표한 자료에 따르면 '갤럭시S의 경쟁 상대는 아이폰이 아닌 음료수'라고 한다. 사람들이 아무것도 안 하고 쉴 때 무엇을 하는지 조사해 보니, '휴대폰을 갖고 논다는 응답이 22.2%, 영상기기를 이용한다는 응답이 14.7%, 음료수를

마신다는 응답이 11.7%'가 나왔다. 단순히 '쉰다'라는 개념에서, 또한 '쉴 때 필요한 제품'이란 시장에서 생각한다면 휴대폰의 경쟁력은 더 넓어질 수 있는 것이다.[6]

이건희가 줄곧 강조해 온 것과 같이 업이 나아갈 방향, 업에 맞는 회사의 강점을 살리는 것은 이미 시작된 융합의 시대에서 경쟁력을 갖출 수 있는 최선의 경영 법칙이다.

법칙 15

경청과 겸손함은
스스로 존엄해지는 길이다

"세 사람이 함께 가면 그 중에 반드시 자기 스승이 있다는 말이 있다. 뛰어난 사람에게서 장점을 배우고, 잘못된 사람에게서는 타산지석(他山之石)의 교훈을 얻을 수 있는 사람이 차세대를 이끌어갈 것이다."

【이건희, ≪생각 좀 하며 세상을 보자≫, 동아일보사, 1997년, 49쪽】

　　인간 경영 분야에서 기념비적인 업적을 남긴 데일 카네기는 자신의 저서 중에 하나인 《카네기 인간경영리더십》에서 '성공의 85퍼센트는 인간관계 능력에 달려 있다'고 말한 적이 있다. 미국의 카네기 연구소에서 조사한 바에 의하면, 재정적으로 성공한 사람들 중 15%는 자신의 기술적 지식에 의한 것이며, 85%는 인간관계, 즉 사람들과 좋은 인간관계를 맺는 능력 때문에 성공을 거두었다는 것이다.[7]

　　그의 주장에 따르면, 혼자서 일을 잘하는 사람은 전문가이지만, 전문가가 꼭 좋은 리더가 된다고 볼 수는 없다. 리더의 가장 큰 역할은 여러 사람의 협력을 얻어 성과를 창출어 보는 것이기 때문이다. 그래서 이러한 성과 창출을 잘하기 위해 훌륭한 리더들은 반드시 인간관계 능력이

뛰어나야 한다.

인간관계 능력은 상대방을 존중하고, 상대방의 말을 허투루 듣지 않고 경청하며, 스스로 자신을 낮추는 겸손함을 통해 향상시킬 수 있다. 그리고 이러한 겸손과 상대방에 대한 배려, 경청, 자신의 말을 삼가는 것 등은 위대한 기업을 도약시킨 위대한 경영자들에게서 나타나는 가장 뚜렷한 공통점이다.

"평범한 기업의 리더들이 지극히 자기중심적인 것과는 대조적으로 위대한 기업으로 도약을 성공시킨 리더들이 자신들의 이야기를 얼마나 삼가는지를 보고 우리는 충격을 받았다. 좋은 회사를 위대한 회사로 도약시킨 리더들은 인터뷰 중에 우리가 끼어들지 않는 한 회사나 다른 경영진의 공헌에 대해서만 이야기한다."[8]

위와 같이 짐 콜린스의 말을 토대로 살펴보면, 평범한 기업의 리더들은 자기중심적이고, 덜 겸손하며, 덜 경청하지만, 자신의 기업을 위대한 기업으로 도약시킨 리더들은 하나같이 겸손하고, 경청하는 자세로 자신의 말을 삼간다는 사실을 알 수 있다.

경청함으로 겸손을 유지하라

이건희가 삼성에 입사하여 근무하는 첫날 이병철은 아들을 조용히

불렀다. 그리고는 '경청傾聽'이라고 쓰인 휘호를 선물했다. 이 선물을 받고 이건희는 경청의 중요성을 배우고 또 배우고, 가슴 속에 새겼다. 그리고 그는 경청을 좌우명으로 삼고 성실히 실천했다.

이건희가 경청을 생활화했음을 알려 주는 대목은 다른 곳에서도 발견할 수 있다. 그가 언젠가 소설가 박경리 씨와 1시간 반 동안 식사를 할 때는 시종 말없이 그녀의 이야기를 묵묵히 들었다. 문학평론가인 이어령 전 문화부장관 역시 이건희의 경청하는 모습에 감탄한 바 있다고 한다.

그 분야에서 전문가를 자처해 왔던 내 자신이 미처 알지 못했던 것, 느끼지 못했던 것을 이 회장의 어눌한 몇 마디 말 속에서 깨닫게 될 때에는 나 자신의 무력감까지 느껴야만 했다. 왜냐하면 그분의 지식은 책에서만 얻은 것이 아니라 세계를 무대로 한 폭넓은 기업 현장 속에서 직접 얻고 닦은 것이기 때문이다. 더구나 내가 열 마디 할 때 이건희 회장은 한 마디를 하지만 그 한 마디가 내 열 마디를 누른다.[9]

이러한 경영법은 그가 삼성그룹의 일상적인 업무를 모두 각각의 전문 경영인에게 맡기는 스타일이기 때문이다. 이러한 구조 속에서 전문 경영인들의 말을 경청하고, 그들의 능력을 존중해 주면서 자신의 겸손을 유지하고자 하는 일면도 있을 것이다.

침묵으로 실무자에게 자율성을 부여하라

이건희는 삼성그룹에서 일상적으로 일어나는 업무는 모두 이학수李鶴洙 구조조정본부장이나 윤종용尹鍾龍 삼성전자 부회장 같은 전문경영인들에게 맡겼다. 심지어 IMF체제 이후 기업들이 구조조정에 들어갔을 때도 이러한 경영 스타일은 변함이 없었다. 단지 그는 '집중과 선택'이라는 밑그림만 던져놓고 단 한마디 말도 하지 않은 채 실무를 구조조정본부에 전적으로 일임했다.

다시 말해 그는 부하직원들에게 분명한 방침만 하나 내놓고, 침묵으로 일관한다.

"팔아야 한다고 판단되면 오너 눈치 보지 말고 과감하게 팔아라."라는 간단한 방침을 내놓고, 자신은 그 일에 왈가왈부하지 않는다. 이렇게 이건희는 많은 말을 하면서 직원들의 업무에 나서서 간섭하지 않았기 때문에, 더 많은 것을 보고 듣고 생각할 수 있었고, 그러한 사색과 경청은 고스란히 삼성의 나아갈 방향과 비전을 제시하고, 설정하는 데 활용되었던 것이다. 눈앞의 업무를 일일이 간섭하는 리더는 자신이 진짜 해야 할 일인 비전과 방향 설립을 제대로 할 수 없다.

리더는 조직의 앞날과 방향과 전략을 제시해 주어야 한다. 실무는 직원들이 자율적으로 할 수 있게 여건과 환경만 만들어 주면 되는 것이다. 이건희는 바로 그런 리더였다. 그래서 임직원들이 자율적으로 소신을 갖고, 일을 할 수 있었던 것이다. 삼성과 빅딜 협상을 벌였던 다른 기업체 임원들은 이학수 구조조정본부장이 자기 판단에 따라 자율적으로 협상조건을 제시하는 것을 보고 매우 부러운 눈길을 보냈다고 한다. 이러한 경우는 삼성그룹 내에서 자주 볼 수 있다.

이건희는 말을 많이 하거나 나서지 않기 때문에, 오히려 삼성 직원들의 역량을 키워 주고, 그들이 자신의 능력을 십분 발휘하여 일에 혼신을 다할 수 있게 제공함으로써 초일류 삼성이라는 수확을 얻게 되었던 것이다.

누구의 말이든 귀를 기울여라

일본에서 경영의 신이라고 불렸던 마쓰시타 고노스케 역시 경청을 잘했던 경청의 달인이다. 그는 경청 덕분에 많은 정보를 얻을 수 있었고, 경영의 달인이 될 수 있었다고 스스로 밝혔다.

"나는 초등학교도 제대로 나오지 못했다. 즉 배우지 못했다. 그래서 어떤 사람이 무슨 말을 하든 경청했다. 덕분에 많은 정보와 아이디어를 얻을 수 있었고 경영을 하는 데 잘 활용할 수 있었다. 내게는 이것이 하나의 행운이었다. 대학을 나오고 지식이 풍부한 많은 사람들이 그들의 지식을 자랑하면서 남의 이야기를 잘 경청하지 않는 것은 놀라운 일이었다."[10]

마쓰시타 고노스케와 이건희는 모두 경영의 대가들이다. 또한 이 두

사람은 모두 경청의 대가라는 공통점을 갖고 있다. 현대 경영학의 대부인 피터 드러커는 '21세기를 이끌어가는 리더는 의사소통 능력이 뛰어나야 한다.'고 말했다. 의사소통에는 여러 가지 방법이 있다. 말을 잘하는 것, 잘 듣는 것, 쓰는 것, 읽는 것이 있지만, 그 중에서도 유독 가장 어려운 것이 바로 잘 듣는 것, 즉 경청이다.

성인聖人은 지혜와 덕이 매우 뛰어나 길이 우러러 본받을 만한 사람을 말한다. 여기서 성스러울 성聖자의 부수가 바로 귀耳이다. 즉 성인은 결국 경청을 잘하는 사람이라는 뜻이다. 성인뿐만이 아니라, 아나운서든, 배우든, 기자든 경청을 잘하는 사람이 결국에는 자신의 분야에서 높은 성과를 얻게 될 것이다.

영화를 볼 때 배우들이 다른 등장인물의 이야기에 어떻게 귀를 기울이는지를 보면, 그 배우의 연기력과 얼마나 위대한 배우인지를 알 수 있다. 그것은 바로 효과적으로 말하고 연기하는 것의 토대는 상대방의 말을 듣는 능력에서 비롯된다는 것이다. 상대방의 말만을 듣는 것을 넘어, 주위의 모든 분위기와 환경을 눈과 온 몸으로 받아들이는 배우일수록 위대한 배우가 될 수 있는 것이다. 하지만 많은 배우들이 자기의 연기에만 집중하고, 자기의 말만 전달하는 데 초점을 맞춘 결과 자신의 한계를 넘지 못하게 되는 것이다.

경청은 누구에게나 필요한 기술이다

배우도 경청을 잘할 때 잃는 것보다 얻는 것이 많은 법이다. 이것은 아나운서도 마찬가지다. 흔히 아나운서는 말만 잘하면 되는 것이라고 생각하기 쉽다. 하지만 아나운서가 말을 정확하게 하고, 주제에서 벗어나지 않는 경제적인 말을 하기 위해서는 반드시 상대방의 말을 누구보다 잘 경청해야만 한다. 일전에 아나운서를 선발하는 오디션 프로그램이 인기를 끌었던 적이 있다. 그 프로그램에서 한 후보는 말을 정말 잘하는데, 다른 후보들의 말을 제대로 경청하지 않았기 때문에 탈락했다. 그때 '아나운서조차 경청하는 것이 말을 잘하는 것보다 더 중요하다'는 사실을 직접 눈으로 목격하고는 경청의 위력과 중요성에 대해 다시 한번 되새겨 본 적이 있다.

경영자는 수많은 사람들에게 영향력을 끼쳐야 한다. 그런데 데일 카네기는 사람들에게 영향을 끼칠 수 있는 능력은 말을 잘하는 것이 아니라, 경청하는 능력에 있다고 말한 적이 있다.

"사람들에게 영향을 끼칠 수 있는 능력은 훌륭하게 이야기하는 사람에게 있는 것이 아니라 경청하는 사람에게 있다."

위대한 경영자들이 모두 경청의 달인이었던 것이 우연만은 아님을 알 수 있는 대목이었다. 훌륭한 경청자는 훌륭한 리더였던 것이다. 훌륭한 경청자보다 더 설득력이 강하고, 영향력이 큰 사람은 없기 때문이다.

'남과 이야기하는 것은 하프를 연주하는 것과 같은 것이다. 현을 하나 켜는 일도 중요하지만 현을 누르고 그 진동을 억제하는 것도 그에 못지않게 대단한 기술을 요한다.'라고 말한 올리버 웬델 홈즈Oliver Wendell Holmes는 말하는 것은 지식의 영역이고, 듣는 것은 지혜의 영역이라고 말한 적이 있다.

이 말을 토대로 생각해 보면, 지식이 많은 사람보다 지혜가 많은 사람들이 더 위대한 인물이라고 볼 수 있다. 마찬가지로 말을 잘하는 사람보다는 경청을 잘하는 사람이 더 훌륭한 리더가 될 수 있다는 것이다. 연주를 할 때, 현을 켜는 일만 하게 되면, 그것은 아름다운 연주가 되지 못한다. 현을 누르고 그 진동을 억제하는 기술이 바로 경청의 기술인 것이다.

미국의 CNN 방송 중에 최고의 인기 토크 쇼인 〈래리 킹 라이브〉의 래리 킹은 〈타임〉지로부터 '마이크의 달인'이라는 찬사까지 받았던 유명한 방송인이다. 그가 미국 TV 역사상 독보적인 토크쇼 진행자가 되어 4만 명 이상을 인터뷰할 수 있었던 것의 비결은 무엇이었을까?

《존 맥스웰 리더의 조건》이란 책에 래리 킹이 말한 다음과 같은 문장이 짧게 소개되어 있다.
"나는 매일 아침마다 '내가 뭔가를 배우려 한다면 반드시 들으면서 해야 할 것이다.'라고 나 자신을 상기시킨다."

그가 작년에 방한했을 때, 모 신문사와 인터뷰를 했다. 기자는 그에게 '성공적 인터뷰 진행자가 될 수 있었던 요인'에 대해 물었다. 이 질문에 그가 한 대답은 이것이다.

"가장 중요한 건 호기심입니다. 호기심이 있어야 좋은 인터뷰를 할 수 있어요. 두 번째로 중요한 건 상대의 말을 잘 듣는 겁니다. 잘 듣지 않고는 좋은 질문을 못해요. 핵심은 호기심인데 나는 어릴 때부터 호기심이 남달랐습니다."

episode 5
이건희가
인내를 배우는 법

상대를 제압하는 침착함과 무게감은 어디서 나오는 것일까? 장자莊子의 〈달생達生편〉과 열자列子의 〈황제黃帝편〉에 나오는 목계 이야기에 그답이 있다.

중국 산동성 남쪽의 기紀나라에 성자渻子라는 사람이 살았다. 그의 직업은 전문적으로 싸움닭을 길러 내는 것이다. 어느 왕이 투계를 몹시 좋아하여, 그에게 최고의 싸움닭을 구해 최고의 투계로 만들기 위한 훈련을 맡겼다. 그 당시 가장 유명한 투계 사육사가 바로 기성자란 사람이었기 때문이다.

맡긴 지 십 일 정도가 지나 왕은 사육사에게 물었다.

"닭이 싸우기에 충분한가?"

기성자는 대답했다.

"아닙니다. 아직 멀었습니다. 닭이 강하긴 하나 교만하여 아직 자신이 최고인줄 알고 있습니다. 그 교만을 떨치지 않는 한 최고의 투계라 할 수 없습니다."

다시 십 일이 지나 왕이 또 사육사에게 물었고, 사육사는 이번에는 이렇게 대답했다.

"아직 멀었습니다. 교만함은 버렸으나 상대방의 소리와 그림자에도 너무 쉽게 반응합니다. 태산처럼 움직이지 않는 진중함이 있어야 최고라 할 수 있습니다."

또 다시 십 일이 지나 왕이 또 사육사에게 물었다. 이번에도 사육사는 또 다르게 대답하며 아직 멀었다고 대답했다.

"아직 멀었습니다. 조급함을 버렸으나 상대방을 노려보는 눈초리가 너무 공격적입니다. 그 공격적인 눈초리를 버려야 합니다."

또 다시 십 일이 지나 왕이 묻자, 사육사는 대답했다.

"이제 된 것 같습니다. 이제 상대방이 아무리 소리를 지르고 도발해도 눈빛 하나 깜짝하지 않고, 아무 반응을 하지 않습니다. 이제 완전히 마음의 평형을 찾았습니다. 멀리서 보면 마치 나무로 깎아 놓은 닭木鷄과 같습니다. 이제야 그 덕이 완전해졌습니다. 다른 닭들은 감히 덤벼들 생각도 못하고 그 모습만 봐도 도망갈 것입니다."

장자는 이 이야기를 통해, 우리들에게 교만함과 조급함과 공격적인 눈초리를 버리고, 목계처럼 진중함과 침착함과 무게감을 가질 것을 주

문했다. 이건희는 아버지 이병철로부터 '목계'의 가르침을 배웠다. 그리고 그는 그러한 가르침대로 작은 일에 에너지를 다 쏟아 붓는 평범한 싸움닭이 아니라, 눈앞에 보이는 것들에 마음이 심하게 흔들리며 요동치는 그런 소인배가 아니라, 태산 같은 경영자로 자신을 성장시켜 나갔다.

이건희를 살펴보면, 목계처럼 진중하고, 초연하다는 사실을 쉽게 발견할 수 있다. 눈앞에 보이는 작은 일에 일희일비하지 않는 대범함을 갖고 있다. 이러한 대범함과 침착함은 어디에서부터 시작된 것일까? 앞에서 말한 바와 같이 어린 시절 이건희는 영화와 비디오에 심취해 있었다. 그런데 특히 도쿠가와 이에야스의 비디오를 많이 본 것으로 알려져 있다. 그만큼 인간적으로 많은 배움과 존경을 할 수 있었던 인물이라고 판단했기 때문일 것이다.

그가 어떤 인물인지 그의 유훈遺訓을 먼저 살펴보자.
"인내는 무사장구無事長久의 근본이요, 분노는 적이라고 생각해라. 이기는 것만 알고 정녕 지는 것을 모르면 반드시 해가 미친다. 오로지 자신만을 탓할 것이며 남을 탓하지 마라. 모자라는 것이 넘치는 것보다 낫다. 자기 분수를 알아라. 풀잎 위의 이슬도 무거우면 떨어지기 마련이다."

이건희가 특별히 도쿠가와 이에야스에게 큰 배움을 얻었던 것은 그의 삶이 매우 비범했기 때문이라고 볼 수 있다. 도쿠가와 이에야스는 불과 2세 때 어머니와 생이별해야 했고, 그 후 6살이 되었을 때, 이마가와 가의 인질이 되어야 했다. 그의 가혹한 시련은 어렸을 때부터 할머니 집에 보내져 자라다가 네 살 때 겨우 다시 엄마의 품에 안겨 보고, 그 후로 초등학교 5학년의 어린 나이에 일본에서 아홉 살 많은 형과 지내야 했던 이건희에게는 매우 각별하게 느껴졌음이 틀림없을 것이다.

도쿠가와 이에야스는 13년 동안 인질의 삶을 참아 내며 살아야 했고, 그 후 오다 노부나가 아래서 또 20년을 견디면서 살다가 또 다시 15년이라는 세월을 인내하며 도요토미 아래에서 지내야 했다. 그러한 인내와 시련의 세월을 통해 그는 목계와 같은 진중함과 대범함을 가진 인물이 되었던 것이다. 그러던 중 도요토미 히데요시가 죽자 그는 후에 250년이란 평화를 유지하며 지속된 에도 막부를 열고 천하의 주인이 될 수 있었다. 그는 오랜 시간 동안 목계처럼 아무리 누군가가 싸움을 걸어와도 묵묵히 때를 기다리며 자신의 공격적인 눈초리를 숨기고, 자신의 칼을 숨기며, 기다리고 또 기다렸던 것이다.

일본의 전국시대를 대표하는 세 명의 인물이 있다. 바로 오다 노부나가, 도요토미 히데요시, 도쿠가와 이에야스이다. 이 세 명에 대한 평가는 사람마다, 시대마다 약간씩 다를 수밖에 없겠지만, 특성은 뚜렷한 차이가 있다.

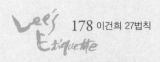

'울지 않는 두견새'를 대하는 방식이 확연하게 달랐다. 센고쿠 일본 전국시대에 통일의 기초를 마련한 오다 노부나가는 울지 않는 두견새는 죽여 버려야 한다고 말했다. 하지만 100여 년간 지속된 혼란의 일본을 종식하고 통일한 도요토미 히데요시는 어떻게 해서든 두견새를 울게 만들어야 한다고 했다. 이에 반해 도쿠가와 이에야스는 두견새가 울 때까지 기다려야 한다고 말했던 것이다.

이처럼 남다른 인내심을 보여 준 도쿠가와 이에야스를 통해 이건희는 인내하는 법과 정신을 배웠을 것이다. 그리고 목계의 이야기에서 목계처럼 싸움을 하지 않고 때를 기다리는 법을 배웠다. 이러한 배움은 결국 이건희가 부회장 시절 겪었던 대한석유공사의 인수 실패, 연이어 겪게 되는 사업 실패, 삼남의 경영권 승계에 대한 수많은 견제와 비판들과 루머들 속에서 조용히 물러나 때를 기다리게 해 주었다.

이 시기가 이건희 개인에게 가장 힘든 시기였을 것이다. 그때 그에게 목계의 배움과 도쿠가와 이에야스의 인생을 통해 배운 인내의 힘과 정신이 없었다면, 그는 좌초되었을지도 모른다. 하지만 그는 '진정으로 이루고자 하는 것이 있다면 기다릴 줄 알아야 한다'는 도쿠가와 이에야스의 가르침에 따라 서두르지 않았다.

그러한 진중함과 침착함, 그리고 때를 기다린 덕분에 이건희는 1987년 삼성의 회장이 되었다. 게다가 그로부터 지금까지 삼성을 100배 넘게 키웠고, 세계 속에 초일류 삼성이라는 브랜드 이미지를 확고하게 심어 놓았다. 그 비결이 바로 목계의 가르침 속에 있는 것이다 목계는 작은 싸움이나 섣부른 싸움에 눈썹 하나 까딱하지 않는다. 소소한 일에 절대로 요동조차 하지 않는다. 이러한 특징을 이건희는 가지고 있다. 이병철과 이건희의 리더십을 비교해 놓은 신문 기사들을 보면 이 두 사람의 경영 스타일이 확연히 다르다는 사실을 알 수 있다. 이병철 회장과 이건희 회장의 다른 경영 스타일에 대해 어떤 한 임원은 다음과 같이 말을 하기도 했다고 한다.

"이병철 회장이 중소기업형 리더라면, 이건희 회장은 대기업형 리더다. 이병철 회장은 직접 주3~4회 현장을 돌아다니면서 챙기고 지시했다. 아마 이병철 회장이 계속 경영했다면 아마 오늘날과 같은 삼성전자는 탄생하지 않았을 것이다. 왜냐하면 대부분 사장들이 회장이 언제 갑자기 무슨 질문을 할까, 어떻게 대답할까에만 신경쓰면서 '쫄아서' 정상적인 경영활동이나 아이디어를 내지 못했을 것이다. 권한위임이 이루어지지 않았다. 하지만 이건희 회장은 다르다. 소소한 일은 관여하지 않고 큰 줄기만 챙긴다. 다만 큰 흐름을 잘못 짚으면 혼이 나는 것은 더 무섭다"고 말했습니다."

삼성의 임원들의 말은 대부분이 이병철 회장은 현장을 꼼꼼하게 챙겼기 때문에, 회장을 접대하고, 회장의 질문에 대해 준비하느라 정작 다른 중요한 일을 못할 정도였다는 것이다. 하지만 이건희에 대해서는 전혀 다른 말들을 한다. 이건희 회장은 큰 줄기와 미래 전략만 챙긴다는

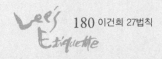

것이다. 이건희는 이처럼 소소한 일에 관여하지 않는 목계와 같은 스타일의 리더인 것이다. 다시 말해 이건희의 경영 스타일은 아무것도 하지 않는 것 같으면서도 사실은 모든 것을 다 이루는 그런 '무위無爲'의 경영 스타일이라고 할 수 있다.

이러한 무위 사상은 노자로부터 비롯되었는데, 노자는 다음과 같이 말한 적이 있다.

"무위이무불위無爲而無不爲"

이 말은 '아무것도 하지 않는 것 같으면서도 사실은 모든 것을 다 이룬다'는 무위 사상을 의미하는 말이다.

keyword 6
메기
끊임없는 경쟁으로 조직을 강화하라

정의 메기목 메기과의 민물고기이다. 낮에는 바닥이나 돌 틈 속에 숨어 있다가 밤에 먹이를 찾아 활동하는 야행성이다.

특성 미꾸라지가 있는 연못에 메기를 풀어 놓으면 미꾸라지들이 메기에게 잡아먹히지 않기 위해 더 많이 먹고 더 열심히 헤엄치기 때문에 더욱 건강해진다는 것이 '메기론'이다.

변화의 제 1보는 나부터 변하는 것

"아무리 비싼 돈을 주고 일을 시켜도 가정부가 한 일은 집의 안주인인 주부가 한 일과는 질적인 면에서 차이가 나게 마련이다. 주부에게는 '이 일은 내 일이다.'라고 생각하는 주인의식이 있기 때문이다."
【이건희, 《생각 좀 하며 세상을 보자》, 동아일보사, 1997년, 212쪽】

성공한 리더가 되려면 그 누가 요구하지 않아도 스스로 미래를 강력하게 준비하고, 혁신적인 변화를 만들어가야 한다. 취업을 못한 젊은이들은 취업을 위해 노력하고 변화를 꾀하고, 가정을 책임져야 하는 중년의 가장들은 생계를 책임지기 위해 스스로를 채찍질 한다. 하지만 그렇게 생사와 미래가 달렸다 해도 변화에 성공하는 사람은 극소수이다. 그렇기 때문에 평생 큰 성공을 하는 사람이 많지 않은 것이다. 우리 주위를 살펴봐도 가난을 벗어나지 못하고 힘겹게 살아가는 사람이 성공한 사람들보다 훨씬 더 많다.

자신의 미래와 생계가 달린 일임에도 이토록 변화는 쉬운 것이 아니다. 그런 점에서 볼 때 이건희는 평생 먹고 살 수 있는 돈이 있고, 미래

가 어느 정도 보장되어 있는 상황이었다. 그런 상황에서 스스로 지독한 노력을 통해 변화를 하고자 선택했고, 변화를 일구어 내었다는 점에서 경영자로서의 표본이 될 수 있다.

세종대왕이 왕이 된 이후에도 변함없이 엄청난 고생을 하면서 독서를 하는 것을 보고 할아버지인 태조는 다음과 같이 말했을 정도다.

"과거를 보는 선비라면 이와 같이 공부해야겠지만 어찌 임금이 그토록 신고辛苦하느냐?"

이 말은 이건희에게도 해당되지 않을까? '생계를 걱정하는 가장이라면 이와 같이 고생해야겠지만 어찌 그룹의 회장이 그토록 변화를 추구하느냐?'고 말이다.

기존의 삼성을 재창조한 이건희

현재의 삼성, 이건희가 수장인 삼성은 무에서 유를 창조한 기업이 아니라, 기존의 기업을 재창조한 기업이다. 다시 말해 이건희는 삼성을 리엔지니어링re-engineering한 것이다. 리엔지니어링의 창시자이면서 《리엔지니어링 기업혁명》의 저자이기도 한 마이클 해머Michael Hammer는 "변화를 두려워하고 현재 상황을 유지하려는 사람들이야말로 가장 위험한 내부의 적이다."라고 말한다.

이건희 역시 2007년 신년사에서 창조경영을 천명하면서, '무에서 유를 만들어 내는 것도 창조이지만, 기존 것에서 새로운 것을 발견하는 것 역시 창조다.'라고 말했다. 그가 천명한 기존의 것에서 새로운 것을 발견하는 것이 바로 '변화'다. 그런데 이러한 변화의 주체는 타인이 아니라, 다른 누구보다도 바로 나 자신이어야 한다. 그것이 가장 우선이고, 가장 중요하다.

"세상을 움직이려는 자는 먼저 자기 자신을 움직여야"[1] 하고, "가장 우선시되어야 하는 승리는 자신을 정복하는 것"[2]이라는 말처럼, 이건희가 강조한 변화 경영의 핵심 주체는 자기 자신이다. 이러한 사실을 그는 다음과 같이 강조했다.

"결론은 한 가지다. 나 자신이 안 변하면 아무것도 안 변한다는 것이다. 변하는 것이 일류로 가는 기초다. 내가 바뀌어야 비서실이 바뀌고 각사 사장, 부사장, 임원, 부장, 과장들이 바뀐다."[3]

그가 강조한 것은 자기 경영이었다. 자기가 먼저 변하지 않으면 절대 아무것도 변하지 않는다는 사실을 그는 강조하고 또 강조했다. 세상을 바꾸고 싶다면 먼저 자기 자신을 바꾸어야 한다. 자기 자신이 바뀌면, 세상도 따라서 바뀐다. 그것이 자연의 법칙이다. 자기 자신을 바꾸기 위해서는 어떻게 해야 하는가?
바로 끊임없이 도약하고, 성장해야 한다.

끊임없이 변화하는 자만이 살아남는다

변화는 어려운 것이다. 변화하기 위해서는 과거의 자신을 과감하게 결별하고 새로운 나를 향해 떠나야 한다. 하지만 어려운 만큼 변화에 성공했을 경우, 그 보상은 상상을 초월한다. 《진화론》을 쓴 다윈은 다음과 같이 이야기했다.

"결국 살아남는 종은 강인한 종도 아니고, 지적 능력이 뛰어난 종도 아니다. 종국에 살아남는 것은 변화에 가장 잘 대응하는 종이다."

변화에 가장 잘 대응하기 위해서는 기존의 틀을 과감하게 파괴할 줄 알아야 한다. 결국 승리하는 자는 기존의 틀이나 자세에 얽매이지 않는 유연한 사람인 것이다. 이러한 사실을 미야모토 무사시도 말한 적이 있다. 그의 병법을 자세히 보면, 변화에 잘 적응하는 유연성이야말로 최고의 전략이라는 사실을 깨닫게 된다.

세계 3대 병법서 중의 하나인 오륜서

세계 3대 병법서는 손무孫武의 《손자병법孫子兵法》, 클라우제비츠의 《전쟁론》, 그리고 미야모토 무사시의 《오륜서五輪書》이다. 이 중에서 오륜서는 미국 웨스트포인트와 바버드 비즈니스 스쿨을 비롯해서 글로벌 기업들의 필독서이다. 이 책의 저자인 미야모토 무사시는 일본 천하무적의 검객이었다. 그는 열세 살부터 시작하여 스물아홉 살에 이르기까지 총 60여 차례의 무술 시합에서 단 한 번도 패배한 적이 없었다.

그래서 그는 검성劍聖이라는 칭호를 얻게 되었다. 그렇다면 그는 어떻게 해서 60여 차례의 무술 시합에서 단 한 번도 패배를 한 적이 없는 천하무적의 검객이 될 수 있었을까? 우리는 이 질문에 대해 생각을 해봐야 한다. 단순히 남들보다 더 빨리 검을 휘두를 수 있었기 때문이었을까? 경험과 연륜이 많았던 쟁쟁한 고수들이 왜 풋내기 같은 젊은 무사시를 당해 내지 못하고, 그에게 불명예스러운 패배를 줄줄이 하게 되었던 것일까?

무사시가 60여 차례의 무술 시합에서 단 한 번도 패하지 않았던 이유는 그의 '유구무구有構無構' 덕분이었다. '유구무구'란 '자세가 있으면서도 자세가 없는 것'을 말한다. 즉 어떠한 규칙이나 원칙, 기존의 틀에 얽매이지 않고 자유자재로 상대를 대하는 유연함을 뜻한다. 이러한 그의 변화무쌍한 유연성이 그에게 승리를 가져다 준 가장 큰 병법이었다.

그의 변화무쌍한 유연함은 상대로 하여금 도저히 어떤 전술로 자신을 공격해 올지 예측할 수 없게 만들어 승리할 수 있게 해 주었다. 당시 하늘을 찌를 만큼 명성이 높았던 간류검도의 고수인 사사키 고지로와의 전투를 앞두고 무사시는 일부러 2시간이나 늦게 도착했다. 상대방의 마음을 초조하게 하고, 마음을 분산시키고자 하는 고도의 전략이었던 것이다. 2시간이나 늦게 유유히 결투 장소에 도착한 무사시를 본 사사키 고지로는 곧바로 칼집에서 칼을 뽑아 무사시가 도착한 해변으로 달

려갔다. 무사시는 일부러 어떠한 원칙도 세우지 않고 상대가 도저히 예측할 수 없게 만들어 상대로 하여금 흥분하게 만들었고, 초조하게 만들었던 것이다. 그렇게 상대를 극도로 흥분하게 만든 후 무사시는 초연하게 결투에 집중하여, 상대가 쉽게 허점을 보이는 틈을 타서, 일격에 그를 제압해 버렸던 것이다.

목계가 상대를 압도했듯이, 미야모토 무사시는 전혀 새로운 방법으로 결투를 하기도 전에 간류검도의 고수를 압도해 버렸던 것이다. 미야모토 무사시는 '진정한 병법은 모든 영역에서 활용할 수 있어야 한다.'라고 말했는데, 그의 말처럼 진정한 병법은 그 어떤 틀이 있는 것이 아니라, 가장 유연한 것이어야 한다. 그리고 그의 말처럼 그의 오륜서는 병법서이면서도 현대에 와서는 수많은 기업과 학교에서 경영서와 전략서로 더 많이 읽히고 있다. 변화무쌍한 현대 사회에 오륜서만큼 변화에 잘 대응하는 방법을 제시해 주는 책도 없기 때문이다.

21세기 최고의 경영이론으로 평가 받고 있는 크리스텐슨의 '파괴적 혁신'의 본질에는 미야모토 무사시가 언급한 '유구무구'의 개념이 들어가 있다. 자세가 있으면서도 자세가 없고, 기존의 틀과 원칙에 얽매이지 않고 마치 그러한 것이 없는 듯 새로운 틀과 원칙을 자유자재로 만들어 낼 수 있는 것이 바로 '파괴적 혁신'의 성격과 일맥상통하기 때문이다. 이건희가 주창한 변화와 혁신 또한 이것과 크게 동떨어져 있지 않다.

패스트팔로워가 아닌
퍼스트무버가 되라

"우리는 지금 지식에도 값이 매겨지는 지가(知價)사회에 살고 있다. 미국이 거액
을 투자해서 정보 슈퍼하이웨이를 건설하는 것도 지식의 원활한 교류를 위해서다.
지식이 경쟁력의 핵심이기 때문이다. 말하자면 지본(知本)사회가 된 것이다."
【이건희, 《생각 좀 하며 세상을 보자》, 동아일보사, 1997년, 148쪽】

창조적 천재들은 기꺼이 남들과 다른 삶을 살아간다. 그렇기 때문에
그들은 더 이상 타인을 쫓아가는 패스트팔로워Fast Follower가 아니다.
그들은 남과 다른 것을 최초로 만들기 때문에 퍼스트무버First Mover가
된다.

이 세상은 이러한 퍼스트무버가 이끌어 가고, 새로운 문화를 만들어
간다. 이러한 퍼스트무버로 대표적인 인물이 팝의 황제 마이클 잭슨이
아닐까? 그는 남들을 흉내내고 따라간 팝 싱어가 아니라 새로운 것을
만들어 내고 유행시킨 퍼스트무버였다. 그는 정형화된 댄스와 전혀 다
른 문워크를 선보이며 세계에 많은 사람들이 따라하게 만들었다. 그리
고 인습을 거부한 피카소 역시 퍼스트무버라고 할 수 있다. 그리고 또

다른 한 명의 퍼스트무버로 이사도라 덩컨Isadora Duncan을 꼽을 수 있을 것이다. 그녀는 기존의 무용가들을 따라하게 만드는 무용 강습을 받지 않고, 자신만의 방법으로 무용의 세계를 변혁시킨 무용계의 퍼스트무버가 되었다.

이사도라 덩컨은 초등학교 교육 밖에 받지 못했지만 엄청난 양의 책을 읽었고, 무용 강습조차 받지 못했음에도 무용계를 변혁시켰고, 창작무용을 창조적 예술의 수준으로 끌어올린 최초의 무용가이다. 또한 그녀는 현대 무용(모던 댄스)의 어머니로 불린다. 그녀로 인해 '던커니즘Dun-canism'이란 신조어까지 생겨나기도 했다. 한 마디로 그녀는 진정한 퍼스트무버가 되었다.

세상은 1등이 독차지 한다

〈비즈니스 위크〉가 1995년 '10대 비즈니스 북'으로 선정한 《승자독식사회(원제: The Winner Take All Society)》란 책을 보면 일등이 전부를 독차지하고, 나머지 2등부터는 차지하는 것이 전무하다는 사실에 대해 잘 말해주고 있다.

이제 게임의 법칙이 바뀌었다. 삶이 갈수록 빡빡해지는 것은 일등이 아니면 차지할 것이 하나도 없는 세상이 되었기 때문이다. 과거에 일등은 이등보다 약간 더 많은 것을 가질 수 있었다. 따라서 과거에 이등은 일등보다 덜 해도 어느 정도 가질 수가 있었다. 하지만 이제는 일등은 이등하고 비교도 안 될 만큼 많은 것을 가질 수 있는 사회가 되었고, 이등은 반대로 일등하고 비교도 안 될 만큼 가질 수 있는 것이 극도로 빈약해 졌다.

　적당한 재능과 능력만으로 자신의 삶을 살아가는 사람들이 갈수록 사라져 갈 것이다. 그런 사람들은 이제 차고 넘치는 세상이다. 이제 그들에게 돌아갈 부와 명예는 더 이상 존재하지 않는다.

　우리가 흔히 사용하는 말인 '승자독식사회'라는 말을 처음으로 만들어 낸 장본인이기도 한 《승자독식사회》의 저자 로버트 프랭크와 필립 쿡은 오늘날 사회가 교육과 기술이 일반화 되어, 웬만한 정보와 교육에는 대중들도 모두 접근할 수 있기 때문에, 1등과 2등의 차이는 그야말로 간발의 차이에 불과한데도 우리가 살아가는 이 사회는 1등에게만 모든 부와 권력을 몰아 주어 싹쓸이 하도록 만든다고 주장했다. 그런데 그런 주장이 갈수록 맞아 들어가고 있음을 우리는 모두 알고 있다. 오늘날 세계 경제에 불고 있는 바람은 '최고가 되라'는 것이다. 최고가 되지 못한 자는 설 자리가 없다.

　삼성은 '천재경영론'을 경영 전략의 중심에 두고, '일등제일주의'를 오래 전부터 지향해 왔다. 이건희는 지식이 경쟁력의 핵심이 되는 '지본사회'가 올 것을 일찍부터 간파하고 있었기 때문이다. 선대의 이병철이 일등제일주의의 터를 닦아 놓았다면, 이건희는 그 위에서 일등 인재주의의 기둥을 쌓고 있는 것이다. 이건희는 삼성인들에게 '우리도 일등

할 수 있다'라는 희망과 의식의 전환을 확실하게 심어 준 것이다.

삼성의 핵심 가치는 최고 지향

수천 명의 선수들이 경쟁하는 프로테니스 업계에서도 이런 현상은 동일하게 일어난다. 수입의 대부분은 일등 그룹이라고 할 수 있는 최정상의 10위 권 선수들이 다 차지한다. 영화나 방송인들도 마찬가지이다. 일등 배우와 일등 개그맨들이 대부분의 부와 인기를 독차지하고 있다. 그래서 무명 배우나 무명 개그맨들은 월세 10만원을 낼 돈이 없어서 옥탑방에서조차 쫓겨날 불안 속에 살고 있다고 한다.

과거에는 친족집단, 마을집단, 소도시 집단 안에서만 정보가 공유되었기 때문에 적당하게 재능 있는 사람은 그 분야에서 전문가로 인정을 받았다. 하지만 이제는 기술과 정보의 발달로 인해 세계에 산재해 있는 실력가와 경쟁을 해야 하는 시대다.

"(…) 물론 이런 설명은 더 이상 통하지 않는다. 왜냐하면 출판과 라디오와 텔레비전과 위성통신 같은 것들 때문에 적당히 재능 있는 사람이 소용없어졌기 때문이다. 1000년 전만 해도 마을의 보배로 여겨졌을, 적당하게 재능 있는 사람들은, 이제 자신의 재능을 포기하고 다른 일거리를 찾아 나서야 한다. 왜냐하면 현대의 통신기술 덕분에 그는 날마다 세계 일인자와 경쟁해야 하기 때문이다. (…) 이제 각 분야마다 10명 남짓의 챔피언들만 있어도 전 세계는 잘 굴러가게 되었다."[4]

약 100년 전 영국의 경제학자 앨프리드 마셜Alfred Marshall도 승자독식사회가 서서히 시작되고 있음을 눈치 챈 사람 중에 한 명이었다. 뛰어난 재능을 가진 사람들의 소득이 엄청나게 증가하게 되었고, 그로 인해 중간 정도의 재능을 가진 사람들의 소득이 상대적으로 떨어지게 되었다고 말했다. 그 증거로 중간 수준의 유화가 이렇게 싸게 팔렸던 적이 없었고, 일류 화가의 그림이 이렇게 고가로 팔린 적이 없었다는 사실을 들고 있다.

그림을 그리는 화가, 그리고 그 그림조차도 일등과 이등의 차이는 엄청나다. 하물며 기업은 어떠할까? 소리 없는 전쟁을 치르고 있는 기업 세계에서 일등과 이등은 그야말로 천지차이이다.

삼성이 가장 소중하게 지켜온 신념이자 핵심가치Samsung Values인 삼성의 성공 DNA 다섯 가지는 인재제일人材第一, 변화선도變化先導, 최고지향最高指向, 정도경영正導經營, 상생추구相生追求이다. 이 다섯 가지 중에 하나가 항상 최고를 지향한다는 것을 볼 때, 삼성은 일등만이 살아남을 수 있다는 사실을 누구보다 잘 알고 그것을 지향해 왔음이 증명된다.

더 이상 베끼는 CEO는 필요 없다

2005년 1월 3일, 이건희는 신년사에서 이렇게 말한다.

"그동안은 세계의 일류 기업들로부터 기술을 빌리고 경영을 배우면

서 성장해 왔으나, 이제부터는 어느 기업도 우리에게 기술을 빌려 주거나 가르쳐주지 않을 것이다. 앞으로 우리는 기술 개발은 물론 경영 시스템 하나하나까지 스스로 만들어야 하는 자신과의 외로운 경쟁을 해야 한다."

삼성은 이제 초일류 기업이다. 이제 베낄 수 있는 앞선 기업들이 거의 없다. 이제부터는 창조자가 되어야 하고, 선구자가 되어야 한다. 즉 패스트 팔로워Fast Follower 전략을 더 이상 추구할 수 없는 위치가 되어 버렸다. 이제는 퍼스트 무버First Mover가 되어야 한다. 지금까지는 앞에 누가 있었기 때문에, 앞만 보고 바짝 붙어서 따라가면 생존할 수 있었지만, 이제는 아무도 없다. 이런 상황에서 삼성맨들에게 요구되는 능력은 당연 상상력과 창의력이다. 중국은 지금 삼성이 과거 수십 년 동안 해 왔던 패스트 팔로워 역할을 충실하게 잘 해내고 있다. 언제 삼성을 따라 잡을 지 알 수 없는 상황이다. 삼성은 퍼스트 무버로서 더욱 더 빨리 앞서나가야 하고, 격차를 벌여야 한다.

이제 삼성은 다시 한 번 도약하기 위해 변화와 혁신을 해야 한다. 그리고 이제는 창조와 상상력으로 가득 차 있는 창조적 기업으로 도약을 해야 한다. 이건희는 2006년 6월 28일 서울 한남동 승지원에서 13개 독립계열사 사장단 회의에서 삼성이 지향해야 할 좌표를 제시했다. 그것은 '더 이상 베끼는 CEO는 필요 없다.'는 과감한 발언이었다. '글로벌 창조경영'을 제시했던 것이다.

"삼성의 주요 제품들이 이미 국내외 시장을 통틀어 선두권에 진입해 있는 만큼, 이제 다른 기업의 경영을 벤치마킹하거나 모방할 수 있는 상황이 아니다. 앞으로는 삼성만의 고유한 독자성과 차별성을 구현할 수 있는 창조적 경영이 필요하다."[5]

베낄 제품이 있고, 쫓아갈 일들이 있으면 그 뒤를 쫓아가고, 빨리 베끼는 것은 어렵지 않다. 그것만 베끼고 쫓아가면 된다. 하지만 한번 세계 최초가 되어 일등이 되는 순간, 무엇을 베껴야 할지, 혹은 무엇을 새롭게 창조해야 할지 자신이 스스로 찾아야 한다. 그래서 베끼고 따라갈 때보다 힘이 열 배 이상 든다. 그 결과 일등 자리를 유지하는 것이 점점 더 힘들고 어려워지는 것이다.

최근에 나온 '갤럭시 노트'는 세계에서 가장 창조적인 기업이었던 애플의 아이폰에도 없었던 신개념의 휴대폰이다. '갤럭시 노트'는 필기도구를 스마트폰에 접목시킨 차세대 단말기로 폰도 아니고, 태블릿도 아닌 새로운 개념의 디지털 '노트'였다. 삼성이 패스트 팔로워에서 퍼스트 무버로의 성공적인 전환을 알리는 상징적인 제품이 아닐 수 없다.

프랑스의 작가인 알베르 카뮈Albert Camus는 '영원한 존재가 아닌 인간에게는 완전히 모순된 가면假面 속에서의 엄청난 모방이 있을 뿐이다. 창조, 이것이야말로 위대한 모방이다.'라고 말한 적이 있다. 그의 말대로 잘하는 사람을 무작정 따라하고, 좋은 제품을 빨리 베끼는 것도

일종의 탁월한 전략이다. 하지만 자기보다 잘하는 사람이 별로 없을 때는 이야기가 달라진다. 이때는 오직 창조만이 필요하다.

선두가 없고 경쟁자가 없을 때는 스스로 자신과의 경쟁을 해야 한다. 이것이 퍼스트무버의 역할이다. 승리의 성취감에 취해 있다간 곧 패스트팔로워에게 추월당하고 만다.

실패해도 상을 줘라,
단 이유가 있는 실패에

"사람은 누구나 벌을 받으면 사고와 행동이 오그라든다고 생각하기 때문이다. 그러한 이유로 나는 삼성의 경영자들에게 신상필벌(信賞必罰) 아닌 신상필상(信賞必賞)할 것을 주문하고 있다."
【이건희, ≪생각 좀 하며 세상을 보자≫, 동아일보사, 1997년, 29쪽】

이 세상에서 가장 안타까운 사실은 충분히 해낼 수 있는 사람들이 실패를 두려워해서 시도조차 하지 않고 안전지대에 머물며 살아간다는 사실이다. 과거에 몇 번 실패를 해 본 쓰라린 경험 때문에 더욱 더 머뭇거리게 되고 주저하게 된다. 하지만 실패를 두려워하지 않고 부단히 도전한다면 지금보다는 훨씬 더 많은 일들을 해내는 자신을 만나게 될 것이다.

리더의 가장 중요한 역할은 임직원들의 역량을 100% 끄집어내어 탁월한 성과를 창출하는 것이다. 수동적으로 임직원들이 시키는 일만 하는 조직은 절대 탁월한 성과를 창출할 수 없다. 실패를 두려워하지 않

고 다양한 도전과 시도를 마음껏 할 수 있는 그런 조직이 놀라운 성과를 창출해 낼 수 있다.

이건희는 실패가 삼성인의 특권이며, 실패한 직원들에게 상을 주라며 삼성인들의 마음에 역동적인 도전 의식과 담대한 마음을 불어 넣어 주었다. 안일하게 자만하다가 실패하는 자는 참된 실패라고 할 수 없다. 담대한 목표를 세우고 무섭게 질주하고 도전하다가 실패하는 자는 참된 실패라고 할 수 있다. 그러한 실패를 통해 새롭게 배울 수 있는 것들이 그냥 안주할 때보다 훨씬 많기 때문이다. 참된 실패를 통해 진정한 성공을 이끌어 내는 것, 이것이 이건희의 경영법칙이다.

우물 안 개구리에 만족하지 마라

이건희는 국내 시장이라는 안락한 우리 안에서 쳇바퀴나 굴리는 데 만족하고 있던, 피둥피둥 살찐 다람쥐에 불과했던 삼성을 불과 10여년 만에 밀림을 호령하는 호랑이와 사자로 변화시켰다. 이런 변화를 이끌어 낼 수 있었던 힘은 국내 1위라는 달콤한 현재 위치에 안주하지 않고 보다 먼 미래를 내다 볼 수 있었던 통찰력과 넓은 세상을 정확하게 내다봄으로써 생기는 위기의식 때문이라고 할 수 있다.

1960년에 출판된 《사이코사이버네틱스(원제:Psycho-Cybernetics)》라는 책은 전 세계적으로 3천만 부가 판매된 초베스트셀러이다. 이 책의 제목은 미국의 유명한 성형외과 의사이자 저자인 맥스웰 몰츠 박사가 만든 신조어이다. 이 책에서 맥스웰 몰츠 박사가 강조한 것은 인간이란 현실에 안주하게 되면, 정신적인 자동유도장치인 사이코사이버네틱스가 하는 일 없이 빈둥거리며, 길 잃은 미아처럼 그리고 살만 피둥피둥 찐 고양이처럼 살아가게 된다는 것이었다. 그렇기 때문에 담대한 목표를 설정하고, 목표를 향해 추구해 나가면서 살 때, 살만 찐 기름진 고양이의 신세에서 벗어날 수 있다는 것이다.

저자는 인간이 자전거와 닮았다고 말한다. 자전거는 오로지 앞을 향해 전진하고 있을 때만 평형과 균형을 유지할 수 있기 때문에 똑바로 설 수 있다. 이런 점은 인간도 비슷하다. 인간 역시 목표를 추구하며 앞으로 나가며 살아가도록 만들어졌기 때문이다. 인간이 가장 크게 도약하고 성장할 때는 하는 일 없이 빈둥빈둥대며 안주할 때가 아니라, 목표를 향해 치열하게 앞으로 전진할 때이다.

맥스웰 몰츠 박사가 처음으로 만든 용어인 사이코사이버네틱스라는 자동 유도 장치에는 의식이나 분별력이 전혀 없기 때문에, 자동적으로 우리가 설정하는 목표를 수행할 뿐이다. 그래서 우리가 성공이나 행복을 목표로 설정한 사람은 성공을 하게 되고, 행복하게 된다는 것이다. 반면에 실패나 가난이나 불행을 자신도 모르게 자꾸 설정하는 사람은 자신도 모르게 이 자동 유도 장치가 작동하기 때문에 자꾸 실패하고, 자꾸 가난하게 되고, 자꾸 불행한 삶을 반복하게 되는 것이다.

성공을 하는 사람과 그렇지 못한 사람의 차이

성공을 하는 사람과 그렇지 못한 사람의 차이는 명확한 목표이다. 고양이가 피둥피둥 살찌는 경우는 먹을 것이 차고 넘치기 때문에 쥐를 잡을 필요가 없을 때이다. 그러다가 먹을 것이 사라진 후에는 쥐를 아무리 잡으려고 해도 절대로 쥐들이 잡히지 않는다. 고양이의 움직임이 너무나도 둔해졌기 때문이다. 그때 가서 고양이는 후회를 하게 된다.

《카네기 인간경영 리더십》이란 책에 보면, 미국 하버드 대학교에서 조사한 결과 밝혀진 사실에 대해 소개하고 있는 내용이 있는데, 그것은 부자들과 가난한 사람들의 비율이었다.

- 인구의 3퍼센트는 독자적인 부를 누리고 있다.
- 인구의 10퍼센트는 여유 있게 살고 있다.
- 인구의 60퍼센트는 그럭저럭 생계를 꾸려나간다.
- 인구의 27퍼센트는 외부의 도움을 받아 생계를 꾸려나가고 있다.

이렇게 독자적인 부를 누리는 사람들과 외부의 도움을 받아 생계를 꾸려 나가는 사람들의 근본적인 차이는 무엇일까?

3퍼센트의 집단은 그 다음 그룹인 10퍼센트의 집단보다 열 배에서 백 배 정도의 부를 누리고 있었는데, 이 집단의 특징은 글로 작성된 구체적인 목표를 가지고 있었다고 한다. 그 다음 10퍼센트 집단은 마음속에 몇 가지 목표를 품고 있었지만, 글로 구체적인 목표를 작성한 적은 없다고 한다.

그럭저럭 생계를 꾸려나가거나, 타인의 도움을 받아 생계를 꾸려나가는 87퍼센트의 집단에 속한 사람들은 애당초 목표 같은 것은 가지고 있지 않다는 사실이 밝혀졌다. 기름진 고양이가 쥐를 잡지 못하는 것은 애당초 처음부터 목표 같은 것을 가지고 있지 않은 사람들이 성공하지 못하는 것과 똑같은 원리라고 말할 수 있다.

실패를 두려워하지 마라

삼성이 가장 좋은 점 중 하나는 실패를 해도 그것이 가치가 있고 좋은 교훈이 된다면, 어떤 처벌도 하지 않고, 오히려 격려해 주는 조직 문화였다. 이런 분위기와 조직 문화 속에서 삼성의 임직원들이 소신 있게 어떤 도전이라도 과감하게 할 수가 있었다. 그러한 도전과 도전 속에서 실패도 있었지만, 상상도 못하는 성공도 존재했던 것이다.

이러한 삼성의 조직 문화를 바꾸어 놓은 것은 바로 이건희였다. 그는 누구보다 실패에 대해서는 적극적이고 수용적인 태도와 마인드를 가지고 있었다. 그러한 리더의 성향은 고스란히 조직 전체로 확산되기 마련이었다.

"나는 평소 임직원들에게 실패를 두려워하지 말고 일을 저질러 보라고 적극 권하고 있다. 기업 경영에서 실패 경험만큼 귀중한 자산이 없다고 생각하기 때문이다."[6]

그는 또 이러한 말도 했다.

"실패는 많이 할수록 좋다. 아무 일도 하지 않아 실패하지 않는 사람보다 무언가 해보려다 실패한 사람이 훨씬 유능하다. 이들이 기업과 나라에 자산이 된다."

이러한 말을 하는 리더의 모습을 볼 때마다 삼성인들은 도전과 창조 정신이 불끈 생겨났을 것이다. 그룹의 리더로서 '실패를 많이 할수록 좋다'라는 말을 할 수 있는 사람이 몇 명이나 될까?

실패는 삼성인에게 주어진 특권이며 도전이다

그는 93년 이후로 도전과 창조 정신에 대해 강조해 왔고, 그러한 정신은 지금까지 이어지고 있다.

"삼성의 미래는 신사업·신제품·신기술에 달려 있다. 실패는 삼성인에게 주어진 특권이며 도전하고 또 도전해야 한다."

이제는 아예 실패는 삼성인에게 주어진 특권이라고 말하고 있다. 더욱 더 도전과 창조 정신에 불을 붙이고 있는 셈이다. 이렇게 도전을 강조하고 있는 리더의 모습을 바라보고 있는 임직원들은 또 다시 새로운 도전을 위해 혼신을 다하고자 하는 다짐을 할 것이 눈에 선하다.

조직 전체가 실패를 두려워하지 않는 기업과 작은 실패라도 두려워 움츠리고 있는 조직 중 어떤 조직이 더 큰 성장과 발전을 할 것 같은가? 물어보지 않아도, 보지 않아도, 실패를 두려워하지 않는 조직이 훨씬 더 큰 성장과 발전을 할 것이라는 사실이 명약관화하지 않는가!

하지만 이건희가 실패를 무조건 수용하는 입장은 아니다. 터무니없는 실패와 똑같은 실패를 반복하는 것에 대해서는 매우 엄격했다. 도전적이고 창의적인 조직을 만들기 위해 당연한 이유가 있는 실패는 수용하지만, 실패를 되풀이하는 것은 그 이전의 실패에서 아무것도 배우지 않았다는 점에서 무사안일하다는 증거일 수 있고, 필요한 조치를 그때그때 취하지 않은 만큼 나태하다는 증거일 수 있기 때문에 절대로 용납할 수 없다는 것이다.

이건희 역시 이유 없는 실패에 대해서는 단호하다.
"나는 이유 있는 실패는 반기지만 터무니없는 실패, 똑같은 실패를 반복하는 것에 대해서는 엄격하다. 이유 있는 실패까지 나무라면 조직 내 창의성이 말살되고 복지부동의 보신주의만 남는다. 내가 두려워하는 것은 실패 자체가 아니라 같은 실패를 되풀이하는 것이다."[7]
실패를 두려워하지 않는 도전을 하는 것과 실패를 반복할 만큼 무사안일주의나 나태와 방만함에 빠진 것은 전혀 다르다. 이건희는 이러한 사실을 확실하게 임직원들에게 주문했던 것이다.

도전하다가 실패했을 때는 상을 줘라
이건희 회장이 취임한 뒤에 가장 크게 달라진 조직의 분위기는 한 마

디로 이것이었다.

'돌다리든 뗏목이든 나무다리든 뭐든지 건너라, 그래서 실패하면 상을 줘라'

즉 이건희는 복지부동의 보신주의에서 벗어나 뭐든지 도전하라고 주문했고, 그렇게 도전하다가 실패하면 오히려 상을 주겠다는 선언을 했던 것이다. 그러한 분위기 속에서 누가 도전하지 않고 그냥 앉아만 있을 수 있겠는가? 사람의 심리라는 것이 매우 묘해서 옆 사람이 웃으면 함께 웃어야 하고, 울면 함께 울어야 한다. 그리고 옆 사람이 바쁘게 뛰면, 하다못해 걷기라도 해야 한다. 그것이 인간의 심리인 것이다.

조직의 모든 사람들이 미친 듯이 일을 해대고, 새로운 일에 대해 과감하게 도전을 하고, 역동적으로 움직이고 있다면, 혼자 조용히 자신의 자리에 앉아 있을 수 있는 사람은 별로 많지 않다. 그래서 삼성의 도전과 창조 문화가 성공할 수 있었던 것이 아닐까하고 생각해 볼 수 있다.

1924년 IBM을 창설한 토마스 왓슨에게 어떤 학생이 다음과 같은 질문을 한 적이 있다.

"어떻게 하면 빨리 성공할 수 있습니까?"

토마스 왓슨은 미소를 지으며 다음과 같이 실패에 대한 중요성에 대해 주장했다.

"빨리 성공하고 싶다면, 실패를 두 배의 속도로 경험해야 할 것이다. 성공이란 실패를 건너 저편에 있기 때문이다."

나는 이유 있는 실패는 반기지만 터무니없는 실패, 똑같은 실패를 반복하는 것에 대해서는 엄격하다. 이유 있는 실패까지 나무라면 조직 내 창의성이 말살되고 복지부동의 보신주의만 남는다. 내가 두려워하는 것은 실패 자체가 아니라 같은 실패를 되풀이하는 것이다.

그의 말처럼 성공한 사람들은 모두 수많은 실패를 남들보다 더 많이, 더 빨리 한 사람이다. 마이클 조던은 천재적인 농구 선수이며 그가 남긴 불멸의 기록은 매우 놀라운 것이다. 그렇기 때문에 아무도 그를 수많은 실패를 겪은 패배자로 보지 않는다. 또한 그가 평생 동안 겪은 수많은 실패가 바로 지금의 성공을 가져다 준 비결이라는 사실에 대해 생각하고 있는 사람은 많지 않을 것이다.

마이클 조던이 등장하는 나이키 광고 시리즈 중에 '실패'라는 광고가 있다.

"나는 농구 선수로서 9,000개 이상의 슛을 실패했고, 거의 300게임에서 패배했다. 그리고 26번이나 다 이겨 놓은 경기를 슛에 실패하여 졌다. 나는 내 인생에서 실패를 거듭하고, 또 거듭했다. 그리고 바로 그것이 내가 성공할 수 있었던 이유이다."

그는 심지어 고등학교 때 후보로 전전하다가 퇴출당하는 실패를 경험하기도 했고, 야구 선수로 도전하였다가 실패를 경험하기도 했다. 마이클 조던은 실패에 대해 다음과 같은 유명한 말을 하기도 했다.

"나는 지금까지 너무도 많은 슛을 골로 연결시키지 못했다. 그러나 중요한 것은 실패에 좌절하지 말고 끊임없이 노력하면 반드시 승리할 수 있다는 것이다."

일본에서 경영의 신으로 불리는 마쓰시타 고노스케도 실패에 대해 다음과 같은 말을 했다.

"나는 실패를 한 적이 없다. 어떤 어려움을 만났을 때 거기서 멈추면 실패가 되지만 끝까지 밀고 나가 성공을 하면 실패가 아니기 때문이다."

그의 말처럼 그의 초창기 삶은 실패 투성이고, 매우 열악한 환경이었다. 하지만 그의 성공 비결은 다름 아닌 실패할 수밖에 없는 어려운 환경이었던 것이다. 그러한 환경에서 그는 끝까지 밀고 나가서, 누가 봐도 실패라고 하는 일들을 성공으로 바꿔냈다. 누군가 그에게 성공 비결에 대해 물어 보았는데, 그는 다음과 같이 대답했다.

"나는 어려서부터 집이 가난했기 때문에 꼬마 점원이 되었지만 그 덕에 어렸을 때부터 상인의 몸가짐을 익혔고, 세상의 쓴맛을 조금이나마 맛볼 수 있었다. 태어날 때부터 몸이 약했기 때문에 남에게 일을 부탁하는 법을 배웠다. 학력이 모자랐기 때문에 항상 다른 사람에게 가르침을 구했다. 이렇듯 내게 주어진 운명을 적극적으로 받아들여 무의식중에도 긍정적으로 살아 왔기 때문에 길이 열렸던 것이다."

가난하게 태어났고, 몸이 약했고, 배우지 못한 것은 어쩌면 일종의 실패 인생이라고 볼 수 있다. 하지만 마쓰시타는 실패를 실패로 보지 않았고, 어려움을 어려움이라고 보지 않았다. 오히려 그것을 긍정적으로 생각하며, 끊임없이 도전하는 삶을 살았다. 바로 그러한 도전 정신이 지금의 그를 만들었던 것이다.

그는 22살에 자립해 4개월 동안 혼신의 힘을 다해 만든 소켓이 당시 돈으로 100원어치도 팔리지 않았다. 사업을 계속하기는커녕 당장 생계를 걱정해야 하는 상황에까지 몰렸다. 그때 대부분의 사람들은 '열심히 노력했지만 도무지 잘 되지 않는다. 이젠 틀렸다.'라고 포기할 것이다. 하지만 그는 생각하고 또 생각한 끝에, 성공할 때까지는 포기하지 않겠다고 결심하고 좀 더 좋은 소켓을 만들기 위해 연구에 더욱 박차를 가했다.

그러는 사이에 연말이 다가왔고 사정은 더욱 더 어려워졌다. 너무 어려워서 도저히 견딜 수 없을 때, 생각지도 않게 소켓 제조 기술을 이용해 부품을 만들어 달라는 주문이 들어왔다. 그 덕분에 어려운 사정은 어느 정도 해결 할 수 있었고, 사업을 궤도에 올려놓을 길이 열렸다고 한다. 그 후에도 이처럼 위기의 순간을 여러 번 체험했지만, 끝까지 포기하지 않고 매진할 때 길이 열렸다고 한다.

단번에 성공하는 기업도 사람도 없다

그의 이야기를 통해 우리가 배울 수 있는 교훈은 명쾌하다. '단번에 성공하는 사업도 기업도 사람도 인생도 없다는 사실이다. 성공이란 실패와 또 다른 실패들이 수없이 반복되면서 축적되어야 비로소 이루어지는 복합적인 결과물에 불과하다는 것이다.

이런 점에서 삼성의 조직문화가 실패를 두려워하지 않고, 과감하게 도전할 수 있게 된 것은 삼성이 초일류 기업으로 성장하는 데 명백한 밑거름이 되어 주었다고 생각할 수 있다.

"성공은 실패란 보자기로 싸여 있다. 그 보자기를 들추기만 하면 성공인데 대부분의 사람들은 바로 그 직전에서 포기한다."라고 노만 빈센트 필 박사도 말했다. 실패는 또 다른 모습의 성공이다. 실패를 두려워하지 않을 때, 성공을 할 수 있는 것이다. 그래서 이건희는 실패를 해도 상을 주라고 격려했던 것이다.

3M사의 최고의 효자 상품인 '포스트 잇'은 우연히 실수와 실패 속에서 만들어졌다는 사실은 매우 유명한 일화이다. 하지만 실수와 실패를 활용하여 큰 성공을 할 수 있었던 본질은 3M사의 도전과 창의성을 중시하고, 실패를 용인해 주는 기업문화에 있다. "아무것도 안 하는 것보다 무슨 일이든 벌여 실패하는 게 낫다."라는 실패 예찬론이 넘쳐나는 기업이었기 때문에 실패를 통한 더 큰 성공이 가능했던 것이다.

일본의 도요타에는 특이하게도 '실패 노트'라는 것이 있다. 전사적으로 공개되고, 전 직원에게까지 공유된다고 한다. 이러한 '실패 노트'를 토대로 하여 도요타는 100여 개국에서 1,400만 대 판매의 기록을 달성할 수 있었고, 북미에서 9년 연속 베스트셀러가 될 수 있었다. 이러한 '실패 노트'를 통해 최근 한국인들의 까다로운 감성을 완벽하게 충족시켜 주는 103가지 디테일, 즉 모든 것을 가진 완벽한 차를 출시하여 근래에는 수입차 1위라는 돌풍을 일으키고 있다.

엄청난 실패를 한 다음에 그 실패를 잘 활용하여 오히려 더 큰 성공

을 한 나라들이 있다. 바로 2차 세계 대전에서 패망한 독일과 일본이다. 2차 세계대전에서 엄청난 타격을 입고 잿더미가 된 독일이 다시 일어서서 도약을 할 수 있었고, 우리보다 더 빨리 통일도 할 수 있었고, 우리보다 더 빨리 선진국이 될 수 있었던 것은 그들이 '실패 보고서'를 작성하였기 때문이다. 함께 패망했던 일본 역시 선진국 대열로 단숨에 도약을 할 수 있었던 원인은 그들이 '실패 보고서'를 다양하게 만들어 적극적으로 활용을 했기 때문이다.

'오늘날의 부강한 독일과 일본을 만든 가장 큰 원인'은 바로 '패전국'이라는 참혹한 실패를 적극적으로 인정하고, 받아들여, 다시 생각하기도 싫은 처절한 실패로부터 교훈과 새로운 방법을 얻어 내어, 도약의 발판으로 삼았기 때문이다.

인생은 하나의 실험이다

미국의 철학자이며 시인인 랄프 왈도 에머슨은 도전과 창조 정신에 대해 다음과 같은 명언을 남긴 바 있다.

"인생은 하나의 실험이다. 실험이 많아질수록 당신은 더 좋은 사람이 된다."

그의 말은 기업이나 조직에도 그대로 적용이 된다. 실패를 두려워하지 않고 큰 도전을 많이 할 수 있는 기업이 위대한 기업으로 도약을 할 수 있다는 것은 불변의 진리이다. 그만큼 많은 실패와 시행착오를 감수해 내야 한다. 그렇기 때문에 그것을 견디어 내야 하는 내공도 반드시 필요하다. 이건희는 삼성의 임직원들에게 그러한 정신을 주문했다.

"인생은 실수를 하면서 살아가는 과정이다. 실수를 통해 얻은 지식만큼 값진 것은 없다. 경영이란 일련의 과정일 뿐 완전한 것이 아니다."

GE의 잭 웰치 회장이 한 이 말처럼 실수나 실패를 통해 얻은 지식과 교훈만큼 값진 것은 없다. 이것은 바로 인생이나 경영이나 모두 스키와 비슷하다고 할 수 있다. 넘어지지 않으려고 애쓰다 보면 제대로 스키를 즐길 수도 없고, 잘 탈 수도 없다. 오히려 넘어질 때 넘어지는 사람들이 스키를 더 빨리 배우고 잘탈 수 있다. 인생이나 경영도 그렇다. 실패할 때 많이 실패를 해본 사람이 오히려 더 큰 성공에 도전할 수 있고, 더 큰 성공을 해 낸다는 것을 우리는 경험으로 알고 있다. 실패를 두려워해서 아무것도 도전하지 않고, 안전 지역에만 머물고 있는 사람은 절대 발전이나 도약을 기대할 수 없다.

앞에서 언급한 3대 경영 구루 중에 한 명인 오마에 겐이치는 자신의 저서인 《글로벌 프로페셔널》이란 책에서 머뭇거리지 말고 도전하고 행동할 것을 역설했다. 결과가 좋다면 다행이고 그렇지 않더라도 문제가 무엇인지 알아 낼 수 있으니 해 될 것이 없다고 말했다. 그는 자신의 또 다른 저서인 《돈 잘 버는 사람은 머리를 어떻게 쓸까》라는 책을 통해 문제를 해결하는 사람과 해결하지 못하는 사람의 차이는 자신이 아직 경험해 보지 못한 일을 피하느냐, 아니면 과감하게 도전해서 일단 부딪쳐

보느냐 하는 행동의 차이에서 비롯된다고 말했다. 처음부터 성공하는 사람도 없고, 처음부터 성공의 길을 알고 있는 사람도 없기 때문이라고 한다.

"어떤 기업이 가장 강한 기업인가요?"

경영자를 대상으로 한 세미나에서 한 분이 강사에게 단도직입적으로 이런 질문을 했다. 그 강사는 미리 생각해 보지 못한 질문이 나와서 그냥 진땀을 빼면서 얼버무리면서 넘어갔다고 한다.

그러나 앞에서 언급한 모든 사례에 너무나 간단하면서도 확실한 답이 나와 있다. 가장 강한 조직이나 기업은 도전하고 창조하고 실패를 두려워하지 않는 조직이나 기업이다.

미꾸라지와 메기로
조직에 활기를 주다

'메기론'으로 삼성인들의 지속적인 변화를 요구하다

이건희는 '메기론'을 역설하면서 끊임없는 경쟁을 통한 스스로의 단련을 주문했다. 뿐만 아니라, 이건희 자신도 끊임없는 단련과 훈련으로 삼성의 회장이 되었고, 삼성을 초일류 기업으로 이끌 수 있는 훌륭한 경영자로 도약을 했다. 그가 설파한 메기론은 삼성인들의 용어를 통일하고 압축한 《삼성인의 용어집》이라는 책에도 잘 정리되어 있다.

"논에 미꾸라지를 키울 때 한쪽 논에는 미꾸라지만 넣고, 다른 한 쪽엔 미꾸라지와 함께 메기를 넣어 키우면 어떻게 될까요?

메기를 넣어 키운 쪽 논의 미꾸라지들이 훨씬 더 통통하게 살이 쪄 있었다고 합니다. 그 미꾸라지들은 메기에게 잡혀 먹히지 않으려고 항상 긴장한 상태에서 활발히 움직였기 때문에 더 많이 먹어야 했고 그 결과 더 튼튼

해질 수밖에 없었던 것이죠.

기업도 다르지 않습니다.

항상 적절한 긴장과 자극, 건전한 위기의식이 있어야 변화에 적응하는 능력이 생기고, 치열한 경쟁에서도 뒤지지 않고 계속 성장할 수 있습니다. 온 세계가 첨단기술을 중심으로 국경을 초월한 기업 경쟁을 하고 있는 이때, 우리만이 여전히 '국내제일'을 자랑스러워하며 안주할 수는 없습니다. 이제부터라도 우리의 현 위치와 실상은 어떠한지, 세계의 초일류기업들은 어떤 전략과 기술을 가졌는지를 항상 비교하고 그것을 자극제로 삼아 잠시도 긴장을 늦추지 말아야 합니다.

안전하다고 생각되는 그 순간이 가장 위험하다는 말처럼 메기의 자극은 꼭 필요하며, 각자의 마음속에 메기를 키우고, 특히 관리자가 스스로 좋은 의미의 메기가 될 때, 우리가 지향하는 진정한 자율 경영을 이룰 것입니다."

일본의 경제 주간지인 〈니케이 비즈니스〉가 조사한 결과에 따르면, 지난 100년 동안 일본 100대 기업에 올랐던 기업의 평균 수명이 30년이었다. 하지만 최근에 미국의 대기업 2,000개를 대상으로 조사한 결과에 따르면, 기업의 평균 수명은 이것보다 훨씬 더 짧은 10년 밖에 되지 않는다고 한다.

그 이유는 세계 시장의 통합으로 국가를 넘어 기업 간의 경쟁이 훨씬 더 치열해지고, 기술과 산업의 급속한 발달로 제품의 주기가 짧아졌기 때문이다. 이와 더불어 승자독식사회가 되어 가고 있기 때문에, 세계 일등상품을 만드는 기업이 모든 것을 독식하는 경향이 많기 때문에, 일등이 아닌 다른 기업들의 생존율이 낮아지기 때문이다.

　이런 사실을 두고 볼 때, 한국기업의 평균 수명도 고작 10년 밖에 되지 않는다고 한다.[8] 이러한 기업 상황에서 삼성이 생존할 수 있었을 뿐만 아니라, 지속적인 성장을 계속할 수 있었던 것은 끊임없는 경쟁으로 스스로를 단련시켰기 때문이라고 할 수 있다. 그리고 삼성이 그렇게 할 수 있었던 것은 리더인 이건희의 '메기론'과 같은 위기의식의 고취와 비전 제시 때문이라고 할 수 있다.

　그리고 삼성이 그렇게 하기를 주문하기 전에 이건희는 스스로를 단련시켰다. 자신의 약점을 보완하고, 강점을 더욱 더 강화시키며, 지독한 공부와 경영 학습을 병행해 나갔다. 30대 중반부터 40대까지 그의 공부는 자신과의 처절한 싸움이었다.

　그에게 큰 경쟁력이 되어 준 것은 스스로 사색하고 생각하는 습관이었다. 그래서 아버지 이병철이 철두철미한 성격으로 행동파라면, 아들 이건희는 사색파라고 할 수 있다. 이건희는 몰입과 고독과 사색을 즐겼고, 그러한 습관을 통해 창조적으로 스스로 모든 문제의 답을 자신의 내부로부터 끄집어낼 줄 알았다. 그래서 경영자로 성장하기 전의 이러한 습관은 그가 경영자가 되고 나서, 어떤 문제나 화두에 대해서 스스로 해답을 얻을 때까지 몇 날 몇 주 동안 심지어는 몇 개월 동안 자신의 집무실인 한남동 승지원에서 칩거하면서 사색을 거듭하며 해답을 찾는다. 이런 스타일 때문에 사람들은 그를 '은둔의 경영자'나 '사색의 경영

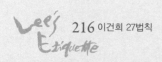

자' 또는 '철학적 경영자'라고 말을 하기도 한다. 그런데 그의 이러한 스타일이 답이 없는 이 시대에 가장 필요한 것이라고 말하는 이가 있다.

세계 3대 경영 구루 오마에 겐이치

그는 바로 아시아를 대표하는 경영 컨설턴트이자 피터 드러커, 톰 피터스를 잇는 세계 3대 경영 구루인 오마에 겐이치이다. 그는 '누군가로부터 답을 구하는 데 익숙한 사람보다 자신을 믿고 스스로 답을 찾는 사람의 생명력이 더 강하다'는 사실을 잘 알고 있는 사람이었다. 그는 지금까지 100여 권이 넘는 책을 집필하면서 21세기를 살아가는 개인과 집단에게 가장 필요한 것은 무엇이 옳은 것인지 모르는 상태를 참고 견디며 도전하고, 아무도 답을 모르는 문제나 사건에 대해 스스로 가설을 세우고 입증해 내는 '용기'와 '집요함'이라고 주장해 왔다.

그는 항상 모든 문제의 답은 자신의 머리로 생각하는 것이기 때문에 우리의 머릿속에 있으며, 스스로 생각할 줄 아는 사람이 강하고 승리할 수 있는 자라고 역설해 왔다. 그의 이런 말을 토대로 본다면, 사색과 몰입과 고독을 통해 스스로 길을 개척하고 답을 찾아내는 이건희는 21세기를 살아가는 데 가장 필요한 것을 이미 갖추고 있는 인물이라는 사실을 부정할 수 없게 된다.

세상에 공짜란 없다. 그냥 생긴 것이라 할지라도 언젠가는 인생에 대가를 요구받거나 지불하게 된다. 스스로를 단련시키지 않았다면 지금의 삼성도, 지금의 이건희도 존재하지 않았을 것이다. 이건희가 얼마나 부단히 자신을 단련시키기 위해 노력했는지를 알 수 있는 대목을 보자.

"한 손을 묶고 24시간 살아 봐라. 고통스러울 것이다. 그러나 이를 극복해 봐라. 나는 해 봤다. 이것이 습관이 되면 쾌감을 느끼고 승리감을 얻게 되고 재미를 느끼고, 그때 바뀐다는 것을 알게 될 것이다."9

1993년 7월 오사카 회의에서 한 말이다. 그는 한 손을 묶고 24시간을 보냈다. 왜 이런 행동을 했을까? 습관이란 것이 얼마나 바뀌기 힘들고, 그것을 바꾸기 위해서 얼마나 큰 고통이 필요한 것인지를 체험하기 위해서였을 것이다. 그리고 그는 바뀐다는 것에 대해 제대로 알게 되었던 것이다. 그러한 체험을 통해 그는 정말 바뀌기 힘들었던 존재인 삼성의 고질병을 뜯어 고쳤고, 삼성의 뿌리 깊은 2류 근성을 바꾸어 놓을 수 있었던 것이다.

메기와 함께 들어 있는 미꾸라지들은 끊임없이 이동해야 한다. 그렇게 끊임없이 이동했기에 지속적으로 성장하고, 싱싱할 수 있듯이, 기업과 사람은 끊임없이 변신해야 하고, 개발과 혁신을 멈추지 않아야 성장과 발전, 도약을 할 수 있다.

기업의 장수 비결은 변화 실천 의지이다

1802년에 창립한 듀폰은 세계 장수 기업의 대명사다. 듀폰의 장수 비결에 대해 찰스 할리데이 회장은 다음과 같이 말한 바 있다.

"듀폰의 DNA에는 혁신적인 변화를 실천하려는 의지가 들어 있다."

세계 최장수 100대 기업을 연구한 윌리엄 오하라 미국 브라이언트 대학 교수는 기업의 1세대를 30년이라 봤을 때, 기업들은 대개 1세대가 끝날 때쯤 위기를 겪게 된다고 한다. 그런 위기를 잘 극복하고 성공적으로 2세대까지 생존하는 비율은 3분의 1에 불과하고, 거기서 또 다시 12%만이 3세대에 살아남을 수 있다는 통계를 제시한 바 있다.

이러한 사실을 토대로 볼 때, 삼성이 70년 이상 성장과 발전을 지속해 오고 있기 때문에, 앞으로는 더욱 더 힘든 확률을 통과해야 한다는 사실을 짐작해 볼 수 있다. 12%만이 생존하는 3세대를 지나고 있는 삼성에게 가장 필요한 것은 혁신적인 변화이다.

keyword 7
논어
사람을 가장 소중히 여겨라

정의 유교 경전인 사서(四書)의 하나. 공자와 그의 제자들의 언행을 적은 것으로, 공자 사상의 중심이 되는 효제(孝悌)와 충서(忠恕) 및 '인(仁)'의 도(道)에 대하여 설명하고 있다.

특성 《논어》(論語)는 공자와 그 제자들의 대화를 기록한 책으로 사서의 하나이다. 공자는 법이나 제도보다 사람을 중시했다. 사람을 통해 그가 꿈꾸는 도덕의 이상 사회를 이루려고 했다. 그래서 '어짊'을 실천하는 지도자로 군자를 내세웠다. 원래 군주의 자제라는 고귀한 신분을 뜻하는 '군자'는 공자에 의해 이상적 인격의 소유자로 개념화되었다.

인간미와 예의범절도 경쟁력이다

"21세기는 교육 전쟁의 시대다. 앞으로 교육과 문화의 가치는 더욱 중요해진다. 바른 교육과 참된 문화가 새로운 시대에 승자를 위한 무기가 될 것이다."
【이건희, 《생각 좀 하며 세상을 보자》, 동아일보사, 1997년, 214쪽】

"(선대 회장에게서) 경영 수업은 어떻게 받으셨습니까?"
이건희는 이 질문에 주저 없이 답했다.
"《논어》를 보라고 해서 본 것 외에는 없어요."[1]

이병철은 '기업은 곧 사람'이란 말을 달고 지냈다. 삼성이라는 거대그룹에서 리더 혼자 할 수 있는 일은 없다. 전 직원이 하나의 유기체로 살아 움직여야 기업이 돌아간다는 말이다. 결국 경영자의 의무는 기업이 필요로 하는 사람을 키워 필요한 때에 쓰는 것이다.

이건희 역시 기업이 곧 사람이라는 사실을 잘 알고 있었다. 그만큼 인화가 필요하며 인사가 중요하다. 게다가 경영자에게는 다른 능력도 요

구된다. 바로 올곧은 품성과 성실성이다. 게으르고 악독한 리더는 조직을 해친다.

현대 경영학의 창시자인 피터 드러커 역시 《피터 드러커의 매니지먼트》라는 책에서 보여지듯 모자란 경영자는 조직과 기업과 성과를 모두 파괴할 수 있다고 경고한다.

"전문지식이 없고 업무처리가 미숙하며, 능력과 판단력이 부족하더라도 이런 경영자는 조직에 그리 막대한 피해를 입히지 않는다. 하지만 품성이나 성실성이 부족한 경영자는 제 아무리 지식이 풍부하고, 똑똑하고 유능하다 하더라도, 조직을 파괴한다. 그는 기업의 가장 소중한 자원인 사람을 파괴한다. 정신을 파괴한다. 그리고 성과를 파괴한다."

최고의 경영 석학인 피터 드러커 역시 사람이 최대의 자산이라는 사실을 누구보다 잘 알고 있었을 뿐 아니라 강조하였다. 즉, 경영자라면 인재를 관리하기 위해 스스로 품성을 바로 잡을 줄 알아야 하며 성실함을 쌓아가야 한다.

배우지 않으면 위태로워진다

이건희의 경영 스타일은 다양한 면모를 보여 주었다. 양보다 질 경영을 강조했고, 눈에 보이는 것보다 보이지 않는 업의 개념을 강조했다. 그리고 그가 강조한 또 다른 하나의 경영은 바로 '사람'이다.

사람에 대한 애착은 이건희뿐만 아니라 아버지 이병철도 매우 대단했다. 이병철의 최고의 경영철학이 '인재 제일주의'였다는 사실은 우리가 너무나 잘 알고 있다. 그래서 삼성을 '인재의 삼성'이라고 부르기도 했을 정도이다. 이러한 삼성그룹을 이어받은 이건희는 여기서 한 술 더 떠 핵심 인재를 발굴하고 육성하는 것을 경영자의 최고의 리더십이자, 최고의 임무와 역할로 규정했다.

　　'기업은 결국 사람이다'라는 개념을 21세기에 많은 기업들에게 심어준 피터 드러커의 주장은 이제 기업의 근본 개념이 되었다고도 할 수 있다. 삼성의 이병철은 기업이 결국 사람임을 알고 있었던 몇몇 안 되는 리더 중에 한 명이었던 것이다. 더욱이 지식기반 사회로 급격하게 전환되어 가고 있는 이 시대에는 어떤 자원보다 사람이 중요한 자원이 되는 것은 당연하다.

　　아버지 이병철의 경영철학은 사업보국, 합리추구, 인재제일이라고 볼 수 있다. 이러한 경영철학을 이건희는 한 단계 더 발전시킨 인재 경영을 추구했다. 사람이 급변하는 시대에 가장 큰 경쟁력이며, 기업의 생사가 인재들에게 달려 있다는 사실을 일찍이 깨달았기 때문일 것이다.

　　이건희는 '제2의 신경영' 선언 당시인 2003년 동아일보와의 회견에서 인재 경영에 대해 언급하며 인재를 많이 보유한 국가나 기업이 경쟁에서 이기게 된다는 사실에 대해서 말했다.

"총칼이 아닌 사람의 머리로 싸우는 두뇌전쟁의 시대에는 결국 뛰어난 인재, 창조적인 인재가 국가 경쟁력을 좌우하게 됩니다. 천재와 우수 인재를 많이 보유하고 있는 국가나 기업이 경쟁에서 이기게 된다는 게 나의 신념입니다."

이처럼 인재는 국가나 기업의 경쟁력 그 자체가 된다는 신념을 가지고 있었던 이건희는 인재 확보에 누구보다 더 치열했음을 알 수 있다. 이러한 신념 아래에서 기업도 사람이고, 국가도 사람이기에 인재를 확보하고 인재를 길러 내는 것은 기업의 측면에서뿐만 아니라 국가적인 차원에서도 매우 유익한 것임을 알 수 있다.

삼성이 내걸고 삼성이 추구하는 궁극적인 목표인 경영이념은 인재와 기술을 바탕으로 최고의 제품과 서비스를 창출하여 인류사회에 공헌하는 것이다. 이러한 삼성의 경영이념을 통해서도 삼성은 인재가 기업의 바탕임을 알 수 있는 것이다. 뿐만 아니라 삼성이 가장 소중하게 지켜온 가치이자 신념인 삼성의 핵심가치Samsung Values는 삼성의 성공을 가능하게 해 준 삼성의 성공 DNA이기도 하다.

삼성의 성공 DNA 다섯 가지

삼성의 성공 DNA 다섯 가지는 인재제일人材第一, 변화선도變化先導, 최고지향最高指向, 정도경영正導經營, 상생추구相生追求이다. 이 중에서 인재제일의 핵심 가치는 바로 삼성의 인재에 대한 믿음을 나타내는 가치인 것이다. 삼성은 모든 사람이 각자 고유한 역량과 잠재력을 가진 우수한 인재이며, 세상을 움직이는 원동력임을 믿는다. 즉 기업은 사람이라는 사실을 핵심 가치로 삼고 있다.

이건희가 〈삼성헌법〉을 통해 말하고자 하는 핵심 신념은 인간다운 인간이 되지 않고서는 아무것도 할 수 없으며 영원히 2류나 3류에서 벗어나지 못한다는 것이다. 그렇기 때문에 이건희는 진정한 의미의 세계 초일류가 되기 위해서는 인간미와 도덕성을 회복하고, 인간으로서 지켜야 할 예의범절을 중시해야 한다고 강조한다.

일을 좀 못해도 인간미가 있는 사람, 예의범절이 바른 사람이 결국에는 삼성에서 성공할 수 있다는 말을 많이 들었다. 입사 3년차가 될 때까지는 능력이 좋은 사원이든 능력이 부족한 사원이든 모두 배우는 입장이다. 당연히 선배 사원들은 인간미가 넘치고, 예의범절이 바른 후배들을 좋아할 수밖에 없고, 자연스럽게 더 많은 노하우를 가르쳐 주고, 더 잘 훈련 시킨다는 것이다. 결국 알짜배기 노하우와 좋은 훈련을 받을 수 있는 여건이 갖추어지게 되는 것이다. 반면에 아무리 능력이 뛰어난 신입사원이라 해도 인간미를 찾을 수 없고, 예의가 덜 갖춰진 후배들은 선배들이 모두 싫어할 수밖에 없고, 중요한 노하우를 가르쳐 주지 않는다.

잘하면 당근을 많이 주고,
잘못하면 당근을 조금 줘라

"인센티브라는 것은 신상필벌이 아니고 상만 주는 것이다. 나는 이것을, 인간이 만든 위대한 발명품 중의 하나이며 자본주의가 공산주의와 대결해서 승리한 원인이라고 생각한다."
【이건희, 《생각 좀 하며 세상을 보자》, 동아일보사, 1997년, 28쪽】

우리 두뇌는 단기적인 성공과 당장의 보상에 반응하도록 맞추어져 있다. 그렇기 때문에 탁월한 성과를 낸 직원이 있다면 그때 바로 당근을 주어야 한다. 그래야 더 잘한다. 그리고 만약 실패를 한 직원이 있다면 그때 역시 작은 당근이라도 주어야 한다. 당장의 작은 보상이 나중에 일확천금을 준다고 하는 말보다 더 강력하게 인간을 움직이게 하기 때문이다. 이처럼 우리 두뇌가 움직이는 방식, 즉 나중에 많이 얻는 것보다 지금 당장 조금 얻는 쪽을 택하는 방식에 초점을 맞추는 새로운 연구 분야가 있다. 바로 신경경제학neuroeconomics이다.

'모든 진보와 혁신은 두뇌 안에서 시작되고 끝난다. 기회를 포착하는 것, 가능성을 만드는 것, 그리고 실현의 즐거움을 맛보는 것은 모두 두

뇌이다. 그러므로 혁신은, 우리 바깥이 아니라 우리 안에 존재한다.'라고 말하면서 혁신가들의 두뇌 작동법에 대해 밝혀 놓은 책인 에릭 헤즐타인의 《생각의 빅뱅》에는 대표적인 신경경제학 실험이 나온다.

대학생들을 상대로 두 가지 현금 보상안 중에서 하나를 선택하게 하는 실험이었다. 하나는 즉시 보상을 하는 것이고, 다른 하나는 시간이 조금 흐른 후에 주는 보상이다. 그런데 보상의 내용이 약간 차이가 나게 했다. 즉시 보상을 할 경우 현금으로 10달러를 주는 경우와 조금 시간이 흐른 후인 내일 현금으로 11달러를 주는 두 가지 경우 중에 한 가지를 선택하라고 했다.
과연 대학생들은 어떤 선택안을 더 선호할까? 결과는 지금 당장 적은 액수이지만 받는 것을 선택한 학생들이 월등히 많았다.[2]

이 실험에서 알 수 있듯이, 인간은 먼 미래의 큰 보상보다는 지금 당장 작은 것이라도 받는 것을 더 좋아한다는 것이다. 인센티브는 인간의 이러한 심리를 잘 이용하여 그때그때 보상해 줌으로써 직원들의 사기를 높일 뿐만 아니라 잘하는 직원들은 더 잘하게 하고, 못하는 직원들은 잘할 수 있게 동기를 부여할 수 있다.

신상필상하라

이건희에게 남다른 면을 제대로 느낄 수 있는 대목은 그의 신상필상 信賞必賞의 원칙이 아닐까? 아버지 이병철은 신상필벌의 원칙을 가지고

있었고, 그것을 철저하게 준수했다. 누가 뭐래도 엄격한 관리의 대명사였다. 하지만 이건희는 아버지 이병철과 달라도 한참 달랐다.

아버지 이병철이 공이 있는 사람에게는 반드시 상을 주고, 죄가 있는 사람에게는 반드시 벌을 준다는 신상필벌의 원칙을 고수했다면, 이건희는 신상필상의 원칙을 고수하는 리더라고 말할 수 있다. 신상필상이란 공이 있는 사람에게 상을 주고, 죄가 있는 사람에게는 벌을 주지 않는 것이다.

이건희는 인간이 만든 위대한 발명품 중의 하나를 인센티브 제도라고 했다. 이러한 인센티브 제도가 바로 신상필상의 원칙과 일맥상통하는 것이며, 자본주의가 공산주의와 대결해서 승리한 원인이라고 했다.

그가 신상필상의 원칙을 고수하는 이유는 '사람은 벌을 받게 되면, 누구나 사고와 행동이 오그라드는 감성과 감정의 존재이기 때문'이라고 같은 책에서 말했다.

이건희의 이러한 신상필상의 원칙이 정립된 것은 수천 편의 영화를 통해 얻게 된 다각적 사고의 결과물이다. 그가 영화를 감상하면서, 주인공뿐만 아니라 다양한 사람들, 심지어 다양한 물건들에 대해서도 그 입장이 되어 보고, 실제로 감정을 느껴 보는 입체적 사고를 통해, 상대방의 마음을 꿰뚫어 볼 수 있게 되었고, 상대방의 입장에서 가장 좋은 동기 부여가 무엇인지, 그리고 어떻게 하면 가장 많은 것을 끄집어낼 수 있는 지를 스스로 터득했기 때문이다.

그는 영화 〈벤허〉에 등장하는 전차 장면을 통해, 사람이든 동물이든 무조건 윽박지르고, 강요한다고 잘 되는 것이 아님을 깨달았다. 그 영화의 전차 장면을 보면, 멧살라가 채찍으로 말을 강하게 후려치는 장면이 자극적으로 나온다. 채찍에 맞은 말은 그 채찍을 맞지 않기 위해 죽을 힘을 다해 뛴다. 하지만 정작 상대팀인 벤허는 채찍을 전혀 사용하지 않는다. 벤허는 말의 입장에서 그저 인간적으로, 인격적으로, 감성적으로 말에게 용기를 심어 주는 행동을 보여 줄 뿐이다. 벤허는 경기 전날 밤에 네 마리의 말을 찾아가서 어루만져준다. 이것이 벤허가 보여준 최고의 인격이었고 리더십이었다.

경기 결과는 벤허의 말들이 이기는 것으로 판정된다. 벤허가 이긴 것이지만, 사실은 벤허의 말들이 이긴 것과 다름없다. 영화 한 편을 봐도, 그냥 보고 '재미있네'라는 간단한 말 한 마디로 끝나버리는 소일거리로 생각해선 안 된다. 영화 한 편을 통해 리더로서 어떻게 행동해야 직원들로부터 최고의 것을 끄집어낼 수 있을까에 대해서 생각해야 한다.

이처럼 이건희는 인격을 중시했고, 인간미를 중시했다. 《논어論語》의 〈헌문憲問편〉에 보면 다음과 같은 말이 나온다.

"천리마는 그 힘이 아니라 기질과 기품으로 칭송받는 것이다.驥不稱其力
稱其德也"

천리마와 같은 유능한 인재는 그 능력 때문에 칭송받는 것이 아니라 인간성과 인격 때문에 칭송받는다는 말이다. 리더라면 꼭 알아야 한다. 인간에게 중요한 것은 능력보다 인간성과 인격이라는 사실을 항상 염

두에 두어야 하며, 인간적이고 인격이 있는 사람은 절대 눈앞의 이득을 위해서 부하 직원들을 채찍질하지 않아야 한다.

'평범한 것을 원한다면 직원을 인정할 필요가 없다. 그저 날품팔이 노동자로 대하면 된다.'

GE의 잭 웰치의 말대로, 직원에게도 감성과 감정이 있다는 사실을 인정하고, 인간적으로 대해 줄 때, 그 직원은 벤허에서 나온 벤허의 말처럼 평범함을 뛰어넘어 탁월한 성과를 창출해 낼 수 있는 것이다.

감성지능Emotional Intelligence의 창시자인 다니엘 골먼은 자신의 저서인 《감성의 리더십(원제:Primal Leadership)》이란 책에서 가장 위대한 리더십은 '감성'을 통해 지도력을 행사하는 리더라고 말했다. 비전이나 전략 수립은 누구나 다 할 수 있지만 그것만으로는 잠재되어 있는 최고의 능력을 끄집어낼 수 없기 때문이다.

"위대한 리더 앞에서 우리의 마음은 쉽게 움직인다. 그들은 우리의 열정에 불을 붙이고 우리가 가지고 있는 최고의 것을 끄집어낸다. 그 거역할 수 없는 힘의 근원을 설명하라고 하면 대부분의 사람들은 전략이니 비전이니 굳건한 사상이니 하는 것을 들먹이겠지만 그 힘의 실체는 보다 깊은 데 있다. 위대한 리더는 그의 '감성'을 통해 지도력을 행사한다.

리더가 어떤 일을 하려고 할 때 −전략을 만들어 내든 아니면 전략을 함께 수행할 팀을 꾸리든 간에− 그것의 성공 여부는 그들이 그것을 '어떻게' 수행하느냐에 달렸다. 그런데 리더들이 다른 모든 것을 제대로 한다 하더라도 감성을 올바른 방향으로 이끄는 가장 기본적인 역할을 외면한다면 그들은 당위와 가능성은 고사하고 그 어떤 일도 제대로 할 수 없다."[3]

감성지능의 창시자답게 다니엘 골먼은 인간을 움직이게 만드는 것이 감성이며, 그것은 카리스마와 비전과 전략의 가장 기본이 된다는 사실을 이 책을 통해 역설하고 있었다. 직원들이 무엇을 느끼는지를 알고 공감함으로써 그들에게 가장 큰 힘을 발휘할 수 있고, 그들로 하여금 최상의 것을 끄집어낼 수 있게 만든다고 한다.

《논어》에서는 '인부지이불온 불역군자호人不知而不慍 不亦君子乎'라고 했다. 즉 남이 나를 알아 주지 않아도 초연한 마음을 갖는다면 군자라고 할 수 있는 것이다.

현대의 기업세계에서 군자는 곧 인재를 뜻한다. 인재가 초연하게 자신의 뜻을 펼칠 수 있는 조직문화를 만드는 것이 곧 강한 기업경쟁력을 갖게 되는 주요한 힘이다.

〈벤허〉에 나오는 네 마리 말의 입장에서 용기를 심어 주고, 감성을 어루만져 줌으로써 경쟁에서 이길 수밖에 없도록 만드는 감성 리더십은 리더에게 가장 필요한 덕목인 것이다.

중요한 것은 사람, 사람, 또 사람이다

"일 잘하는 사람만 좋게 평가하지 말고, 평소에 동료를 많이 도와주거나 뒤에서 열심히 도와주는 사람도 좋게 평가해야 한다."
【이건희, 《생각 좀 하며 세상을 보자》, 동아일보사, 1997년, 26쪽】

짐 콜린스는 위대한 기업의 첫 번째 특징으로 훈련된 사람을 들고 있다.

"위대한 기업을 만든 위대한 리더는 적합한 사람과 함께하고 그렇지 않은 사람은 떠나보내며, 먼저 중요한 자리에 적임자를 앉힌 후 방향을 고민한다. 언제나 사람을 먼저 생각하고 그 다음에 무엇을 할 것인지 궁리한다."[4]

그의 말처럼 위대한 기업과 위대한 리더는 사람이 먼저이고 일은 그 다음이다. 그것이 위대한 기업의 가장 큰 특징이라고 할 수 있다. 이건희는 인재경영과 천재경영을 강조하면서 인재를 찾고자 동분서주했고, 항상 인재에 대해 갈망을 느낀 리더였다. 《논어》의 '유붕자원방래 불역락호有朋自遠方來 不亦樂乎'은 '벗이 멀리서 찾아주니 또한 즐겁지 아니한 가?'란 뜻이다. 이건희에겐 아마 '유인재자원방래 불역락호有人才自遠方來 不亦樂乎', 즉 뛰어난 인재가 스스로 찾아와준다면 그만한 기쁨이 없을 것이다.

인재를 중요시한 이건희 경영법칙의 남다른 점은 인재가 왜 중요하며 기업의 번영과 성공을 위해서 인재와 천재가 왜 반드시 필요한가에 대해서 누구보다 명확한 해답을 제시하며, 그 필요성과 이유에 대해 확고한 원칙과 소신과 철학이 있었다는 점이다.

남과 다른 인재, 그러나 남을 인정할 줄 아는 인재
그렇다면 삼성이 찾고 있는 인재의 조건은 어떤 것일까?

첫째, 무한한 잠재력을 지닌 천재급 인재.
둘째. 각 분야별로 세계적 경쟁력을 갖춘 핵심 인재.
셋째. 남다른 경력과 관점으로 남과 다르게 생각하고 판단하는 끼 있는 인재.[5]

이 조건에 해당하는 인재가 삼성이 찾고 있는 인재라면, 이건희가 찾

는 인재의 조건은 여기에서 추가되는 사항이 있다. 바로 'T자형 인재'
인 것이다.

"이건희 회장은 T자형 인재를 좋아한다. I자형 인재는 배척한다. I자형 인
재란 한 가지 분야에만 정통하고 다른 분야는 아무것도 모르는 사람을 가
리킨다. 반면에 T자형 인재란 자기 분야에 정통한 것은 물론이고 다른 분야
까지 폭 넓게 알고 있는 종합적인 사고 능력을 갖춘 인재를 말한다. 그렇다
면 이건희는 왜 T자형 인재를 선호하는가?

그가 선호하는 T자형 인재의 개념(선호하는 이유)은 이렇다.
첫째. T자형 인재는 입체적 사고, 전체를 꿰뚫어 보는 통찰력을 갖추고
있어서 어떤 임무가 주어지든 I자형 인재보다 훨씬 뛰어난 능력을 발휘한
다.
둘째. 앞으로는 서로 다른 기술이나 산업이 결합하여 새로운 산업을 창조
하는 복합사회가 될 것이기 때문에 T자형 인재와 같은 종합기술자가 더욱
필요하게 된다.
셋째. 1980년대부터 시작된 경영합리화와 한계사업정리가 거의 모든 기
업으로 확산되고 있는 만큼 T자형 인재는 설 땅이 있지만 I자형 인재는 쓸
모없게 된다."[6]

이러한 인재들은 삼성이나 이건희가 선호하는 인재일 뿐만 아니라,
이 시대가 진정으로 요구하는 인재일 것이다. 이건희는 앞으로의 사회

가 복합화 되어 가고 있기 때문에, 이러한 시대적 요청에 가장 잘 부응할 수 있고, 대응할 수 있는 인재로 T자형 인재를 말하며 그 필요성을 주창했다.

군자와 닮은 T자형 인재

이러한 T자형 인재는 수천 년 전에 공자가 말한 군자와 매우 닮은 구석이 있다. 《논어》의 〈위정편〉에 보면 이 말이 나온다.

"군자불기君子不器"

이 말의 뜻은 한 마디로 '군자는 그릇과 같은 하나의 틀에 규정되어서는 안 된다.'라는 뜻이다. 바꿔 말해, 군자는 한 가지만 잘할 수 있는 소위 I자형 인재가 아니라, 다방면의 지식을 모두 가지고 있고, 골고루 잘할 수 있는 T자형 인재에 매우 가깝다는 사실이다.

그릇은 일단 만들어지면, 그 쓰임새가 한 가지로 정형화 된다. 간장그릇은 간장만 담고 밥그릇은 밥만 담아야 한다. 이것은 한 우물만 깊게 파는 스페셜리스트Specialist이다. T자형 인재는 다양한 방면에 경험이 있고, 지식이 있는 제너럴리스트Generalist이다.

역사 속 인물로 봤을 때, 유방은 T자형 인재, 항우는 I자형 인재에 가깝다. 일종의 건달 출신에 불과한 유방은 자신의 그릇을 깨어 부수고

도약을 함으로써 천하를 손에 넣었지만, 명문가 출신이었던 항우는 힘이 세고 전투를 잘하는 명장이라는 그릇을 깨지 못하고, 사람들의 출신 성분이라는 한계를 스스로 극복하지 못하여 결국 도약에 실패함으로써 유방에게 결국 패배한 것이다.

T자형 인재에 가까웠던 유방은 일정한 틀에 자신을 가두지 않는 법을 알았던 인물이었다. 50만 대군을 거느리고 항우의 3만 대군에 참패를 당하기도 하고, 재물을 좋아하고 색을 탐하는 속물적 기질도 보였지만, 큰 뜻을 세운 후에는 옹졸하고 편협했던 자신을 뛰어넘어, 재물을 멀리 할 줄도 아는 인물로 도약에 성공했다. 수많은 참패에도 수모를 견디어 낼 줄 알았다. 이와 반대로 I자형 인재에 가까웠던 항우는 누가 뭐래도 명장이었고, 수많은 전투에서 승리를 했던 영웅이었다. 하지만 그 이상으로 도약을 하지는 못했다. 결국 명장이었다는 자신의 그릇을 과감하게 깨지 못하고, 한 번의 패배에 스스로 목숨을 끊음으로써 천하를 유방에게 내주게 된 것이다.

《오자병법吳子兵法》의 저자인 오기는 '자주 승리하여 천하를 얻은 자는 드물고 망한 자는 많다.'라는 말을 〈도국圖國편〉에서 했는데, 항우가 바로 이 경우에 해당된다. 유방은 관중 땅을 놓고 항우와 수차례 싸웠다. 그때마다 자주 승리한 쪽은 천하를 차지한 유방이 아니라 항우였던 것이다. 오히려 유방은 번번이 싸움에서 패하여 도망을 가야 했던 적이 많았을 정도이다. 그래서 유방은 전투에서는 졌지만 전쟁에서는 이긴 대표적인 승자의 경우가 되었고, 반대로 항우는 자주 승리하였지만, 천하를 얻지 못하고 망한 대표적인 패자가 되었던 것이다.

T자형 인재는 설 곳이 있지만, I자형 인재는 설 곳이 없다는 말이 유방과 항우에게도 적용이 되었던 것이다.

기업의 생존은 인재에게 달려 있다

이건희는 기업의 생존이 사업에 있는 것이 아니라 변화에 능동적으로 대처할 수 있는 인재에게 있음을 간파하고 있었다. 그래서 그는 그러한 사실에 대해 계열사 사장에게 제대로 인식시켜 주기 위해 보고서를 제출해 오라고 지시를 한 적이 있었다.

그 보고서의 주제는 '앞으로 5~10년 후에는 무엇을 먹고 살 것인지에 대한 보고'였는데 6개월간 연구해서 보고서를 제출하라고 지시를 내렸다. 그룹의 계열사 사장들은 나름대로 최선의 연구와 조사를 거듭하여, 보고서를 작성하여 제출했다. 이건희는 이 보고서를 검토한 후 다음과 같은 메시지로 답변을 했다.

"내가 원하는 답을 쓴 사장은 아무도 없다. 1년 앞도 내다보기 힘들 정도로 빠르게 변하는 현실에서 5~10년 후를 예측하는 것은 불가능한 일이다. 결국 해답은 이 같은 변화에 능동적으로 대처할 수 있는 인재를 구하고 키우는 것이다."[7]

이러한 사실에서 기업의 미래를 결정하는 것은 사업이 아니라 사람 그 자체라는 사실에 대해 그룹의 계열사 사장들에게 성공적으로 각인 시켜 주었고, 인재를 귀하게 여기도록 했던 것이다.

경영의 대가들은 모두 인재 확보에 자신의 에너지 중 많은 부분을 쏟아 붓고 있다. GE의 잭 웰치도 인재 경영을 매우 중시해 온 경영자 중에 한 명이다. 그는 '내 업무의 70%는 인재 확보'라고 말할 정도였고, 이건희도 '경영자라면 핵심인재 확보를 자신이 챙겨야 할 가장 중요한 과제로 인식해야 한다.'라고 말했다.

"지금처럼 미래 변화를 예측하기 어려운 시대에는 우수한 인재를 확보하는 것이 미래에 대비하는 가장 중요한 전략이다. 경영자라면 핵심인재 확보를 자신이 챙겨야 할 가장 중요한 과제로 인식해야 한다. 경영자는 본능적으로 사람에 대한 욕심이 있어야 한다. 만약 필요하다면 삼고초려, 아니, 그 이상을 해서라도 반드시 확보해야 한다."[8]

미래 변화를 예측하기 힘든 어려운 시대에 미래를 대비하는 방법으로 인재 확보만큼 좋은 것은 없다. 이건희가 미래를 대비하라고 말한 것은 인재를 확보하라는 말과 같은 말이다. 이건희의 인재 욕심에 대해 잘 알 수 있는 말은 그 외에도 많다.

"마이크로소프트 사의 매출액은 미국 국내총생산의 2.7퍼센트를 차지할 정도로 덩치가 큽니다. 이 회사가 내는 세금은 미국 전체 납세액의 1.8퍼센트에 이르고요. 그런 천재 세 사람만 나오면 우리나라 경제는 차원이 달라집니다. 그런 천재 세 사람을 찾겠다는 것이 제 목표입니다."[9]

삼성의 미래가 사업이나 기술에 달려 있는 것이 아니라, 인재에 달려 있다는 점을 누구보다 잘 알고 있는 이건희에게 이러한 인재 사랑은 아무리 강조해도 지나친 것이 아니었다.

어려서부터 '나는 사람에 대한 공부를 제일 열심히 한다'라고 말하던 이건희는 사람과 인재의 중요성을 잘 알았다. 그리고 무엇보다 삼성의 발전과 도약은 다양한 인재들이 함께 한 방향으로 나아갈 때 이루어질 수 있다는 사실도 말이다.

남과 다른 것을 실천하라

이건희가 T자형 인재를 선호하며 그러한 인재를 찾고 확보하는 데 열을 올리는 이유가 무엇이었을까?

일류 리더일수록 자신의 능력과 지혜를 업무에 사용하기보다, 수많은 인재의 지혜와 능력을 널리 활용하는 데 투여한다. 유능한 리더일수록 자신이 바쁘면 안 된다. 부하들의 일에 꼬치꼬치 간섭해서도 안 된다. 직원들의 지혜와 능력을 제대로 사용할 줄 아는 리더는 믿고 맡기면서도 적재적소에 배치해 낼 줄 알아야 한다. 마치 자신은 스스로 아

무엇도 하지 않는 것처럼 보인다. 이것이 바로 장자의 가르침과 같은 무위의 리더십이고, 군주의 경영 방식인 것이다.

> "군주는 반드시 하지 않음無爲으로써 천하를 부리지만, 신하는 무엇인가 도모함으로써 천하에 부림을 당한다. 이는 영원불멸의 도이다. 그러므로 옛날의 제왕은 지혜가 비록 천지를 수중에 넣을 수 있더라도 스스로 생각하지 않았고, 말주변이 비록 온갖 만물을 꾸며 말할 수 있더라도 스스로 말하지 않았으며, 능력이 비록 온 천하안의 모든 일을 다 할 수 있어도 스스로 일을 만들지 않았다."[10]

중국 전국시대의 장자는 〈천도天道〉에서 군주는 무위로써 천하를 다스린다고 말하면서, 자신의 능력이나 지혜를 사용하지 않는다는 이치에 대해 말한 바 있다. 이건희가 인재를 극진하게 대우하고, 무엇보다 큰 비중을 두고 확보를 하고자 하는 가장 큰 이유는 그들의 지혜와 능력을 사용하는 방법을 잘 알기 때문일 것이다.

이처럼 오늘날의 경영자라면, 남의 지혜를 잘 사용할 줄 아는 것이 가장 큰 경영 능력임을 알아야 한다. GE의 잭 웰치는 부하직원들을 간섭하지 않는 것이 경영을 더 많이 하는 것이라고 말했다.

> "간섭을 줄이는 것이 경영을 더 늘리는 것이다Managing less is managing more."

〈이명박과 이건희, '리더십 품질'이 다르다〉는 언론의 보도 기사[11]에 실린 말이다. 현대의 경영자가 저런 말을 했다는 것은 매우 놀라운 사실이다. 간섭을 줄인다는 것은 결국 2천 년 전에 장자가 말한 '군주는 반드시 하지 않음無爲으로써 천하를 부린다'는 말과 일맥상통한다고 볼 수 있기 때문이다.

간섭을 줄이는 것이 경영을 더 많이 하는 것이고 경영을 더 늘린다는 의미는 적재적소에 인재를 배치하고, 그들을 신뢰하며 권한과 책임을 부여해야 한다는 뜻이다. 이는 또한 호암 이병철의 경영법인 '의인물용 용인물의疑人勿用用人勿疑'와 상통하는 것으로써 삼성의 인재론을 잘 보여 주고 있다.

이건희와
지행용훈평知行用訓評

사람에 대한 공부를 제일 열심히 한 이건희

"외로움을 달래기 위해 영화와 개에 애정을 쏟고, 기계와 레슬링에 몰두했던 소년 이건희는, 아버지 이병철로부터 혹독한 경영 수업을 받으며 호암의 후계자가 된다. 하지만 모멸과 굴욕 속에서 기다리고 또 기다려야 했다. 그러나 마침내 '신경영'이라는 변화와 개혁의 기치를 높이 들고, 삼성 왕국의 권력을 온전하게 장악하며 자기 시대를 연다."[12]

이건희의 삶을 몇 문장으로 잘 요약한 문장이다. 이건희의 삶과 다른 사람들의 뚜렷한 차이가 이것이 전부일까? 눈에 잘 드러나지 않지만, 이건희의 삶에서 남달랐던 것은 없을까? 그는 '기업이 곧 사람이다'라는 정신을 계승하며 현재 위치까지 올랐다. 그 밑바탕에는 누구보다 열심이었던 '사람에 대한 공부'가 있었다.

고등학교 동창이었던 홍사덕 전 정무1장관이 이건희를 회고하는 장면에도 이와 비슷한 내용이 있다. 당시 이병철 회장이 내친 간부를 고등학생인 이건희가 다시 복직시키자고 건의했던 것이다. 홍사덕은 겨우 고등학생이 어른들의 인사까지도 관여하는 그에게 핀잔을 주었다. 그때 이건희에게서 나온 말이 바로 "나는 사람에 대한 공부를 제일 열심히 한다."였다.

당시에는 엉뚱한 말이라고 여겼던 홍사덕은 나중에 이 말에 무서운 의미가 담겨 있음을 알게 되었다.[13]

이병철은 고등학생인 아들의 의견에 마음을 움직였는지 그 사람을 복직시켰고, 그는 시간이 지나 삼성에 큰 기여를 했다.

가장 감수성이 예민하던 시기에 가족과 친구도 없이 이곳저곳을 떠돌아다녔던 소년이 했던 말이기에 더더욱 울림이 컸다.[14]

고등학생에 불과한 이건희가 어른들의 일에, 그것도 한 사람을 회사에서 해고 시킨 일에 대해 자신의 의견을 건의한다는 것은 매우 놀라운 일이다. 여기에 이건희의 사람 공부에 대한 면모가 어느 정도 드러나는 듯하다.

이건희는 가족과 멀리 떨어져 살면서 고독과 사색, 그리고 입체적 사고 훈련을 통해 사람에 대하여 꿰뚫어 보는 공부를 오랫동안 해왔던 것이다. 그렇게 사람 공부를 해 왔기 때문에, 고등학생 신분에도 불구하고

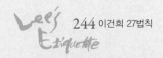

인사 관련 건의를 할 만큼 확신과 소신을 가질 수 있었던 것이다. 이건 희의 제안에 따라 그 사람을 다시 부른 결과 나중에 그 사람이 삼성의 발전에 크게 기여했다는 내용은 실로 놀라운 사실이 아닐 수 없었다.

이러한 이건희의 사람 공부는 결국 그가 인재를 기용하는 원칙에 하 나의 큰 방침을 만들어 주었는데, 그것이 바로 그 유명한 '의인불용 용 인물의'라는 이건희 식의 인재 기용 원칙이다.

이건희 회장의 인재 기용 원칙인 '의인불용 용인물의疑人不用 用人勿 疑'은 한 마디로 말해 '믿지 못하고 의심이 나면 맡기지 않고, 일단 맡겼 으면 끝까지 믿고 의심하지 않는다.'는 원칙이다. 물론 아버지 이병철도 이러한 원칙을 가지고 있었지만, 이건희가 좀 더 적극적으로 이 원칙을 자신의 인재 기용의 기준으로 삼았다.

이병철은 믿고 맡겨도 작은 것 하나까지 챙겨주는 경영 방식이었다. 반면에 이건희는 일단 맡겼으면 끝까지 믿고 의심하지 않고 모든 권한 을 위임해 주었다. 이건희는 노자의 무위 사상과, 한비자에 등장하는 군 주에 대한 개념에 가장 어울리는 리더이다.

일을 맡겼으면 소소한 것에 관여하지 않는다

이건희는 일단 일을 맡겼으면, 소소한 것들에 대해 절대 관여하지 않 는다. 큰 방향과 원칙만을 제시할 뿐, 모든 권한을 담당자에게 위임을 하는 스타일인 것이다. 그렇기 때문에 현장을 날마다 뛰어다니지도 않고, 삼성 본관의 집무실보다 자택 근무가 더 많은 것도 어쩌면 이러한 당연한 모습인 것이다.

97년부터 2008년까지 삼성전자를 실질적으로 이끌었던 윤종용 부회장과 96년 비서실장에 올라 전략기획실을 이끌었던 이학수 실장이 이건희의 인재 기용 원칙에 대표적 사례가 되었던 인물들이다. 일단 믿고 맡겼으면, 더 이상 의심도, 간섭도 하지 않았던 것이다. 그 결과 삼성은 매우 자율적이면서도 역동적인 조직으로 변해 갔고, 그러한 역동성과 빠른 의사 결정은 또 다른 하나의 경쟁력이 되어 주었다.

담당자들에게 전권을 주는 것은 담대한 리더가 아니면 하기 힘든 것이다. 그래서 웬만한 기업들은 절대로 자신의 권한을 위임해 주지 않으려고 한다. 하지만 이건희는 대범했다. 대부분의 권한을 위임해 주고, 믿고 신뢰할 줄 알았던 것이다. 이러한 그의 원칙과 대범함은 삼성그룹에서 중책을 맡고 있는 모든 사람들이 빠른 의사 결정을 할 수 있게 해주었고, 급변하는 시대 상황 속에서 남들보다 빨리 대응할 수 있게 해주었다.

다른 기업들은 최고 CEO에게 일일이 의견을 묻고, 결정을 기다릴 때, 삼성의 임직원들은 주어진 원칙과 방향 안에서 다른 기업보다 훨씬 더 빠른 결정을 할 수 있었다. 불필요하게 일일이 전화를 해대는 에너지 소모를 줄일 수 있었고, 보다 나은 결정을 스스로 하는 데에 역량을 총 동원할 수 있었기에 좀 더 나은 결정을 할 수 있는 시간과 에너지를

확보해 놓을 수가 있었다. 이러한 사실은 삼성과 협상을 벌이는 다른 많은 기업들이 쉽게 목격했던 것이다.

빅딜이 한창 이루어지던 IMF 이후에도 삼성과 협상을 벌이던 다른 기업의 총수들은 자신의 협상팀과 삼성의 협상팀이 매우 다른 방식으로 협상을 벌이고 있는 것을 목격하고는 삼성업무 방식에 감탄했다. 동시에 자신의 협상팀의 문제를 제대로 인식하게 되었다. 삼성의 협상팀은 상대방이 어떤 제안을 해도, 그 자리에서 수용 여부를 최종 결정하고, 스스로 결단을 하는 모습을 보여 준다. 모든 권한을 위임받았기 때문이다. 하지만 다른 기업의 협상팀은 이쪽에서 어떤 제안을 하게 되면, 그 제안에 대해 어떻게 결정해야 할지 일일이 상급자나 최고 경영자에게 의견을 물어봐야 했다. 그러는 사이에 집중력이 떨어지고, 우왕좌왕하는 모습이 상대방에게 당연히 노출될 수밖에 없다. 협상이 제대로 되지 않는 것이 당연한 것이다.

생각해 보라. 모든 권한을 위임받아, 어떠한 제안을 받아도, 그 자리에서 담당자가 결정하고, 수용여부에 대한 명쾌한 답변을 바로 해주는 일사불란한 협상팀과 어떠한 작은 제안이라도 일일이 최고 경영자에게 물어 보고 나서, 수용 여부에 대해 답변을 해 주는 그런 답답한 협상팀하고 어떤 팀이 더 나은 협상을 할 수 있겠는가?

인재를 양성하지 않는 기업은 죄를 짓는 것이다

이건희의 인재 기용 원칙은 자기 자신만의 경영 스타일에 머무는 것이 아니라 삼성의 임직원들이 업무를 볼 때, 또 다른 하나의 기업 경쟁력이 되어 준다.

"기업에서 인재를 양성하지 않는 건 일종의 죄악이고, 양질의 인재를 활용하지 못하고 내보내는 건 기업경영의 일대 손실이다."라는 사실을 잘 알고 있었던 이건희는 기업이 곧 사람이고, 기업의 운명은 인재에게 달려 있을 뿐만 아니라, 남의 귀한 자식을 데려다 교육시켜서 발전시키지 못하는 것은 죄악이라고 생각했다.

그의 지론처럼 삼성은 교육으로 유명하다. 신입사원 교육을 시작으로 정기적으로 실시되는 사원 교육은 매우 질이 높고 체계적인 인재 산실의 기회와 토대가 되어 주었다. 이건희가 인재가 곧 기업이라는 사실을 잘 알고 실천했으며 인재를 제일로 하는 경영자였음을 보여 주는 대목이다.

이건희의 남다름은 바로 여기에 있다. 이미 완성된 인재, 즉 천재에게만 집중하는 것이 아니라 일반적인 인재들에게도 다양한 교육과 지원을 통해 인재로 도약할 수 있게 교육적 시스템과 조직 문화를 만들어 놓았다는 점이다. 그러한 교육적인 조직 문화와 제도로 들 수 있는 가장 대표적인 것은 '지역 전문가 제도'이다. 그는 10년, 20년뿐만 아니라, 한국의 미래를 내다보며 사원들을 모두 인재로 키우고 싶었던 것이다.

'지역 전문가 제도'는 1년 동안 직원들에게 보다 넓은 세계를 경험하

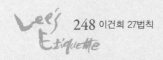

고, 많은 것을 느낄 수 있도록 전폭적인 지원을 해주는 제도이다. 그 지역에 대해서는 말 그대로 전문가가 되는 교육 제도인 셈이다. 이것은 우물 안 개구리에 불과했던 삼성인들에게 세계적인 글로벌 전문가로 도약할 수 있게 해주는 삼성만의 매우 독창적인 교육 시스템이다. 이건희는 이러한 삼성의 독창적인 '지역 전문가 제도'에 대해 다음과 같이 말하고 있다.

"입사 4년에서 5년이 되는 대리급을 1년 간 외국에 보내 생활하게 하되, 업무 등 의무는 절대로 주지 못하게 했습니다. 그 나라 언어를 하루 4시간 이상 공부하게 하는 것이 유일한 의무이고, 그 이외에는 모두 자유생활을 하도록 했습니다.

자동차 면허증도 그 나라에서 한 번 더 따도록 하는 등 그 나라에 대해 깊이 이해하도록 하고 있습니다. 독신파견제라고 하는 제도인데, 사원이 젊을 때부터 국제화를 체득하게 하는 제도로 매년 2,000만 달러를 투자해 40개국에 400명을 파견하고 있습니다. 앞으로 2배 내지 3배 정도로 늘릴 계획을 가지고 있고, 과장이나 부장 등 간부급과 이사와 상무까지 확대해 나갈 계획입니다.

또한 해외출장 때 하루 동안은 반드시 관광을 실시하고, 샘플용 선진제품을 구입하면 회사가 지원하도록 하고 있습니다. 밤잠 안자고 비행기 안에서 녹초가 되어 돌아오는 식의 출장은 더 이상 애사심이 될 수 없으니, 3일 걸리는 일이면 4일 간을 보내 명소도 좋고 어디든지 그 나라의 문화를 익힐 수 있는 곳을 찾아 관광하도록 하고 있습니다."[15]

위대한 회사를 만들기 위해 CEO들이 한 일

재미있는 사실은 미국에서 30개의 중요한 회사를 심층 분석한 결과가 이건희의 인재 제일주의와 유사하다. 좋은 회사를 위대한 회사로 만들기 위해 최고의 CEO들이 한 일이 무엇인지 파악한 결과 인재들을 영입한 것이라고 한다.

《하버드 MBA 출신들은 어떻게 일하는가》란 책을 보면, 이러한 연구 결과에 대해 자세히 소개하고 있는 대목이 있다.

"스탠퍼드 비즈니스 스쿨의 교수였던 짐 콜린스Jim Collins는 20명으로 구성된 자신의 연구팀과 5년에 걸쳐 30개의 주요 회사를 심층 분석했는데, 연구 목적은 좋은 회사를 진정으로 위대한 회사로 만들기 위해 최고의 CEO들이 한 일이 무엇인지 파악하는 것이었다. 다음은 그의 주요 연구 결과 중 일부다.

'먼저 '누가'가 중요하다. 무엇을 하느냐는 그 다음 문제다. 좋은 회사를 위대한 회사로 도약시킨 리더들은 새로운 비전과 전략부터 짤 거라고 우리는 예상했다. 그러나 뜻밖에도 그들은 먼저 적합한 사람을 버스에 태우고 부적합한 사람을 버스에서 내리게 하며 적임자를 적합한 자리에 앉히는 일부터 시작했다. 그리고 나서야 버스를 어디로 몰고 갈지 생각했다. '사람이 가장 중요한 자산'이라는 옛 격언은 전적으로 옳은 말이 아니었다. '적합한 사람'이 중요하다.'

후에 콜린스가 (좋은 회사를 위대한 회사로 이끈 CEO 중의 한 명에게)

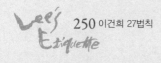

평범한 기업에서 초우량 기업으로의 전환을 가능케 한 5대 요인을 열거해 달라고 요청했을 때, 그 CEO는 이렇게 대답했다. "첫째는 사람일 겁니다. 둘째도 사람이지요, 셋째도 아마 사람일 겁니다. 넷째도 역시 사람이고요, 그리고 다섯째도 역시 사람입니다." [16]

짐 콜린스가 우리에게 말하고자 하는 주장은 한 가지이다. 좋은 회사에서 위대한 회사가 되기 위해 CEO들이 해야 할 가장 중요한 한 가지 일은 비전이나 전략이 아니라 위대한 인재들을 확보하는 일이라고 말이다.

keyword 8

연

위기에서 기회를 포착하고, 기회에선 위기를 대비하라

정의 종이에 댓가지를 가로세로로 붙여 실을 맨 다음 공중에 높이 날리는 장난감.
특성 바람을 이용하여 하늘에 띄우는 민속놀이 용구이다. 또한 놀이로서의 도구
뿐만 아니라 전쟁의 도구로도 사용되었다. 특히 연싸움은 두 사람 이상이 연을 높
이 띄우고 서로 연줄을 걸어 풀었다. 감았다 하면서 상대편의 연줄을 끊어 연을
날려보내는 놀이다. 이것은 경영과 기업의 특수한 상황에서도 비슷하게 적용되곤
한다.

이건희는 위기 상황을 공격 경영으로 타개하면서 '연'을 비유로 들기도 했다.

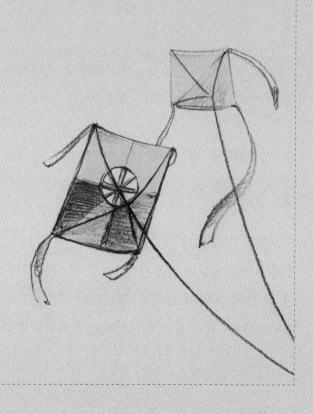

법칙 22

잘 나갈 땐 위기를 의식하고,
위기 시엔 공격하라

"변하지 않으면 살 수 없고, 살아남은 자만이 미래를 논할 수 있다. 바람이 강하게
불수록 연(鳶)은 더 높게 뜰 수 있다. 위기를 도약의 계기로, 불황을 체질강화의 디
딤돌로 삼아야 한다."

【〈조선일보〉, '"연은 바람이 거셀수록…" 삼성, 11년 전 '이건희 신년사'로 각오 다져',
2009.01.02】

위대한 기업에 대해 오랫동안 연구를 해 오고 있는 세계적 석학이자
경영 구루인 짐 콜린스는 다음과 같은 말을 했다.

"승승장구하느냐, 실패하느냐. 오래 지속되느냐, 몰락하느냐. 이 모든 것
이 주변 환경보다는 스스로 어떻게 하느냐에 달려 있다."

《위대한 기업은 다 어디로 갔을까?》의 서두에 나오는 이 말은 우리
들에게 매우 중요한 것을 시사한다. 그의 말을 토대로 하여 생각해 보
면, 삼성이 지금까지 잘해 올 수 있었던 것은 이건희와 삼성이 스스로
어떻게 해야 하는지를 미리 알아채고 발 빠르게 움직이고 대응했기 때

문이라고 할 수 있다. 특히 이건희는 누구보다도 위기를 빨리, 그리고 제대로 의식하는 데 남다른 능력을 가진 리더라고 할 수 있다. 그는 항상 위기경영을 주창해 왔다. 그는 샌드위치론이라는 신조어를 만들어 내면서까지 위기 의식을 가지고 나갈 것을 삼성의 임직원들에게 주문했다.

그는 삼성이 잘나가고 있을 때도 '삼성병' '망한 회사' '메기론' 등의 말들을 쏟아 내면서 위기를 강조했다. 심지어 2002년 그렇게도 높아만 보였던 소니를 최초로 넘어섰을 때도 샴페인을 터뜨리지 않고 긴장을 끈을 풀지 않았다. 그는 더욱 더 위기를 강조할 뿐 결코 자만하거나 안주하지 않았다. 이런 점이 우리가 이건희에게서 배워야 할 점이 아니고 무엇이겠는가?

그의 선견지명과 위기경영이 빛을 발한 것이 바로 IMF 시기였고, 그로 인해 삼성은 다른 기업들이 우왕좌왕하며 수비에 급급할 때, 공격 경영을 할 수 있었다. 그 결과는 IMF 외환위기가 끝나자마자 소니를 넘어서는 기적을 달성하게 되었던 것이다.

이제부터 내가 직접 나섭니다

삼성의 앞날이 불투명해져 가던 1993년 삼성의 리더로 삼성을 초일류로 만들겠다고 자신 있게 선언한 바 있는 이건희는 본격적인 공격 경영을 시작했다.

1980년대와 1990년대 초반까지는 누가 봐도 삼성의 브랜드 가치는 평균 이하였고, 삼성은 세계적 기업과는 거리가 멀었다. 이런 상황에서 이건희가 삼성을 맡고서 느낀 것은 위기였던 것이다.

이처럼 이건희는 위기 상황에서 가장 빛을 발하는 공격 경영의 한국식 모델을 제시해 주었다. 삼성보다 더 나은 기업들도 1993년에는 한국 기업 중에 있었고, 삼성과 비교도 안 될 만큼 우수한 기업들이 일본과 미국 등 선진국에 수도 없이 많았다. 이 당시 삼성은 말 그대로 우물안 개구리와 같은 이류 기업이었다. 이런 기업에게 21세기를 7년 정도 남긴 그 시점은 삼성이 초일류 기업으로 살아남느냐 또는 주저앉아 가라앉고 말 것인지가 결정 나는 위기 상황이자 마지막 기회의 시기였다.

이건희는 이러한 사실을 잘 알았고, 공격 경영을 하기 시작했다. 그의 첫 공격 경영은 무엇보다 은둔의 황태자로 불린 그가 경영의 맨 앞에 나서서 진두지휘한 '신경영 선언'이었다.

"21세기를 앞두고 남은 7년은 세계 초일류 기업으로 살아남느냐 또는 주저앉고 말 것인가를 결정하는 마지막 결단의 시기가 될 것이다. 기술 우위를 확보하고 낡은 관행과 제도를 과감하게 청산하는 일이 중요하다."

무엇이든 한 가지 사물에 깊게 파고들어 사물의 본질을 캐내는 작업이 그의 취미였고, 일하는 스타일이었다. 그러다보니 상상력과 직관력이 커지게 마련이고, 미래의 경영이나 기술이 어떻게 변화할지 수手를 읽는 데 아무래도 유리해질 수밖에 없을 것이다. 하지만 그는 자신의

스타일을 잠시 제쳐놓고, 전혀 다른 스타일로 공격 경영을 하기 시작했다.

말이 없고, 사색과 고독을 즐기는 그가 그렇게 공격적으로 경영일선에 나설 것이라는 예측을 한 사람은 아무도 없었다. 하지만 '후쿠다 보고서'를 위시한 삼성의 위기와 병폐를 직감하게 된 이건희는 이 위기 상황을 타파할 수 있는 전략으로 공격을 선택했다.

위기 때는 공격이 최고의 수비이다

공격이 최고의 수비라는 말이 있듯이, 이건희의 공격 경영은 한 마디로 대성공이었다. 신경영 선언을 통해 삼성은 이류에서 일류로 도약할 수 있었고, 지금은 일류에서 초일류로 도약하고 있다.

신경영 선언 직전의 삼성그룹 매출액은 38조였다. 하지만 그가 공격 경영을 시작하고 3년 후인 1996년에는 72조로 뛰었다. 연평균 17% 이상의 성장을 기록했고, 한국 기업 최초로 경상이익이 1조 원을 넘는 가시적인 성과가 나타났다. 이것뿐만이 아니었다. 그가 공격 경영을 시작하고 나서 9년 후인 2002년에는 역사상 처음으로 세계 정상의 벽이라고 할 수 있는 소니를 뛰어넘었다.

좌초할 수 있었던 삼성호의 위기 상황에서 이건희식 공격 경영은 확실히 빛을 발했음을 알 수 있다. 그의 공격 경영의 대표적인 상징이라고 할 수 있는 사례에는 '휴대폰 화형식'이 빠질 수 없다.

이건희는 "질 쪽에 100% 중점을 둬라. 양은 완전히 무시해도 좋다."라는 발언을 하면서, 그동안 양의 삼성이라면 질 위주의 삼성으로의 변화와 혁신을 강조했다. 말을 하고, 강조를 하는 것으로 끝나지 않았다. 공격적이고 파괴적인 방법을 선택했다. 그것이 바로 1994년 3월 9일에 삼성전자 구미 사업장에서 시행된 '불량 제품 화형식'이었다.

그날 구미 사업장에서는 휴대폰을 비롯하여 무선 전화기, TV, 팩시밀리 등 15만 대에 달하는 삼성의 제품들이 부수어지고 불에 태워지는 사건이 있었다. 그것도 그 제품을 직접 만든 직원들의 손에서 거행되었던 것이다. 잿더미 속에 버려진 액수는 총 500여억 원에 달했다. 이 액수는 당시 삼성전자 총이익인 9,500억 원의 5.3퍼센트에 이를 만큼 엄청난 액수였다.[2]

이것보다 더 파괴적이고 공격적인 경영이 또 어디에 있을까? 이러한 현장을 목격한 임직원들은 변하지 않을 수가 없었다. 자신의 혼이 담긴 제품이 불태워지는 것을 보고서 누가 마음에 요동이 일어나지 않을 수가 있을까?

이러한 이건희식 공격 경영은 이것뿐만이 아니었다. 임직원들의 이류 의식과 방만하고 나태한 정신 자세를 뜯어고치고, 초일류 삼성맨으로 만들기 위해, 이건희가 과감하게 실행한 7·4제도 역시 공격 경영의 상징이라고 할 수 있다.

새벽 6시에 서울시의 지하철에 넥타이를 매고 출근하는 사람은 그 당시에 삼성맨들뿐이었다. 많은 사람들이 그때 삼성이 어디에 미쳤든가

아니면 뭔가 대단한 일이 벌어지고 있다는 것을 직감했을 것이다.

　그렇게 공격 경영을 시작한지 몇 년이 지나지 않아 서서히 삼성은 빛을 내기 시작했고, 전 세계가 주목하는 기업이 되었다.

평안할 때 위기를 의식하는 것이 균형 감각이다

　위기를 의식하는 것이 위기를 준비하고, 대비하는 첫 번째 방법이라고 말한다면, 이건희는 이러한 방법에 탁월한 능력을 보였다.

> "중국은 쫓아오고 일본은 앞서가는 상황에서 한국은 샌드위치 신세다. 이를 극복하지 않으면 추락하는 경제를 막을 수 없는 것이 한반도의 위치다."[3]

　그 당시 이건희가 입버릇처럼 내뱉은 말이다. 그는 93년 신경영 선언이후 끊임없이 위기를 강조해 왔다. 그가 삼성의 위기를 누구보다 먼저 의식했고, 꿰뚫어 보았기 때문이다. 그의 위기의식은 삼성인들의 방만하고 나태한 의식과 사고였다. 그래서 그는 그것과 가장 잘 어울리는 이론을 제시하여 삼성인들에게 위기의식을 심어 주었다. 이렇게 잘 나갈 때 위기를 의식할 수 있는 것이 바로 균형 감각이다.

　가장 먼저 삼성의 위기를 의식했던 것은 이건희였다. 그리고 그러한 위기를 가장 먼저 준비하기 시작한 것도 이건희였다. 그리고 그의 준비는 엄청난 효과를 가져왔다.

그가 위기를 의식하고, 준비한 첫 걸음이 93년 신경영이었다. 그리고 그의 준비에 발 맞춰 1997년 IMF가 터졌다. 하지만 잘 준비한 덕에 삼성은 IMF 시기를 큰 어려움 없이 잘 견뎌낼 수 있었고, 이를 계기로 더 큰 성장을 이뤄낼 수 있었다.

이처럼 위기를 잘 준비하는 첫 번째 방법은 위기를 의식하는 것이다. 위기를 의식할 수 있어야 제대로 된 준비를 할 수 있기 때문이다. 삼성의 성장은 이러한 위기의식이 없었다면 불가능했을 것이다.

《위기의 경영, 삼성을 공부하다》의 저자인 요시카와 료조는 1990년대 삼성에서 10년 동안 상무로 일했던 인물이다. 그가 자신의 일한 경험을 토대로 하여 삼성의 성공 비결을 분석하여 책으로 출간했는데, 그가 말하는 삼성의 성공 비결은 한 마디로 '이건희의 위기의식'이었다.

이건희의 강력한 위기위식이 발로가 되지 않았다면, 삼류 가전 메이커에 불과하던 삼성이 일류 기업으로 도약하는 것은 불가능했을 것이라고 그는 강조한다.

성장과 위기의식의 균형 감각을 놓치게 되면 추락한다는 것은 불 보듯 뻔한 것이다. 잘 나갈 때일수록 위기의식을 놓치지 말아야 한다.

21세기 사업은 시간과의 싸움이다

"21세기 변화의 태풍이 몰아치는 가운데 세계 각국은 국가 운영의 틀을 새로 짜고
국민과 정부, 기업이 삼위일체가 되어 21세기를 향해 뛰고 있다."
【이건희, 《생각 좀 하며 세상을 보자》, 동아일보사, 1997년, 71쪽】

　　과거에는 강한 기업이 약한 기업을 잡아먹었다. 그리고 큰 것이 작은
것을 먹었다. 하지만 이제는 시대가 바뀌어, 빠른 것이 느린 것을 먹고,
스마트한 것이 우둔한 것을 먹는다. 이것은 전쟁에서도, 기업에서도 동
일하게 적용되는 이야기이다.

　　중국 고대의 병법서로 가장 뛰어나다고 평가받고 있는 《손자병법》의
저자인 손자孫子는 전쟁에서 속도의 중요성에 대해 여러 번 강조했다.

　　"전쟁을 해서 이길지라도 시간을 오래 끌면 병기가 무디어지고 병사들의
사기가 떨어진다. 그리하여 군대가 성을 공격하면 곧 힘이 다하고, 또한 전
투가 길어지면 나라의 재정이 바닥나게 된다. (…) 그러므로 전쟁은 졸속으

로 하는 한이 있더라도 빨리 끝내야 한다는 말은 들었어도, 뛰어난 작전치
고 오래 끄는 것을 본 적이 없다. 무릇 질질 끄는 전쟁이 나라에 혜택을 준
적은 지금까지 없었다."[4]

그는 또 제 11장 〈구지 편〉에서 '전쟁의 요체는 속도이다. 적군이 준
비가 되어 있지 않으면, 그러한 상황을 잘 활용하라.'라고 했다.

13세기 중반 로마제국보다 네 배나 넓은 면적을 칭기즈칸이 정복할
수 있었던 비결이 바로 이것이었다. 칭기즈칸이 이끄는 세계에서 가장
빠른 기마군단은 적들이 미처 대비할 여유를 주지 않고 질풍처럼 들이
닥쳤다. 그들을 세계 최강의 군대로 만들어 준 것은 뛰어난 무기가 아
니라 강력한 스피드였다. 그들은 속도를 높이기 위해 모든 것을 가장
가벼운 것으로 준비하는 치밀함과 조금이라도 불필요한 것은 절대 소
지하지 않는 과감함을 보여 주었다.

타이밍의 승부사 이건희

이건희는 앉아서 기다리는 타입의 리더가 아니다. 그는 먼저 선방을
날리는 쪽의 리더에 가깝다. 특히 상황이 불리할 때, 그는 임직원들에게
공격적인 경영을 주문했다. 그런 점에서 그는 타이밍의 승부사였다. 평
소에는 은둔의 황태자였다. 하지만 공격해야 할 때를 누구보다 잘 파악
하고, 이때다 싶으면 과감하게 공격을 하여 상대를 다운시킨다.

"지금은 고임금, 고물가, 고기술, 고무역 장벽, 고환율 등 5고 시대다. 이런 때일수록 공격적 자세가 필요하다."

"승부를 결정짓는 것은 공격이다. 세계 축구의 최강은 의심할 여지없이 공격축구의 대명사 브라질이다. 메이저리그의 야구 연봉 순위를 보아도 상위권은 모두 강타자들이 차지하고 있다."

"개인이나 기업이나 있는 기술을 지키기 위해 수비적으로 웅크리고 있으면 결코 성장할 수 없다. 결국에는 있는 것을 유지하기도 어려워진다."

그가 1997년 출간한 자신의 에세이에서 밝힌 이야기들이다. 축구든 기업이든 승부를 결정짓는 것은 공격이라는 사실을 그는 확신했다. 그 증거로 공격축구의 대명사인 브라질이 세계 최강이라는 사실과 야구 연봉 순위에서 상위권은 모두 야구에서의 공격수인 강타자들이 다 차지하고 있는 사실을 들면서, 수비적으로 웅크리고 있으면 절대 성장할 수 없을 뿐만 아니라, 현상유지도 힘들어진다고 말하는 것이다.

승부를 결정짓는 것이 공격이라는 사실을 좀 더 고차원적으로 주장하고 있는 경영학자가 있다. 최근에 전 세계에서 주목하고 있는 경영학자인 클레이튼 크리스텐슨Clayton Christensen이다. 그는 자신의 명저인 《혁신 기업의 딜레마The Innovator's Dilemma》라는 책에서 기존의 경영 원칙을 준수하는 것이 공격 경영인 혁신을 어렵게 하고 방해한다는 사실을 잘 말해 주고 있다.

경영에서 수비는 기존의 바람직하다고 여겼던 경영원칙을 준수하는 것이라 할 수 있고, 공격 경영은 남들이 하지 않고, 실패가 두려워 도전하지 못하는 혁신을 실천하는 것이라 할 수 있다.

그의 말대로라면 수십 년이 넘도록 자리를 지켜오던 멀쩡한 기업들이 무너지고, 구글이나 트위터, 페이스북처럼 혜성같이 등장한 기업들이 순식간에 세계를 재패하며 20세기 기업의 흥망사를 새로 쓰고 있는 가장 큰 차이는 공격과 수비일 것이다. 기존의 기업들은 기존에 준수했던 원칙을 고수하였다. 그것이 경영의 수비였고, 새롭게 나타난 기업들은 클레이튼 크리스텐슨이 말한 '파괴적 혁신'을 시도했다. 그것이 바로 경영의 측면에서 보면 축구의 공격과도 같은 것이다.

축구에서 공격에 집중하기 위해서는 수비수들이 중앙으로 많이 올라와 주어야 한다. 그렇게 되면 상대적으로 수비에 치중할 수 없는 위험을 안아야 한다. 기업도 마찬가지이다. 공격에 해당하는 파괴적 혁신을 추구하려고 하면, 기존에 준수했던 원칙들을 파괴해야 하는 위험이 도사리고 있다. 그런 점에서 축구와 경영은 매우 닮았다.

과거의 경영 전략은 버려라

과거에는 안정적이고 좋다고 생각했던 경영 전략은 우량 고객의 소리에 귀를 기울이고, 시장의 트렌드를 살피고, 최고의 수익을 올릴 수 있는 기존의 원칙과 방식에 전력을 기울이는 수비형이었다. 그러다보니, 기존의 모든 것을 파괴하고 새로운 것을 추구하는 파괴적 혁신 즉 공격적인 경영을 제대로 할 수 없으며, 미래의 빠른 변화에도 제대로 대응할 수 없었다.

크리스텐슨 교수에 의하면 혁신은 2가지 형태가 공존한다는 것이다. 기존 제품을 개선하여 출시하는 존속적 혁신과 새로운 신규 시장을 창출하거나 기존 시장을 재편하는 파괴적 혁신이 그것이다. 그런데 수요가 충분하고 소비자가 언제까지나 그 제품을 원하고 있다는 가정 하에 기술을 개선해 나가는 지속적인 혁신이 존속적 혁신이다. 하지만 엄밀하게 말하면 이것은 혁신이 아닌 소극적인 경영이며, 수비적인 경영인 것이다. 멀쩡한 기업들이 망하고 적자를 내는 이유는 이러한 수비 경영에 지나치게 의존했기 때문이다.

반대로 승승장구하는 기업들을 살펴보면, 과거의 경영원칙에 파괴적인 혁신을 가하며, 새로운 시장과 새로운 가치를 창출해 내는 기업들임을 알 수 있다. 그 예로 새로운 감성과 공간을 판매한 스타벅스와 새로운 스마트폰 시장을 개척한 애플의 아이폰, 그리고 사람과 사람을 실시간으로 연결해 주는 새로운 개념의 페이스북과 트위터, 새로운 형태의 정보를 제공해 주는 구글 등을 들 수 있다.

이처럼 기업의 흥망사를 결정하는 것은 기존의 수비 위주의 경영 전략을 파괴적 혁신과 같은 공격 위주의 경영 전략으로 바꾸는 것이다. 즉 기업의 생존을 결정하고, 승리를 결정하는 것은 새로운 도전과 가치 창출이 가능한 공격 경영인 것이다. 이러한 공격 경영이 21세기 기업에는 핵심적인 성장 수단이 될 뿐만 아니라 유일한 생존 수단이 되고 있다. 하지만 밀고 당기기를 잘해야 한다는 점을 명심하라.

변화의 때를 놓치면 다시 도약하기 힘들다

"변화는 근본적으로 지금보다 더 나아지고자 하는 향상심에서 출발합니다. 변화 속에는 기회와 위기가 항상 같은 크기로 존재하는 만큼, 변화의 흐름을 먼저 읽고 한 발 앞서 준비해 나가면 오히려 도약의 계기가 될 수도 있습니다."

이건희의 에세이 《생각 좀 하며 세상을 보자》라는 책의 서문에 실린 내용이다. 그의 말대로 변화 속에서는 위기도 있고, 동시에 그만큼의 기회도 있다. 그렇기 때문에 변화의 흐름을 먼저 읽고 한 발 앞서 준비하는 사람은 오히려 그 위기 속에서 도약의 계기를 만들어 도약할 수 있다. 미래는 예측하고 기다리는 것이 아니라 창조하는 것이다. 초일류는 미래를 창조하는 자만이 만들 수 있다. 이건희는 바로 이러한 사실을 잘 알고 있었기에 앞날을 내다보고 미리 선점하는 미래 지향적인 경영만이 미래 세계를 지배할 수 있다고 강조해 왔다.

그의 강조대로 이건희는 정확히 10년 뒤의 미래를 미리 선점하며, 새로운 삼성을 창조해 나갔다. 그가 구멍가게 같은 공장에서 개인 사업으로 시작한 반도체를 삼성의 핵심 사업의 하나로 인정받게 하는 데 10년이 걸렸다. 거기서 만족하지 않고 1993년 삼성의 반도체를 메모리 분야 세계 정상에 올릴 때까지 또 다시 10년이 걸렸다.

"처음에는 반도체 사업 진출에 주저하던 선친도 관심을 보여 적극 지원하기 시작했다. 선친은 82년에 27억 원을 들여 반도체 연구소를 건립했고 83년에 마침내 반도체 사업진출을 공식 선언했다. 구멍가게 같은 공장에서 개인 사업으로 시작한 반도체가 10년 만에 삼성의 핵심 사업의 하나로 인정받은 것이다. (…) 마침내 반도체 사업을 시작한 지 20년만인 93년 메모리 분야에서 세계 정상에 올랐다."[5]

이처럼 이건희는 언제나 10년 뒤의 삼성을 만들기 위해 미래를 내다보고, 미래를 얘기할 줄 아는 리더였다. 그에게 가장 짧은 기간은 10년이었다. 최소한 10년 후의 미래를 내다볼 줄 알았던 것이다.

"선진국 지표 중의 하나가 식목이다. 나무를 심는 것은 자기 자식, 손자대까지도 수확이 안 되는 것이다. 당대에 본전을 뽑으려고 하니 좋은 나무가 없는 것이다. (…) 짧게는 10년, 길게는 100년을 내다보는 눈이 있어야 한다."[6]

이건희는 눈앞의 성과에만 연연하는 근시안적인 리더가 아니었다. 그는 짧게는 10년, 길게는 100년을 내다보는 눈을 가진 리더였고, 그렇게 되기 위해 노력했다. 그리고 삼성의 임직원들에게도 언제나 그것을 주문했다.

가장 높은 곳에서 가장 멀리 보라

"일을 할 때 대소완급(大小緩急)의 구분도 매우 중요하다. 이는 곧 일의 본질에 바탕을 두고 우선 순위를 판단하는 것이다. 어떤 공장을 방문했을 때 공장은 한창 건설 중인데 조경 공사는 마무리 단계에 있는 것을 본 적이 있다. 공장 건설이 최우선인데 정원을 먼저 가꾸고 있다는 것은 무언가 쉽게 납득되지 않는 일이다. 대소완급을 구분하지 못한 대표적인 경우다."
【이건희, 《생각 좀 하며 세상을 보자》, 동아일보사, 1997년, 35쪽】

우리 시대 혁신의 아이콘이 스티브 잡스였다면 과거 로마 시대의 혁신의 아이콘은 한니발이었을 것이다. 그는 알프스를 넘어 최강의 군대 로마군과 싸워 이긴 카르타고의 명장이었다. 당시에는 모두 불가능하다고 여겼던 것들이었다. 그는 이런 말을 남겼다.

"길을 찾을 수 없다면 만들어라."

한니발은 로마군과 싸우기 위해 진군하였지만, 길이 없었다. 그래서 그는 길을 만들었다. 그것도 눈 덮인 알프스를 넘어서 말이다. 리더의 역할이란 바로 이런 것이 아닐까? 가야 할 길을 찾을 수 없다면 만들어

내는 것 말이다.

그렇다면 어떻게 해야 없는 길을 만들어 낼 수 있을까? 그것은 가장 높은 곳에서 내려다보고, 가장 멀리 내다 볼 수 있을 때 가능하다. 위대한 리더와 평범한 리더의 차이는 여기서 발생한다고 할 수 있다. 어떤 리더는 눈앞의 일에만 매여 있지만, 어떤 리더는 십 년 후를 내다본다. 과연 어떤 리더가 이끄는 조직의 발전 가능성이 더 클까?

길을 찾을 수 없다면 만들어야 하듯, 위대한 경영자라면 미래를 창조하고 만들어야 한다. 평범한 경영자라면 있던 길로만 다닐 것이다. 하지만 위대한 경영자라면 새로운 길을 만들고, 미래를 창조해 나가면서 끊임없이 새로운 신성장 동력을 발굴해 나갈 것이다.

항상 10년 후를 내다보며 준비하라

"경영자는 1년의 절반은 시장을 파악하고 나머지 절반은 미래를 통찰하는 전략을 구상해야 한다. 경영자는 3~4년 안에 결실을 얻을 수 있는 묘목 사업과 5~10년 뒤 주력산업이 될 씨앗품목을 찾아 전략을 수립하는 것이 중요하다."[7]

이건희는 5~10년 뒤 주력산업이 될 씨앗품목을 찾아 전략을 수립할 것을 경영자들에게 요구했다. 그것은 미래를 통찰하라고 주문한 것과 다를 바 없다. 이러한 씨앗사업은 삼성이 1997년 3월에 사업 구조 개선을 위해 사업을 네 가지로 분류하면서 생겨났다. 그때 생겨난 네 가지 사업에는 고목사업, 과수사업, 묘목사업, 씨앗사업 등이 있다. 여기서 씨앗사업이 바로 삼성의 미래를 먹여 살려줄 차세대사업으로 5~10년 후 결실을 맺을 수 있는 사업들을 말하는 것이다.

이처럼 미래를 내다보며 씨앗사업과 같은 신수종新樹種 육성사업을 강조한 것처럼, 그는 모든 일을 할 때 장기적인 계획을 갖고 추진해야 한다는 사실을 늘 강조했다.

"200여 년 전 건설된 워싱턴DC의 도로율은 40%에 이른다. 모든 일은 장기적인 계획을 갖고 추진해야 하며 기회를 상실할 경우 그 피해는 회복이 거의 어려우므로 기회선점 경영에 주력해야 한다."[8]

이건희가 위기 상황에서 기회를 포착할 수 있는 능력이 남달랐던 것은 모든 일에 있어서 장기적인 계획을 갖추는 사고 습관에서 비롯되었기 때문이다. 그는 언제나 10년 후를 준비하고, 내다보는 사고 습관이 있다. 그런 사람에게는 현재 눈앞의 위기나 시련이 모두 또 다른 기회로 보이기 때문이다.

그의 미래를 내다보는 준비경영은 또 다른 말로 시나리오 경영이라고 말할 수 있다. 그는 남북통일이 되는 시대조차도 미리 준비하여 시

나리오를 만들고 필요한 것들을 지금부터 준비해야 한다는 사실을 밝힌 바 있다.

"5년 내지 10년 앞을 내다보고, 시나리오를 짜서 모든 것을 준비하는 기회 선점 형이 되지 않으면, 존재는 하지만 이익은 내지 못하는 기업으로 전락하고 만다. 미래의 환경 변화와 경쟁사의 전략을 예측해 대응책을 사전에 준비해두는 시나리오 경영이야말로 무한 경쟁의 소용돌이 속에서 경쟁 우위를 점하기 위한 기본 요건이라 할 수 있다.

시나리오 경영은 국가에도 필요하다. 조만간 우리는 남북통일을 맞게 될 것이다. 그러나 준비되지 않은 통일은 우리가 감당할 수 없는 어려움이 될지도 모른다. 통일시대를 대비해서 시나리오를 만들고 모든 걸 준비하는, 유비무환의 노력이 있어야 한다."[9]

경영자가 해야 할 일은 탁월한 성과 창출이다

'경영자가 해야 할 일은 무엇인가?'를 다루고 있는 피터 드러커의 《창조하는 경영자(원제:Managing for results)》란 책에서 창조적 경영자란 다름 아닌 '탁월한 성과를 창출하는 사람'이며, 미래는 바로 오늘의 결과임을 설파하고 있다.

"미래는 오늘과 다르고 또 예측할 수 없다는 바로 그 이유 때문에 예측하지 못했던 일들을 미래에 일어나게 하는 것이 가능하다. 물론 미래에 어떤 일이 현실로 나타나게 하려는 시도는 위험하다. 그러나 그것은 합리적인 행동이고 아무것도 변하지 않을 것이라는 가정 하에 편안하게 안주하는 것보다는 훨씬 덜 위험하다. 또한 무엇이 분명 '일어나야' 한다거나 또는 무엇이 '가장 일어날 확률이 높다'거나 하는 식의 예언을 따르는 것보다는 훨씬 덜 위험하다." [10]

현대 경영학의 아버지인 피터 드러커의 말대로, 미래에 어떤 일이 현실로 나타나게 하려는 시도는 위험하다. 하지만 아무것도 변하지 않을 것이라는 가정 하에 편안하게 안주하는 것은 더 위험하다고 했다. 뿐만 아니라 무엇이 앞으로 일어나야 한다거나, 또는 무엇이 일어날 확률이 가장 높을 것이라는 예언을 따르는 것은 미래에 어떤 일이 현실로 나타나게 하려는 시도보다 훨씬 더 위험하다고 말한다.

18세기의 위대한 경제학자인 장 밥티스트 세이Jean Baptiste Say가 말한 기업가의 고유한 기능이란 비생산적 과거에 묶여 있는 자본을 끄집어내어 그것을 남다른 미래를 만들기 위해 위험을 무릅쓰고 투자하는 것을 말한다.

기업가는 미래를 만들고 결정하는 사람이다

미래를 만들고 결정하기 위한 작업을 하는 사람이 바로 기업가인 셈이다. 그리고 그것은 기업의 기능이면서, 지금 이 시대에는 생존을 위한 필수 요건이라는 사실을 이건희는 절박한 어조로 오래 전부터 강조해 왔다.

"언제나 내일은 반드시 도래한다. 그리고 내일은 언제나 오늘과 다르게 마련이다. 따라서 오늘 최고의 대기업이라 할지라도 미래를 창조하기 위해 노력하지 않는다면 언젠가는 반드시 곤경에 빠지고 말 것이다. 또한 그때까지 지켜오던 우월함과 주도적 지위도 잃게 될 것이다. 그 결과 남는 것이라고는 거대한 간접비라는 군살뿐일 것이다. 미래를 창조하는 데 따르는 위험을 과감하게 추구하지 않는 기업은 이미 일어난 미래로 인해 한층 더 큰 위험 부담을 안게 될 것이다. 그 위험은 가장 규모가 크고 높은 이익을 내는 기업조차도 감당할 수 없는 위험이면서, 동시에 미리 준비를 했다면 가장 규모가 작은 기업마저도 감당할 수 있는 위험이 되기도 한다." [11]

지금 현재 최고의 대기업이라 할지라도 미래를 창조하는 일에 노력하지 않는다면, 반드시 곤경에 빠지고 말 것이라는 피터 드러커의 경고는 삼성을 비롯한 모든 대기업들이 명심해야 할 내용이다.

'경영자는 단지 주어진 인적자원을 관리하는 '태만한 관리인' 이상이 되기 위해서는 반드시 미래를 창조하는 과업에 대해 책임을 져야만 한다.'라고 말하는 피터 드러커의 말에서 이건희는 미래를 창조하는 과업을 가장 성공적으로 이루어 낸 경영자라는 사실을 이해할 수 있다.

미래형 리더는 영감형 리더이다

국민대 백기복 교수는 '미래형 리더의 조건'이란 주제로 삼성의 사장단에게 강의를 한 적이 있다. 특히 백 교수는 리더들이 조직 구성원들과 소통하는 방식을 기준으로 리더를 세 가지 유형으로 나누었는데, 감성형 리더, 이성형 리더, 영감형 리더가 그것이다.

한국 기업의 최고경영자 가운데 상당수는 부하 직원들이 무엇을 잘 못했을 때, 그것을 지적하는 '이성형 리더'보다는 '이게 뭐야'라고 호통을 치는 '감성형 리더'라고 한다. 그런데 한국의 CEO들을 분석해 본 결과, 그는 100명 중에 1명 정도가 '현실의 문제보다는 꿈과 미래, 그리고 비전을 주로 얘기하는 '영감형 리더'라고 말하면서, 이런 유형의 리더로 '이건희'를 꼽았다.

삼성의 사장단들과 임원들 역시 이건희에 대해, 미래를 계속 얘기하고, 꿈을 얘기하고, 10년 뒤를 얘기하는 '영감형 리더'라고 말한다.

이건희는 2010년 3월 경영일선에 복귀하면서 다음과 같은 말을 했다.

"앞으로 10년 내에 삼성을 대표하는 사업과 제품은 대부분 사라질 것이다. 다시 시작해야 된다."[12]

그의 말에서 알 수 있듯이, 그는 늘 10년 후를 내다보고, 10년 후를 얘기하고, 10년 후를 준비하는 리더이다. 2012년 신년사에서도 그는 '삼성의 미래는 신사업, 신제품, 신기술에 달려 있다.'라고 하면서, 신성장 동력을 찾아야 한다고 외쳤다. 그가 그렇게 외치는 이유 중에 하나는 아무리 튼튼한 나무라도 하늘을 향해 계속 자랄 수 없다는 사실을 알고 있었기 때문이다. 아무리 훌륭한 기업이라도 계속해서 번성할 수 없으면, 전쟁의 승리는 결코 반복되지 않는다는 《손자병법》의 전승불복戰勝 不復의 이치를 알고 있었기 때문이다.

이건희의 선견지명이 드러난 반도체 인수

이건희의 미래를 내다보는 선견지명이 처음으로 나타난 것은 바로 반도체 인수에서였다. 삼성이 이만큼 초일류 기업으로 성장할 수 있었던 결정적인 원동력이 되어 준 것은 누구나 다 알 듯이 반도체였다. 하지만 반도체 사업에 진출한다는 것은 엄청난 모험이었고, 삼성의 사활을 걸어야만 했던 위험천만한 사안이었다. 그 당시 한국 기업의 경험과 기술력으로는 성공 확률이 매우 희박한 분야였기 때문이다. 하지만 이건희는 반도체만이 우리나라가 선진국 틈에 끼여 경쟁할 수 있는 고부가가치의 첨단산업이라는 사실을 정확하게 내다보았던 것이다.

그는 1973년 오일 쇼크를 겪으면서 자원이 부족한 한국 기업들의 비참한 현실을 깨달았다. 우리나라 기업들이 경쟁력을 갖추기 위해서는 부가가치가 높은 하이테크 산업에 진출해야 한다는 사실을 깨닫고, 여러 분야의 사업을 검토하다가 반도체가 전자사업의 씨앗사업이 될 것이라고 확신했다.

이건희가 지금 주장하는 씨앗사업, 신성장 동력이라는 말의 원조는 바로 반도체 사업이었던 셈이다. 그리고 이건희는 이미 1970년대에 씨앗사업이 되어 삼성의 신성장 동력이 되어 줄 반도체 사업을 발굴하고 육성했던 것이다. 삼성의 성장 동력이 제대로 되어 준 반도체 사업은 이처럼 이건희의 미래를 내다보는 선견력과 이병철 회장의 과감한 결단력, 그리고 실행력이 절묘하게 합쳐진 이병철과 이건희 부자의 합작품이라고 말할 수 있는 것이다.

　뿐만 아니라 이건희는 우리 민족이 젓가락 문화권의 민족이라는 사실을 반도체 사업에 접목시켰다. 손재주가 뛰어나고, 안방 거주 문화 자체가 신발을 벗고 생활하기 때문에 청결한 생활 습관이 필요하다는 특성을 활용한 것이다. 반도체 생산은 미세한 작업이 요구되고, 먼지 하나라도 있으면 안 되는 고도의 청정 상태를 유지해야 하는 공정이 반드시 필요한 사업이기에 우리나라에 매우 적합하고, 유리하다는 사실까지 꿰뚫어 보고 있었던 것이다.

episode 8
바람이 매서울수록
연은 더 신나게 난다

위기를 도약의 계기로, 불황을 체질강화로 삼아라

"바람이 강하게 불수록 연鳶은 더 높게 뜰 수 있다. 위기를 도약의 계기로, 불황을 체질강화의 디딤돌로 삼아야 한다."

IMF 외환위기 당시 주장했던 이건희의 말이다. 사람이나 기업의 진면목은 위기 상황일 때 제대로 드러난다. 그런 점에서 위기를 잘 극복해 낼 수 있는 사람이나 기업이라면 훌륭하다고 할 수 있다. 그런데 이건희는 그러한 위기 상황을 잘 극복해 내는 수준을 뛰어넘어서, 도약할 수 있는 발판으로 삼으라고 주장하고 있다. 바람이 강하게 불수록 연은 더 높이 뜰 수 있다는 것이다.

위기상황일수록 인간은 움츠러들 수밖에 없고, 사고나 행동의 폭이 감소하는 것이 당연한 현상이다. 하지만 이건희는 위기상황일수록 더 많은 기회를 포착하고, 그것을 이용하라고 주문했다. 그는 자신이 주장하는 지론대로, 2012년 삼성의 경영 전략 역시 매우 공격적인 투자 경영임을 밝히고 있다.

북한의 김정일 사망과 새로운 변화와 일본의 대지진, 대선 등으로 나라 안팎이 어수선하고, 불경기와 고유가로 경영 상황은 악화되고 있지만, 삼성은 2012년 사상 최대 규모인 48조 원 이상을 투자하기로 결정하였다. 이것이 바로 이건희식 공격 경영인 셈이다.

이러한 투자는 2011년 투자 금액인 43조 원보다 13% 정도 늘어난 역대 최대 규모이다. 이건희 회장은 이러한 투자 배경에 대해서 다음과 같은 말을 했다.

"산술적으로 계산하면 올해 오히려 투자를 줄여야 한다. 하지만 우리나라의 경제 상황이 안 좋은데 삼성이 투자를 더 적극적으로 해서 다른 기업도 투자를 더 많이 하도록 유도하는 게 좋겠다."[13]

삼성의 이러한 공격 경영은 빛을 발해 왔다. 삼성전자는 2010년 이후 매출 기준으로 휴렛팩커드HP를 누르고 세계 최대 IT 기업에 올랐고, 지난해는 더 격차를 벌렸다. 그리고 그 속도는 계속 증가하고 있다.

올해도 역시 글로벌 경기는 여전히 어려운 상황이다. 하지만 이건희

는 바람이 강하게 불수록 연은 더 높이 뜰 수 있다는 사실을 알고 있다. 그래서 더욱 더 공격적으로 연을 띄우고자 한다. 그래서 위기를 도약의 발판으로 삼고, 불황을 체질강화의 디딤돌로 삼는다.

이건희식 공격 경영은 과감하게 공격 경영을 하여, 3~4년 뒤를 내다보고 포석에 나서는 것이라고 할 수 있다. 반도체가 그렇게 했고, 휴대폰이 그렇게 했고, 가전 사업이 그렇게 했다. 그의 공격 경영을 통해 삼성은 연간 225조 원 매출의 그룹으로 성장할 수 있었다. 그는 미국 경제전문지 포춘Fortune지가 선정한 '2011 아시아에서 가장 영향력 있는 기업인' 4위에 당당히 이름을 올렸다. 그는 이제 이류 삼성의 회장이 아니라, 연간 225조 원 매출의 초일류 삼성그룹을 이끄는 글로벌 CEO이다.

이건희는 바람이 불수록 연을 더 높게 띄울 수 있다는 사실을 자신의 경영에도 그대로 적용하고 있다. 위기일수록 빛나는 그의 공격 경영 전략을 우리는 충분히 배워야 할 필요가 있다.

keyword 9
독서
지독한 독서로 자신과 조직을 도약시켜라

정의 책을 그 내용(內容)과 뜻을 헤아리거나 이해(理解)하면서 읽는 것 .
특성 심신을 수양하고 교양을 넓히기 위하여 책을 읽는 일. 인재양성과 미래를 위한 준비라는 기능을 지니기도 하였다. 우리는 책을 통해 인류의 위대한 스승의 가르침을 배울 수 있고 남의 경험과 지혜를 통해서 우리가 살 길을 암시받을 수 있기 때문이다. 그런 의미에서 독서는 우리가 학문과 인격을 동시에 갖추기 위한 가장 훌륭한 방법 가운데에 하나라 할 수 있다. 또한 책을 통해서 인류의 위대한 스승과 인격적 만남을 이룰 수 있다. 그리고 저자와 깊은 정신적 교감을 가질 수 있다. 우리는 이러한 창조적 만남과 대화를 통해서 자기를 가다듬고 세상을 바로 잡을 수 있는 지혜를 습득할 수 있을 것이다.

다르게, 또 다르게 생각하라

"디지털 시대는 총칼이 아닌 사람의 머리로 싸우는 '두뇌 전쟁' 시대라고 할 수 있으며 뛰어난 인재가 국가의 경쟁력을 좌우하게 될 것입니다. 디지털 시대를 이끌어 갈 경영 인력, 기술 인력을 체계적으로 육성해 나가는 한편으로, 그런 인재들이 창조적 능력을 마음껏 발휘할 수 있는 '두뇌 천국'을 만드는 데 힘을 쏟아야 합니다."

【2000년 1월 3일, 〈이건희 회장 신년사〉 중에서】

이 세상을 바꾼 것은 재능과 지능이 있는 유능한 사람들이 아니라 남과 다르게 생각할 줄 알았던 괴짜들이었다. 결국 새로운 것을 창조해 낼 수 있는 사람이 이 세상을 바꾸고, 기업을 성장시키고 성공하게 된다.

누군가가 바퀴를 만들어 냈고, 누군가가 고속도로를 만들어 냈고, 누군가가 종이를 만들어 냈다. 누군가가 석유를 만들어 냈다. 이 모든 것이 남과 다르게 생각했기 때문에 가능했던 일이었다.

피터 드러커의 《위대한 혁신》에는 다음과 같은 이야기가 나온다.

"한 세기 전까지만 해도 땅에서 스며 나오는 원유도, 알루미늄 원광인 보

크사이트도 자원이 아니었다. 귀찮은 존재로서 토양을 망치기만 했다. 페니실린 곰팡이도 한때는 자원이 아니었다. 병균일 뿐이었다. 이렇게 아무것도 아닌 것에 부를 창출하는 능력을 부여하는 것, 혹은 기존 자원이 가지고 있는 잠재력을 높여 더 많은 부를 창출하도록 하는 활동을 '혁신'이라 부를 수 있다."

그가 주장하는 위대한 혁신이 가능했던 것은 따지고 보면 남들이 모두 귀찮은 존재로 생각하는 것을 남과 다르게 생각할 줄 알았기 때문에 가능했던 것이다. 이처럼 위대한 혁신과 위대한 발명, 위대한 성공은 모두 남과 다르게 생각할 때 비롯하는 것이다.

이건희 역시 이렇게 남과 다른 관점과 견해를 가지고 남과 다르게 생각할 수 없었다면 지금의 삼성은 존재하지 않았을 지도 모를 일이다.

성공 비결은 남들과 다르게 생각하는 것이다

우리가 살아가야 할 21세기에는 무조건 열심히 하는 것이 성공의 비결이 아니라, 남들과 다르게 생각할 줄 아는 것이 성공의 최대 비결인 시대이다.

좋은 식탁이나 가구를 만들고 남는 나무껍질은 아무 쓸모가 없다. 하지만 채륜은 이것을 이용해서 종이를 발명했다. 남들은 다 쓸모없는 것이라고 생각했지만, 채륜은 어딘가에 쓸모가 있을 것이라는 남과 다른 생각을 했던 것이다.

　이건희 역시 반도체에 관해 남과 다른 생각을 했다. 심지어 아버지 이병철조차 반도체는 아직 시기상조이고 충분한 기술력이나 자본력도 없다고 했다. 모든 측근들과 다른 기업들 역시 마찬가지였다. 하지만 이건희는 바로 그렇기 때문에 우리가 반도체를 해야 한다고 생각했던 것이다. 그리고 그의 생각은 적중했다.

　창조적 기업인 애플의 슬로건은 바로 '다르게 생각하자'이다. 하지만 의식적으로 남과 다르게 생각하고자 무조건 노력을 한다면 그것은 결코 쉬운 일이 아닐 것이다. 남들과 다른 견해와 생각을 가지기 위해서는 남들보다 더 많은 경험과 생각을 해야 한다. 한마디로 사고를 확장하는 공부를 해야 하는 것이다.

　폭 넓고 유연한 사고와 높은 수준의 의식을 가져다주는 공부는 독서를 말한다. 다양한 간접 경험과 지식을 통해 어떤 문제에 봉착하더라도 잘 헤쳐 나갈 수 있는 것이다.

　독서가 충분치 않아서 사고력이 부족한 사람은 어떤 문제에 대해서 두세 가지 선택 사항밖에 떠올리지 못하지만, 독서를 많이 해서 사고력이 풍부하고 높은 사람은 수백 가지 선택 사항을 생각할 수 있는 것이다. 그 중에서 가장 좋은 방법을 선택하게 되므로 해결 능력의 차이가 클 수밖에 없다.

노력은 재능을 이긴다

인간을 위대함에 이르게 하는 것은 재능이나 지능이 아니라 위대한 공부다. 위대한 공부를 통해 위대한 도약을 하여 위대한 삶과 성과를 창출한 거인들을 살펴 보자.

'자신이 아니면 삼성을 물려받을 사람이 없다는 냉혹한 현실과 자신의 부족함을 동시에 깨닫는 순간 공부에 매진하여 이류삼성을 10년 만에 초일류 삼성으로 이끌어 올린 이건희, '풍전등화와 같은 나라를 구할 길은 공부뿐이라는 사실을 깨닫고 초유의 공부를 하여 23전 23승이라는 위대한 전쟁사를 다시 쓴 이순신 장군, '배우고 때로 익히면 즐겁지 아니한가'라는 원칙을 평생 지키며 위대한 공부를 통해 수천 년 동안 수많은 사람들에게 공부의 롤모델이 된 공자, '임금이라도 공부는 반드시 해야 한다.'라고 말하면서 평생 공부를 쉬지 않고 함으로써 위대한 한글을 창조한 성군 세종대왕, '열등감과 정체성의 혼란으로 방황했던 흑인 소년'이 오직 공부 하나만으로 미국 역사상 최초의 흑인 대통령이 될 수 있음을 증거하고 있는 버락 오바마, "백 년도 못 사는 인생, 공부를 하지 않는다면 이 세상에 살다 간 보람을 어디서 찾겠는가?"라고 외치면서 공부의 중요성을 우리에게 일깨워 준 다산 정약용, 평생동안 시련과 고난으로 점철되었지만 감옥에서 꾸준한 공부를 통해 대한민국 최초의 노벨상 수상자가 된 김대중 대통령, 철창에 갇혀 27년이란 세월을 보내야 했고, 학위를 마치는 데 10년이란 세월이 걸렸고, 그후에 변호사가 되기 위해 또 13년이란 세월 동안 포기하지 않고 공부를 통해 노벨 평화상을 수상하게 된 남아프리카 공화국의 넬슨 만델라, '수많은 시련과 좌절에도 공부만은 포기할 수 없다'라고 말하면서, 평생 동안 좌절과 시련을 겪었지만 마침내 미국의 대통령이 되어 노예 해방을 성공시킨 링컨 등은 모두 자신의 한계를 뛰어넘은 거인들이다.

세상이 우리에게 가르쳐 주는 가장 확실한 진리 중에 하나는 이 세상에 공짜는 없다라는 것이다. 위대함을 심지 않고 위대함을 거둘 수는 없다. 무엇을 심든 우리는 우리가 심은 만큼 거둘 수 있기 때문이다. 평범한 사람들이 무엇으로 위대함의 씨앗을 심을 수 있을까? 평범한 사람들은 아무리 노력을 해도, 아무리 열심히 살아도 평범한 것만 심을 수 있다.

우리의 성공과 실패를 좌우하는 것은 혹독한 현실이나 뛰어난 경쟁자가 아니라 바로 우리 자신이다. 스스로 자신의 성장과 발전을 위해 위대한 공부를 할 것인지, 하루하루 빈둥대면서 아까운 시간을 낭비할 것인지는 스스로 선택하는 것이다. 선택은 자유지만, 그 결과는 엄청나다는 사실을 깨닫게 될 것이다. 재능이 없어도 노력으로 재능을 이길 수 있고, 반대로 재능이 있어도 노력을 하지 않을 경우 있던 재능마저도 사라진다는 사실을 잘 보여 주는 경우가 있다. 바로 당송팔대가의 한 사람으로 꼽힐 만큼 뛰어난 문장가인 왕안석王安石과 그의 어릴적 친구인 방중영方仲永의 경우이다.

이 두 사람의 경우는 너무나 상반된 경우를 보여 주는데, 방중영의 경

우에는 어려서부터 신동이라는 소리를 들은 재능이 매우 뛰어난 아이였다. 어떤 시제를 제시해도 시를 술술 쓸 수 있을 만큼 뛰어난 재능을 가지고 태어났다. 그래서 그의 부친은 그런 아들을 데리고 다니면서 시를 쓰게 하고 그 댓가로 돈을 받아서 생활했다. 당연히 방중영은 공부에 힘을 쓸 시간이 없었다. 그렇게 세월은 흘러 방중영이 스무 살이 되었을 때 방중영은 평범한 인간으로 전락해 버렸다고 한다. 아무리 재능이 있다 해도 그것을 갈고 닦으며 노력하지 않는다면 그 어떤 천재도 평범한 사람으로 전락해 버린다는 교훈을 우리에게 알려 주는 이야기이다. 이 이야기는 왕안석이 자신의 어릴적 친구인 방중영에 대해 쓴 《상중영傷仲永》에 잘 나타나 있다.

이와 대조적으로 왕안석은 뛰어난 재능을 타고나지 못했다. 하지만 그는 꾸준히 공부에 최선을 다해 노력하고 또 노력하여, 뛰어난 문장가가 되어 많은 후세 사람들이 그 이름을 칭송하고 있다. 그가 남긴 《권학문勸學文》을 보면 그가 공부를 얼마나 소중하게 여겼는지 알 수 있다.

"글을 읽는 것은 낭비하는 것이 아니라, 만 배나 되는 이익을 가져다준다."

법칙 26

목숨 걸고 자기계발하라

"7시 내지 7시 30분에 시작해서 그날 모든 일과를 4~5시까지 끝내 보라. 말로만 할 게 아니라 실제로 실행에 옮겨라. 그래서 퇴근하기 전 어느 곳에 들러서 운동을 하든지, 친구를 만나든지, 어학 공부를 더 하든지 하고 6시 30분 전에 집에 들어가 라는 것이다."
【김현우, 《누가 이건희를 짝사랑하는가》, 도원미디어, 2005년, 33쪽】

사서삼경 중에 하나인 《대학》에는 다음과 같은 글이 실려 있다.

"진실로 하루가 새로워지려면 나날이 새롭게 하고, 또 날로 새롭게 하라."
(구일신苟日新 일일신日日新 우일신又日新)

우리가 이 말을 귀담아 들어야 하는 이유는 어제와 똑같은 오늘을 살고, 오늘과 똑같은 내일을 보내면서 왜 자기는 성공하지 못하고 가난하게 살아야 하는지 한탄하는 사람이 되지 않기 위해서이다. 성공한 리더들은 모두 목숨 걸고 자신을 채찍질하며 자기계발에 미쳤던 사람들이다.

이 세상에는 공짜가 없다. 노력한 만큼 성공하게 되는 것이다. 심은

만큼 거두게 되는 것이다. 투자한 만큼 얻게 되는 것이다. 그럼에도 불구하고 자기계발에 목숨 걸지 않고 현재 상태에 만족하고 안주하는 사람은 자신의 미래를 포기하는 것과 다름없다.

이미 최고의 자리에 올라섰음에도 자기계발을 멈추지 않았던 피터 드러커나 세종대왕처럼, 그리고 7·4제를 통해 능력을 끌어올린 삼성맨들처럼 우리도 역시 자기계발에 목숨을 걸어야 한다.

삼성의 변화와 개혁을 상징하는 아이콘 〈7·4제〉

이건희의 신경영 선언을 통해 삼성그룹 내에서는 누가 봐도 알 수 있는 뚜렷한 변화가 생겼음을 알려 주는 신호탄이 터졌다. 그것은 삼성내부의 임직원뿐만이 아니라 대한민국의 성인이라면 전부 다 알고 있을 정도의 파급력이 큰 변화였다.

그것은 바로 '7·4제'였다. 7·4제의 주된 목적은 임직원들의 능력 강화 즉 자기계발이었다고 할 수 있다.

"7시 내지 7시 30분에 시작해서 그날 모든 일과를 4~5시까지 끝내 보라. 말로만 할 게 아니라 실제로 실행에 옮겨라. 그래서 퇴근하기 전 어느 곳에 들러서 운동을 하든지, 친구를 만나든지, 어학 공부를 더 하든지 하고 6시 30분 전에 집에 들어가라는 것이다."[1]

1993년 독일 프랑크푸르트에서 이건희가 했던 말이다. 이 말은 이건희 개혁의 상징적인 시도가 된 7·4제의 시작을 알리는 말이기도 했다. 7·4제를 통해 이건희는 삼성을 뼛속부터 바꾸기 시작했음을 알린 것이다.

'목숨 걸고 자기계발에 몰두하라.'라는 구호 아래, 삼성의 전 직원은 7·4제에 동참했다. 겨울철에 삼성의 임직원들은 출근하여 한참 동안 일을 하고 나서 창밖을 보면, 아직도 해가 채 뜨지 않았던 경험이 있을 것이다. 다른 회사의 직원들은 이제 겨우 출근하려고 자리에서 일어나는데, 삼성의 임직원들은 2시간 전에 벌써 일에 푹 빠져 들게 되었던 것이다.

무엇보다 놀라운 사실은 7·4제가 단순히 출근시간을 2시간 앞당긴 것에 불과한 것이 아니었다는 것이다. 7·4제의 본질이자 가장 큰 목적은 초일류 기업의 임직원이 되자는 것이었다. 그렇게 하기 위해서는 어학을 공부해야 하고, 자신의 전공 분야를 공부해야 하고, 다른 많은 책들을 읽어야 한다. 바로 그렇게 하기 위한 회사의 배려이자, 혁신적인 조치였던 것이다.

7·4제가 처음 실시되었을 때, 삼성인들은 모두 엄청난 충격을 받았다. 서울 지하철에 새벽 6시에 넥타이를 매고 타는 사람들은 전부 삼성맨들이었기 때문이었다. 이들은 다른 직장인들보다 모든 면에서 2시간이 빨라진 것이다. 2시간을 먼저 살게 되었던 것이다. 그러면서 임직원들은 4시 이후의 시간을 그냥 허투루 낭비해서는 안 될 것 같은 묘한 심

리를 느꼈다. 바로 옆의 동료는 어학 학원에 다니고, 또 다른 동료는 매일 도서관에 가서 엄청난 책을 읽고, 또 다른 동료는 독서실로 공부를 하러 다녔기 때문이었다. 그러한 분위기에 휩쓸려 삼성맨들은 정신없이 자기계발에 몰두하게 되는 기이한 문화 혁명을 겪게 되었다.

이때를 기점으로 삼성맨들의 어학 실력은 한 단계 상승하게 되었고, 웬만한 회화는 못하는 사람이 없을 정도가 되었다고 해도 과언이 아니었다. 대리에서 과장 승진 시에도, 과장에서 부장 승진 시에도 가장 먼저 보는 것은 어학등급이었기 때문이다. 물론 어학등급은 삼성인들이 그 당시 몸으로 느꼈던 것과 변화된 것들의 실체에 비하면 빙산의 일각에 불과한 것이었다.

100배 성장을 만든 삼성인들의 혹독한 훈련

이건희는 왜 이렇게 삼성의 모든 임직원들에게 '자기계발에 미쳐라'고 주문을 하듯 7·4제를 과감하게 실천한 것일까? 그것은 자신의 경험에 근거하고 있다. 지독한 독서와 자기계발을 통해 경영하고는 전혀 상관이 없었던 자기 자신을 넘어설 수 있었고, 그 덕분에 삼성의 후계자로 내정될 수 있었으며, 궁극적으로 삼성의 경영자가 될 수 있었기 때문이다. 한 마디로 자기계발을 통해 놀라운 도약을 이미 몇 차례 경험했던 이건희는 삼성이 초일류기업이 되기 위해선 모든 직원들을 도약시켜야 한다는 사실을 잘 알고 있었다. 그러한 생각의 발로에서 7·4제라는 전무후무한 제도를 시행할 수 있었던 것이다.

이건희는 다른 경영자들이 흥청망청 아까운 시간과 에너지를 낭비하고 있을 때도 오직 자기계발에 몰두했다. 이건희가 이병철에게 직접 경영수업을 받았던 때였다. 정확히 1968년부터 1987년까지였다. 그는 퇴근하면 자기 나름대로의 계획에 따라 독학을 했다. 특히 전자와 자동차, 미래 공학 분야를 공부했고, 어느 부분에 있어서는 전문가 수준까지 올라섰다.

지식 근로자의 아이콘 피터 드러커

우리가 알고 있는 피터 드러커는 그냥 좋은 대학을 우수한 성적으로 졸업했기 때문에 졸업장이란 후광을 업고 만들어진 인물이 아니라, 60여 년 이상 3년 내지 4년마다 주제를 바꾸어서 끊임없는 독서를 통해 만들어진 인물이다. 지독한 독서로 피터 드러커는 자신을 뛰어넘었고, 현대 경영학의 대가가 될 수 있었다.

피터 드러커가 사회에 첫 발을 내디딘 곳은 증권 회사였다. 그곳에서 그는 견습생의 신분이었다. 하지만 그것도 오래 가지 못했다. 뉴욕 증권시장이 붕괴되어 증권 회사가 파산했기 때문이다. 그 후 신문사에서 기자로 일을 하며 지독한 공부를 했다. 재미있는 사실은 피터 드러커 역시 일종의 7·4제와 같은 라이프 사이클을 오랫동안 유지하며 공부를

했다는 사실이다. 피터 드러커가 일한 신문사의 신문은 석간이기 때문에, 피터 드러커는 삼성맨들보다 한 시간 빠른 6시에 일을 시작하여, 최종 편집판이 인쇄에 들어가는 시간인 오후 2시 반에 퇴근을 했다. 삼성맨들보다 한 시간 반이 빨랐다. 그는 퇴근 후에는 국제 관계와 국제법, 사회 제도와 법률 제도의 역사, 일반 역사, 재무 등에 관한 책을 읽었다.

이런 점이 7·4제를 통해, 퇴근 후 남는 시간을 자기계발에 몰두하게 되었던 삼성인들의 모습과 비슷한 것이다. 이 세상에 공짜는 없는 듯하다. 남들보다 더 많이 독서하고, 자기계발을 한 사람이 그만큼 더 보상을 받게 되는 것이 당연하다.

포브스코리아가 2008년 11월호 기사에 대한민국 CEO들의 80%는 아침 6시 이전에 기상을 한다고 보도한 적이 있다. 이 수치는 2007년에는 70%였는데, 더 올라간 수치이다. 이런 점을 봤을 때도, 남들보다 더 열심히 일하고, 더 열심히 공부하는 사람이 그만큼 더 성장하고 발전하게 되어 있는 것이다.

이건희는 지독한 독서를 하면서 동시에 그동안 자신이 공부하지 못했던 부분들로 인해 책으로 더 이상 배움에 한계를 느낀 경우에는 최고 전문가를 초빙해서 강의를 듣기도 했다. 이렇게 초빙된 사람만 수백 명에 이르렀다.

그의 독서는 부회장이 되어서도 계속되었고, 신경영의 성과로 삼성이 최초로 소니를 제치고 세계 1위 자리에 올랐을 때도 계속되었다. 12시간씩, 16시간씩, 혹은 20시간씩 연속으로 강의를 들으며 공부에 몰두했다.

이건희는 자기계발의 중요성을 제대로 알고, 그것을 독하게 실천했던 몇 안 되는 재벌 2세였다. 이건희는 먹고 사는 데 별다른 걱정은 없었지만 누구보다 독하게 공부를 했던 인물이다. 그리고 누구보다 독하게 자기를 넘어서기 위해 정진하고 또 정진했다. 이건희의 이런 모습을 마주 대하게 되면, 또 다른 한 명의 거인이 생각난다.

위대한 성군의 아이콘 세종대왕

위대한 성군이었던 세종대왕이 바로 그 거인이다.

세종대왕은 왕의 자리에서도, 지독하다는 말을 들을 만큼 공부를 했다. 손에서 책을 놓지 않았던 수불석권手不釋卷의 대표적인 인물이기도 하다. 세종대왕의 공부하는 모습은 실록에도 기록돼 있었다.

세종대왕은 '식사 중에도 좌우에 책을 펼쳐 놓았다.2' 또한 한밤중에도 책을 보았다. 그는 임금이면서도, 한가롭게 쉬는 사람이 아니었다. 그는 또한 다음과 같은 말을 했음이 세종실록에 남아 있다.

'내가 궁중에 있으면서 손을 거두고 한가히 앉아 있을 때가 없었다.'
그리고 그는 세상에 나와 있던 모든 책을 읽고 공부했다. 과연 임금의

위치에서 어떻게 그렇게 고단하게, 힘들게, 공부를 한 것일까? 그 이유는 무엇일까?

"임금이라도 공부하지 않으면, 그것은 아무데도 쓸모없는 인간이 될 수밖에 없다."는 것을 그는 확실히 알고 있었기 때문이다.

그가 몸을 축내가면서까지, 공부에 몰입하여, 밤을 새워 공부를 한 적이 많았다고 세종실록은 전하고 있다. 공부에 대한 세종대왕의 열정과 자세를 보고 주위 사람들은 도저히 이해를 못했다. 왕의 위치에서 공부는 교양 정도로 적당히 할 수도 있지만, 마치 과거시험 준비하듯 공부를 했기 때문이다. 특히 조선의 창업자이며, 할아버지인 태조는 세종이 공부에 몰두하는 자세를 보고, 심하게 걱정을 하면서 다음과 같이 질문을 했다.

'과거를 보는 선비는 이와 같이 공부해야겠지만 어찌 임금이 그토록 신고辛苦하느냐?'

다만 세종대왕은 임금으로서, 자신이 알아야만 더 나은 세상을 만들 수 있고, 통치할 수 있고, 다스릴 수 있다는 사실을 분명하게 알고 있었다.

이건희도 마찬가지다. 어찌 재벌 2세가 이토록 독하게 공부를 했어야만 했을까? 이건희에 대해 표면적으로 보이는 면은 재벌 2세로 태어나, 회장 자리를 물려받았다는 것이지만, 그 과정에서는 엄청난 노력과 훈련과 극기가 숨어 있었던 것이다.

이건희에게 지독한 독서와 자기계발이 없었다면, 지금의 초일류 삼성이 탄생할 수 있었을까? 세종대왕이 그토록 신고하여 공부를 하지 않았다면 번성했던 조선이 존재하였을까?

세종대왕과 마찬가지로 셋째 아들이었던 이건희는 자기계발에 대한 욕구가 굉장했다는 점에서 닮아 있다.

사가독서는 조선시대의 7·4제

이건희는 자기계발의 유용성을 잘 알고 있었기에, 임직원들도 자기계발에 몰두할 수 있게 해주는 7·4제의 시행을 과감하게 결행했다. 그것은 세종대왕이 신하들의 공부와 자기계발을 위해, 마련해 준 '사가독서賜暇讀書'라는 제도와 맞먹는 제도였다.

사가독서는 한 마디로 공부를 위한 특별 유급 휴가이다. 즉 집에서 책을 보면서 공부만 하게 하는 휴가인 것이다. 정공부의 중요성을 일찍이 알았던 세종대왕은 자신이 공부를 하면 할수록 성장하고 도약한다는 귀중한 교훈을 얻었을 것이다. 그리고 그러한 귀중한 경험과 교훈은 부국강병의 조선을 이끄는 데 신하들의 성장과 발전이 반드시 필요하다는 사실에 초점을 맞추게 해주었을 것이다.

그것은 바로 자신의 신하들이 최고의 학자들이 될 수 있도록 공부할 수 있는 시간을 제공해 주었던 것이다. 이와 마찬가지로 이건희는 그룹의 총수로 그룹의 임직원들에게 매일 공부하고, 자기계발을 할 수 있는 황금 같은 시간을 제공해 주기 위해 7·4제를 결행했던 것이다.

그는 삼성을 초일류로 변화시키기 위해, 그리고 삼성그룹의 도약을 위해, 임직원들 개개인들에게 자기계발을 주문했고, 그러한 시간을 제

공하기 위해 7·4제를 과감하게 실천에 옮겼던 것이다.

"결론은 한 가지다. 나 자신이 안 변하면 아무것도 안 변한다는 것이다. 변하는 것이 일류로 가는 기초다. 내가 바뀌어야 비서실이 바뀌고 각사 사장, 부사장, 임원, 부장, 과장들이 바뀐다."

"자기부터 변하지 않으면 안 된다. 마누라하고 자식만 빼놓고 모두 바꿔 봐라. 막상 변하려면 어려울 것이다. 어렵지만 변하지 않는 것보다 훨씬 낫다. 쉬운 것, 간단한 것부터 실천하자."

그의 신경영 어록에 나오는 이러한 말들을 통해 우리는 그의 열정과 자기계발에 대한 간절함을 느낄 수 있다.

이건희는 7·4제를 통해 삼성인들 모두가 대한민국을 이끄는 리더가 되어 줄 것을 요구했던 것이다.

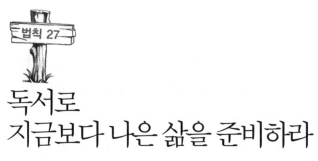

독서로
지금보다 나은 삶을 준비하라

"복잡한 세상에 답이 하나일 수는 없다. 다양성을 수용하는 가치관을 갖고 모순을 조화시키는 한 차원 높은 경영이 필요하다."
【이건희, 《생각 좀 하며 세상을 보자》, 동아일보사, 1997년, 140쪽】

위대한 학자들과 부자들은 모두 목숨 걸고 독서를 하는 사람들이다. 세계적으로 유명한 미래학자인 앨빈 토플러Alvin Toffler는 스스로를 '독서 머신'이라고 부를 정도로 누구보다 많은 독서를 하는 사람이다. 그 결과 그의 책들은 전 세계 지식인들이 다 즐겨 보는 고전이 되었다. 그의 책들을 보면 《제3의 물결》, 《권력 이동》, 《부의 미래》 등을 대표적으로 꼽을 수 있다.

미국의 경제 전문지 블룸버그에서 세계 최고 부자들을 발표했는데, 여전히 2~3위를 기록하는 빌 게이츠와 워런 버핏은 널리 알려진 독서가들이다.

'오늘날의 나를 만든 것은 동네 도서관이다. 멀티미디어 시스템이 정보 전달 과정에서 영상과 음향을 사용하지만, 문자 텍스트는 여전히 세부적인 내용을 전달하는 최선의 방식이다. 나는 평일에는 최소한 매일 밤 1시간, 주말에는 3~4시간의 독서 시간을 가지려 노력한다. 이런 독서가 나의 안목을 넓혀 준다.'고 빌 게이츠는 말했고, '나는 아침에 일어나 사무실에 나가면 자리에 앉아 읽기 시작한다. 읽은 다음에는 여덟 시간 통화하고, 읽을거리를 가지고 집으로 돌아와 저녁에 다시 또 읽는다.'고 워런 버핏은 말했다.

세계 최고의 부자가 된 이들도 매일 더 나은 자신을 위해 책을 손에서 놓지 않았다.

독서하지 않는 자에게는 눈부신 미래가 존재하지 않는다. 독서를 하지 않고 자신을 발전시키고 성장시킬 방법은 없기 때문이다.

궁지에 몰렸다면 이건희처럼 공부하라

지독한 공부는 사람의 의식과 사고뿐만 아니라 체질까지도 바꾸어 놓고 기호까지도 바꾸어 놓는다. 이건희가 그랬다. 평범했고, 기업과 어울리지 않았던 청년 이건희는 지독한 공부를 통해 최고의 경영자로 도약할 수 있었다.

과연 공부가 무엇이기에 사람의 체질과 기호까지도, 성격까지도 바꾸어 놓을 수 있다는 말인가?

"선진국 지표 중의 하나가 식목이다. 나무를 심는 것은 자기 자식, 손자대까지도 수확이 안 되는 것이다. 당대에 본전을 뽑으려고 하니 좋은 나무가 없는 것이다. (…) 짧게는 10년, 길게는 100년을 내다보는 눈이 있어야 한다."

진짜 공부는 인생이 무엇인지 조금 보이기 시작하는 나이에 하는 공부라고 할 수 있다. 철이 없었을 때, 인생이 뭔지 몰랐을 때는 그저 학교 공부나 시험공부가 전부였다. 하지만 인생을 조금 알게 되고, 자신이 궁지에 몰렸을 때, 살아남기 위한 공부를 할 때는 그 무엇과도 비교할 수 없는 절박한 심정이 우리를 강하게 이끌어 준다.

"궁지에 몰리고도 배우려고 하지 않는 자는 가장 아래니라困而不學民斯爲下矣."

《논어》에 보면, 공자의 이 말이 나온다. 이건희가 바로 이 상황이었다.

아버지 이병철이 피땀 흘려 30년 동안 만들어 놓은 삼성에 마땅한 후계자가 없었던 것이다. 그렇다고 자신이 후계자가 되기에는 자신의 부족함을 너무나 절실하게 깨닫게 된 이건희는 선택의 길이 없었다. 절박한 심정으로 경영공부에 모든 것을 걸어야 했던 것이다.

독서와 공부는 우리의 질과 수준을 비약적으로 도약시켜 준다. 이건희 역시 이때의 독서와 공부를 통해 경영자의 마인드를 기를 수 있었을 것이고, 의식이 비약적으로 도약하게 되었을 것이다.

그렇게 지독하게 공부를 시작하고 나서 그의 경영 마인드와 미래를 내다보는 통찰력이 도약했음을 보여 주는 사례는 아무도 그 필요성을 몰랐던 한국반도체의 인수였다. 삼성반도체가 지금 삼성과 한국에 얼마나 큰 역할을 해오고 있는지를 볼 때, 이건희는 이때부터 훌륭한 경영자로 거듭나고 있었다는 것을 어느 정도 느낄 수 있다. 하지만 그의

공부는 그가 부회장으로 승진하고 나서도 십 년 이상 계속 되었고, 심지어 그가 회장이 된 후에도 계속 되었을 것이다. 그 성과가 지금의 초일류 기업을 만들었기 때문이다.

시간을 아껴서 공부하라

'한 시간을 감히 낭비할 수 있는 사람은 삶의 가치를 발견하지 못한 사람이다.'라고 다윈이 말했다. 이건희는 자신이 어떤 형편에 놓여 있고, 무엇을 해야 하는지에 대해 각성한 후 일분일초도 허투루 시간을 낭비하지 않았을 것이다. 목숨을 걸고 공부를 해야 할 때를 간파했고, 자신의 모든 것을 걸고 공부에 전념했다.

기업과 체질상 맞지 않았던 이건희가 기업가로 성공할 수 있게 된 것은 그가 가진 진돗개와 같은 집요함과 끈질김에 공부가 접목되었기 때문이라고 할 수 있다. 20대 후반까지는 평범한 재벌 2세에 머물렀지만, 삼성을 이어받을 사람이 아무도 없다는 냉혹한 사실을 깨닫게 된 후, 그에게 가장 필요했던 것은 삼성의 경영자가 될 수 있는 공부였던 것이다.

그러한 사실을 자각한 후 그의 삶은 한 마디로 독서 그 자체였다. 그는 전자, 우주, 항공, 자동차, 엔진공학, 미래공학 등을 넘나들면서 독서를 하고 또 했다. 이미 그에게 존재했던 깊은 사고력과 몰입의 습관은 그의 공부가 일취월장할 수 있게 도와주었음을 쉽게 이해할 수 있다.

이처럼 집중할 수 있었던 원동력은, 궁지에 몰린 사람이 마지막 남은 희망인 지푸라기를 잡아야만 하는 그러한 절박감이었을 것이다. 이건희는 20대 후반에 자신이 당면한 문제와 형편을 잘 알았던 것이다. 공부를 잘하기 위해서 가장 필요한 것은 동기 부여이다.

"지혜와 전략이 부족한 리더가 용기와 의욕만 넘쳐서는 자신뿐만 아니라 따르는 부하들의 생명까지도 위태롭게 할 수 있다. 이것이 공부해야 하는 이유다."

이순신 장군의 말처럼, 리더의 위치를 원하는 사람은 더욱 더 공부를 해야만 한다. 이건희는 이러한 사실을 통감했고, 자신이 최고의 리더가 되지 못하면 삼성의 운명이 위태롭게 될 것이라는 사실을 누구보다 확실하게 깨달았다.

현실을 냉철하게 판단하라

이건희가 자신의 현실을 냉철하게 판단한 후 경영에 뜻을 두고, 지독한 공부를 시작했던 것처럼, 우리에게 가장 우선시 되어야 하는 것은 현실을 냉철하게 판단하는 것이다.

당신의 나이가 30세라면 50년 동안 무엇을 하고 살 것인지에 대해 정확히 알아야 한다. 만약 당신의 나이가 50세라면 남은 30년 이상의 삶

동안 무엇으로 먹고 살 것인지, 무엇을 하며 살 것인지에 대해 확실하게 그리고 냉철하게 현실을 판단해야 한다.

지금 이 시대는 무조건 열심히 살아간다고 길어진 인생을 풍요롭고 행복하게 살 수 있게 해 주는 그런 시대가 아니다. 인간의 평균 수명이 80세가 되고, 90세가 되어 가는 시대이다. 직장에서 아무리 일을 잘해서 핵심 인력이라고 하더라도 40대 중반을 전후로는 회사에서 나와야만 한다. 아무리 일을 잘해서 임원이 된다 해도 50세를 전후해서 회사를 나와야 한다. 이런 경우는 일을 정말 잘하는 극히 드문 경우이다. 일반 직장인들은 이것보다 훨씬 더 일찍 회사에서 나와야 한다.

당신이 잘 나가는 직장인이라고 해도, 인생의 후반기 30년 이상을 무엇을 하면서 어떻게 먹고 살 것인지에 대해 냉철하게 판단해야 한다. 그것이 현실을 냉철하게 판단해야 하는 이유 중에 첫 번째 이유이자, 내용이기도 하다.

그러한 여러 가지 내용 중에서도 우리가 독서를 해야 하는 이유에 대해서 살펴보면, 우리가 사는 이 시대도 그렇지만, 앞으로는 더더욱 인생은 길어지고, 상대적으로 직장은 짧아지기 때문이다.

중·고등학교 때는 대학교에 가기 위해 공부를 하고, 대학교에서는 좋은 직업이나 직종을 구하고, 전문가가 되기 위해 공부를 한다. 하지만 이제 자신이 의사나 변호사가 된다 해도 그것만으로 평생 먹고 살 수 없는 시대가 되었다. 의사의 경우에는 새로운 신종 병들이 너무나 많이 발생하기 때문에 쉬지 않고 공부를 하고, 세미나에 참석해야 한다. 그 예로 신종 플루가 우리를 위협했던 몇 년 전에는 의사들도 신종 플루의 증상이 무엇이고, 예방책이 무엇이고, 치료제가 무엇인지 아무도 알지 못했다. 누군가가 연구하고 공부해서 어느 정도 공부 성과가 나온 후에 그것이 매스컴을 통해 알려지고, 그것을 의사 협회에서 다시 공부를 하여, 다른 의사들에게 세미나와 지침을 통해 알려 주었던 것이다.

이런 상황은 변호사도 마찬가지이다. 십 년 전에는 없었던 트위터와 페이스북, 스마트폰, 첨단 IT 기기들로 인해 우리의 삶이 너무나 복잡 다단해져 가고 있다. 그로 인해 발생하는 케이스는 과거 십 년 전에는 한 번도 상상도 못한 복잡한 경우들이 많이 생겨나기 때문에 새로운 공부들을 추가적으로 해야만 제대로 된 상담을 해줄 수 있고, 변호를 해줄 수 있다.

과거에는 변호사나 의사 자격증 하나만 있으면 평생 공부를 특별히 하지 않아도 이미 공부해 놓은 것만으로도 버틸 수 있었지만, 이제는 세상이 너무 급변하고 있기 때문에 공부를 대학교때까지 하는 것이라고 생각한다면 그것은 큰 오산이다.

이러한 현실을 냉철하게 판단하고 직시해야 한다. 그래야 공부가 꼭 필요한 것임을 깨닫게 되기 때문이다. 이건희 역시 자신이 처한 독특한

현실을 냉철하게 판단할 수 있었기 때문에 삼성의 경영자가 될 수 있었고, 지금의 초일류 기업을 만들어 놓을 수가 있었다. 우리에게 가장 먼저 필요한 것은 현실을 냉철하게 판단하는 것이다.

우리가 살아가고 있는 이 시대가 진정 원하는 것이 무엇인지? 그리고 우리는 각자가 어떤 준비를 해야 하는 지를 냉철하게 지금 당장 판단해 보아야 한다.

지혜로운 자는 인생 후반부를 준비한다

인생의 전반부는 누구나 다 강요받은 삶을 살아야 한다. 자신의 의도와는 상관없이 학교를 다녀야 하고, 남자라면 의무적으로 군대에 가야 한다. 자신의 의도와 상관없이 대학교에 들어가기를 강요를 받는다. 그리고 대학을 졸업 후에는 마치 미리 얘기라도 된 것처럼 좋은 직장에 취직하기를 강요받는다.

그리고 마치 얘기라도 된 듯이 좋은 배우자를 만나서 결혼하기를 강요받는다. 이렇게 살다 보면 아무것도 나다운 삶을 살 수 없다. 인생의 전반부는 그래서 리허설이라고 할 수 있다. 혹은 워밍업이었다고 말이다. 눈부신 인생의 후반부를 위해 준비하고 기다리고 인내하고 연습하고 훈련하는 기간 말이다.

인생의 전반부가 이렇게 리허설이고 워밍업이라면, 본 게임인 인생의 후반부에는 무엇을 어떻게 해야 눈부시고 가슴 설레는 삶을 살아가고 개척할 수 있을까? 은퇴 시기는 점점 더 빨라지고 있다. 인생의 후반부는 어떻게 살아야 한다고 아무도 강요하지 않는다. 인생의 전반부는 아무 생각 없이 누군가가 강요하는 대로 그렇게 열심히만 살아도 아무 문제가 되지 않았다. 하지만 정작 누군가의 강요가 필요한 인생의 후반부는 아무도 관심조차 가지지 않는다.

이제부터는 스스로 개척해 나가야 하고, 스스로 자신의 인생의 주인이 되어 스스로에게 강요를 해야 하기 때문이다. 문제는 스스로에게 무엇인가를 강요하기 위해서는 그 인생에 대해 그리고 미래에 대해 어느 정도의 통찰력이 있어야 하고 사고와 의식이 깨어 있어서 미래를 내다볼 수 있어야 한다. 이러한 힘을 기르기 위해서 가장 필요한 것은 바로 공부다.

episode 9
이건희와 책

세종대왕과 이건희의 닮은 점

위대한 성군이었던 세종대왕과 이건희는 닮은 점이 매우 많다. 그 두 사람의 닮은 점 중에 가장 큰 공통점은 두 명 다 지독한 공부를 했다는 점이다. 세종대왕이 지독한 공부를 하지 않았다면 왕이 되지 못했을 것이다. 그런데 이건희 역시 그와 다르지 않았다는 점은 매우 흥미롭다.

20대 중반까지 이건희는 우리가 소위 말하는 공부와 인연이 없었던 사람이었다. 공부보다는 영화나 개나 스포츠에 더욱 더 많은 관심을 보인 인물이었다. 그래서 아무도 그를 삼성을 이끌고 갈 삼성의 후계자로 생각하지 않았다.

삼성의 경영권이 장남인 이맹희에게 완전히 인계되어 실질적으로 이맹희가 삼성을 경영했던 적도 있었고, 이건희는 성격상 기업이 맞지 않을 것이라는 아버지 이병철의 권유도 있을 정도로 이건희와 삼성그룹의 경영은 어울리지 않았다.

하지만 그로 하여금 경영 수업과 지독한 공부에 목숨을 걸게 한 계기가 있었다. 그것은 장남인 이맹희가 실질적으로 경영 능력이 부족하다는 것이 공공연히 입증이 되었고, 둘째 형 이창희가 아버지의 눈 밖에 나서 미국으로 쫓겨 가게 되는 일이 벌어졌기 때문이었다. 이제 더 이상 삼성을 물려받을 적임자가 없다는 현실을 통감했던 것이다. 이건희는 그때부터 지독한 공부를 하기 시작했던 것이다.

《스물일곱 이건희처럼》의 작가이고 청년들의 멘토인 이지성 작가는 자신의 이 책에서 20대엔 평범했고, 심지어 30대엔 실패자였던 이건희가 40대에 세계 최고 경영자로 도약할 수 있었던 비결을 세 가지로 들고 있다. 그 세 가지는 '현실 감각' '성공 관념' '진짜 공부'이다. 평범하고 심지어 열등하기까지 했던 이건희가 세계 최고의 경영자로 나아갈 수 있었던 것은 이 세 가지를 갖추고부터라고 한다.

이 세 가지 중에서도 가장 핵심적인 것은 누가 뭐래도 '진짜 공부'일 것이다. 진짜 공부를 하면 현실 감각뿐 아니라 미래 감각도 생기고, 성공 관념뿐만 아니라 성공에 대한 확고한 의지와 신념까지 생기기 때문이다.

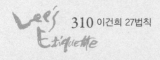

안상헌 작가의 《이건희의 서재》란 책을 보면, 좀 더 다른 시각으로 이건희란 인물에 대해 설명하고 있다. 이건희는 밤을 새워 책을 읽는 책 중독자라는 것이다. 그리고 그는 25권의 책을 통해 이건희의 인생철학과 경영 전략, 승리 비결을 표현했다.

밤을 새워 책을 읽는 책 중독자 이건희

이건희의 남다른 통찰력과 탁월함은 독서에 기인한다고 볼 수 있다. 그의 책읽기 모습에 대해 서술한 부분을 잠깐 살펴봐도 나쁘지 않을 것이다.

"이건희는 밤을 새워 책을 읽는 책 중독자다. 한번은 김영삼 정권 시절 스페인 국왕의 방한 행사에 참석하기로 되어 있었는데, 전날 밤을 새워 책을 읽고는 눈이 벌게져서 청와대에 간 적도 있다. 그의 방은 사법 고시를 준비하는 사람의 것처럼 늘 책들이 어지럽게 널려 있다. 술 중독자들이 밤새워 술을 마시는 것처럼 책 중독자인 그 역시 밤새워 책을 읽는 경우가 허다하다. 그런 점에서 책은 술과 비슷하다. 읽으면 읽을수록 문장에 취해 더 읽도록 만드는 것이 책이다."[3]

이건희는 아주 어렸을 때부터 고독과 사색에 깊이 빠져 있었던 인물이다. 하지만 이것만으로는 언제나 뭔가가 부족했다는 사실을 실패와 평범함으로 점철된 그의 20대를 통해 알 수 있다. 이렇게 고독과 사색을 좋아하였지만, 뭔가를 창출해 내고, 놀라운 결단을 하기에는 2%가 부족했던 것이다. 이런 그에게 독서와 공부는 새로운 단계로 나아가는 가장 중요한 도구가 되어 주었다. 독서와 공부는 고독과 사색이 습관이 된 그에게 가장 좋은 성장의 도구가 되어 주었다.

《이건희의 서재》에서 묘사하는 이건희는 한 마디로 철학자적 기질을 타고 난 사람이다. 관찰하고 사색하고 스스로 생각하는 습관이 몸에 밴 사람이 철학자가 아니고 무엇이냐고 반문하기도 한다. 이렇게 관찰하고 사색하고 스스로 생각하는 과정에서 독서는 생각에 화학을 던져 넣는 것과 같다고 단언한다.

우리들도 때로는 무엇인가에 깊이 골몰하고 있다가 머리도 식힐 겸본 책에서 놀라운 아이디어를 발견할 때가 있듯이, 그도 역시 그랬다. 독서를 그렇게 지독하게 하기 전에는 고독과 사색과 취미 생활로 혼자만의 생각에 갇혀 있다가 우연히 본 한 권의 책이나 한 줄의 문장에서 의식과 사고의 빅뱅을 경험했을 것이다. 그로 인해 점점 더 공부와 독서에 빠져 들게 된다. 이러한 도약과 환희를 경험한 사람이라면 절대로 이러한 환희를 중단하고자 하지 않을 것이다. 이런 환희와 바꿀 만큼 위대하고 강렬한 경험은 찾아 보기 힘들기 때문이다. 이건희가 공부와 독서에 빠질 수밖에 없었던 가장 큰 이유가 바로 이것이었을 것이다.

관찰하고 사색하고 스스로 생각하는 것을 즐기고 좋아하는 훈련이 된 사람은 많지 않다. 하지만 이건희는 입체적 사고가 이미 어느 수준에 도달해 있었다. 그러한 사람에게 독서는 충분히 의식과 사고의 빅뱅을 가져오게 할 만큼 강력한 것이다. 평소에 고독과 사색을 멀리 하는 사람은 책을 통해 가시적인 효과를 단시간에 얻는다는 것이 불가능하다. 일정한 양의 물통에 물이 넘치기 위해서는 사색과 독서라는 양이

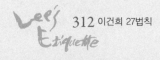

어느 정도 쌓여야 하기 때문이다. 이렇듯 우리의 사고와 의식의 빅뱅이 일어나기 위해서는 엄청난 양의 독서와 엄청난 양의 사고가 필요하다. 이 둘 중에 어느 하나가 절대적으로 많은 경우, 다른 하나를 조금이라도 더하게 되면, 곧 물통에서 물이 넘치듯 생각이 넘쳐나게 된다.

프랭클린 루즈벨트는 "선박 없이 해전海戰에서 이길 수 없는 것 이상으로, 책 없이 세상과의 전쟁에서 이길 수는 없다."라고 말한 바 있다. 이건희는 책을 통해 공부를 시작한 후 기업 전쟁에서 비로소 승리하는 경영자로 도약할 수 있었다. 이건희가 20대까지는 선박 없이 해전에 참여한 경우라면, 그가 책을 보며 공부하기 시작한 30대부터는 항공모함을 가지고 해전에 참여한 것과 같은 극적인 상황 전환이 이루어졌던 것이다.

이건희 역시 다른 모든 리더leader들이 그랬던 것처럼 책을 읽는 리더Reader가 됨으로써, 진정한 리더leader가 될 수 있었다는 사실을 우리는 잊지 말아야 한다.

그가 평소에 어렸을 때부터 열심히 공부하고, 많은 책을 읽었던 것은 아니라는 사실도 눈여겨 봐야 한다. 그가 책과 공부에 매진하기 전과 후의 삶이 극적으로 달라졌기 때문이다.

평범했던 이건희의 초기의 삶

그의 초기의 삶을 살펴보면, 20대 후반까지는 공부나 책에는 그렇게 몰두하지 않았음을 알 수 있다. 그가 20대 초반 시절이었던 와세다대 유학 시절과 조지 워싱턴대 경영대학원에 다니던 20대 중반까지는 별로 공부를 열심히 하지 않았다. 그 덕분에 20대와 30대에는 별로 두각을 나타내지 못했다. 오히려 그의 30대까지는 실패로 점철되었고, 비범한 인물에게서 보이는 진취적 기상이나 야망은 찾아볼 수 없었다.

인재들을 잘 찾아내는 날카로운 눈을 가진 이병철은 이건희의 이러한 사실을 잘 알고 있었다. 그래서 그는 평범하기 그지없었던 이건희에게 어울리는 진로를 제안하기도 했다.

"네 성격에 기업은 맞지 않는 것 같으니 매스컴은 어떠냐?"

이러한 말을 들을 정도로 이건희는 평범했고, 거인이 아니었다. 이것은 자기계발에 등한시 했고, 책을 가까이 하지 않았기 때문이다. 누구라도 자기계발에 등한시한다면 평범한 수준에서 벗어날 수 없음을 우리는 알고 있다. 아무리 남다른 점이 있다고 해도 도약을 완성시키는 것은 공부와 독서라고 할 수 있기 때문에, 공부와 독서에 미치지 않은 이건희는 호랑이가 아닌 사슴이었던 것이다.

평범했고, 자기계발에 소홀했던 이건희가 20대 후반부터 지독한 공부와 독서를 하기 시작한다. 마치 그동안 하지 못했던 것에 대해 한을 품은 사람처럼 눈에서 불이 날 정도로 그는 공부, 또 공부를 했다. 그러한 공부와 독서를 통해 이건희는 호랑이로 변해 갔고, 그러한 사실을 누구보다 잘 아는 이병철은 1971년, 이건희가 30세가 되던 해에 충격과 같은 결정을 한다.

삼성그룹을 이건희에게 물려 주겠다는 결정이었다. 이미 이병철은 호랑이가 되어 가고 있는 이건희의 진면목을 그때 보았기 때문이었다.

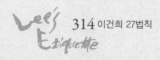

이병철은 그때 이건희에 대해 다음과 같이 말했다.

"건희는 와세다 대학을 졸업하고 미국 조지워싱턴 대학 유학 후 귀국해 보니 삼성그룹 전체의 경영을 이어받을 사람이 없음을 깨닫고 그룹 경영의 일선에 차츰 참여하게 되었다. 본인의 취미와 의향이 기업 경영에 있으며, 열심히 참여하고 공부하는 것이 보였다."

이건희는 20대 중반에 삼성 비서실 견습 사원으로 일한 적이 있었는데, 그때 그가 한 업무는 신문에서 삼성 관련 기사를 찾아 밑줄을 긋는 업무가 고작이었다. 이런 인물이 20대 후반의 지독한 공부를 통해 삼성그룹 전체를 책임질 후계자로 도약을 했던 것이고, 사람 그 자체가 완전히 바뀌었던 것이다.

누가 봐도 20대 중반까지의 이건희와 30대 초반의 이건희는 전혀 다른 사람임을 알 수 있었다. 신문에서 삼성 관련 기사를 찾아 밑줄을 긋는 정도의 인물이었던 그가 30대 초반에 이병철 회장과 모든 임원들이 반대하던 한국반도체를 인수하기로 결정을 할 정도로 대담한 결단력을 갖췄던 것이다. 지독한 공부와 독서를 통한 사고와 의식의 도약이 없었다면 이러한 일을 할 수 있는 사람이 아니었던 이건희는 공부와 독서를 통해 사고와 의식의 빅뱅을 경험하게 되었다고 생각할 수 있다.

우리는 이건희의 이 당시 결정이 눈부신 반도체의 성장으로 이어졌음을 잘 알고 있다. 파산 직전의 한국반도체가 3년 만에 흑백 TV용 트랜지스터를 만들어 내고, 또 다시 3년 만에 칼라 TV용 집적 회로를 만들어 냈고, 또 다시 3년 만에 64K D램 개발에 성공하는 기업으로 도약에 도약을 거듭했던 것이다. 이러한 성과들을 비롯해 이건희의 경영 비결은 지독한 공부와 독서를 통해 얻은 지혜와 통찰력과 혜안 때문이라고 확언할 수 있는 것이다.

그의 말은 어눌하지만, 공부와 독서를 통해 그는 독특한 용어와 세련된 언어를 구사해 낸다는 사실을 그의 수많은 어록을 통해 우리는 쉽게 알 수 있다.

이렇게 자신의 인생을 통해 자기계발의 중요성을 몸소 깨닫게 되었기 때문에, 임직원들의 자기계발에 소극적일 수가 없었던 것이다.

이건희는 신경영을 통해 임직원들이 뼛속부터 변화되는 자기계발을 강조했다. 변화가 일어나게 하기 위해 가장 좋은 방법은 자기계발을 시켜 스스로 변화와 성장을 경험해 보는 것이다. 과거의 이류 의식과 나약하고 부정적인 마인드가 변해야 하고, 실력과 사고와 의식이 달라져야 하고, 폭 넓은 경험과 독서를 통해 시야가 넓어져야, 변화가 제대로 이루어진다는 사실을 그는 잘 알고 있었던 것이다. 임직원 각자의 변화가 결국에는 삼성의 변화와 개혁의 토대가 된다는 사실을 그는 또한 잘 알고 있었다.

우리가 이건희에게서 꼭 배워야 할 한 가지

우리가 이건희의 삶을 통해 꼭 배워야 할 것은 이건희는 일찍부터 두각을 나타내며 경영자로서 소질을 보였던 유능한 경영자가 아니었다는 점이다. 지독한 공부와 노력을 통해 경영자로 거듭났다는 사실을 우리는 배우고 명심해야 할 것 같다.

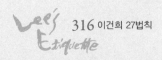

"건희는 와세다 대학을 졸업하고 미국 조지워싱턴 대학 유학 후 귀국 해 보니 삼성그룹 전체의 경영을 이어받을 사람이 없음을 깨닫고 그룹 경영의 일선에 차츰 참여하게 되었다. 본인의 취미와 의향이 기업 경영에 있으며, 열심히 참여하고 공부하는 것이 보였다."

지독한 공부가 한 사람의 취미와 의향, 적성까지 충분히 바꾸어 놓을 수 있다는 사실에 우리는 놀라지 않을 수 없다. 불과 10년 전에 이병철 이 이건희에게 한 말인 "네 성격엔 기업이 맞지 않는 것 같으니 매스컴 은 어떠냐."란 말과 비교해 보면 180도 다른 말이기 때문이다.

경영자로서의 이건희는 이제 국내를 넘어 해외에서까지 주목하고 있 다. 일본디베이트연구협회의 기타오카 도시아키의 《세계 최강 기업 삼 성이 두렵다》라는 책을 보면 일본인의 눈에 비친 삼성과 이건희의 지위 를 잘 알 수 있다.

"이건희는 천재적인 경영자다. 1993년 '신경영' 선언 이래 불과 10년 사이에 넘버원을 획득했다. 이것은 놀라운 스피드다. 이러한 기업은 세 계적으로 드물다.
이건희는 46세 때 창업자이자 아버지인 이병철로부터 삼성그룹의 경 영을 이어받았다. 그 이후 삼성그룹의 약진은 눈부시다. 이건희의 최대 의 공적은 한국의 삼류 제조업체였던 삼성을 세계 초일류의 기업으로 육성시킨 것이다. 겨우 10년 사이에 세계 제일이 되었다. 이 경영자는 천재적이라는 말 외에는 달리 할 말이 없다.

그가 내세운 경영전략을 보면, 전략 레벨로는 '제2창업' '신경영' '품질우선 경영' '준비 경영' '첨단경영' '신경영 제2기' 등이 있다. 이것들은 각각 3년에서 5년 정도의 중장기 경영전략에 해당한다."[4]

한때 삼성은 일본의 소니, 도시바, 히타치 같은 전자기업과는 경쟁 상대에 들지도 못했다. 글로벌 기업인 인텔이나 휴렛팩커드와는 비교 자체가 되지 않았다. 그렇지만 지금은 어떤가. 일본을 대표하는 소니는 삼성을 비롯한 글로벌 기업에 밀려 사상 최악의 적자와 감원 사태에 이르렀다.[5] 수십 년 동안 아성을 지켜오던 인텔과 휴렛팩커드는 이제 삼성보다 낮은 대우를 받는다.[6]

이 모든 일이 최근 10년 사이에 벌어진 일이다. 이건희 스스로 끊임없는 자기계발을 통해 자신과 삼성의 역량을 끌어올린 것이다.

세상에는 이미 많은 지식과 정보가 널려 있다. 가장 창조적인 리더로 손꼽히는 스티브 잡스도 이미 나와 있는 기술과 정보로 창조경영을 해왔다. 결국 기존의 것을 경영에 얼마나 잘 활용하느냐가 이 시대 최고의 관건이다. 그리고 독서는 이러한 혁신을 가능케 하는 가장 확실한 방법이다.

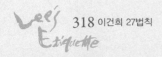

Good to Great
위대한 이건희를 위하여

1. 언제나 문제는 후계 승계이다

세계적 경영 석학이자 경영 구루인 짐 콜린스는《좋은 기업에서 위대한 기업으로》라는 책에서, 위대한 기업으로 성장하는 기업들의 비밀에 대해 밝혀냈다. 그는 이 책을 출간한 지 10년도 채 지나지 않은 시점에 좋은 기업들이 힘겹게 위대한 기업으로 도약한 후에 하나 둘 처참히 무너지고 소멸하는 것을 보고 충격에 사로잡혔다. 그래서 이번에는 위대한 기업들이 왜 몰락을 하는지, 그리고 몰락을 미리 감지하고 피할 방법은 없는지에 대해 연구하기 시작했다.

5년 동안 짐 콜린스와 그의 연구팀의 연구 결과,《위대한 기업은 다 어디로 갔을까》란 책을 통해 위대한 기업들이 몰락하지 않기 위해 지켜야 할 가이드라인과 해법을 제시해 주고 있다.

그것은 바로 '원만하지 못한 권력 승계의 문제'이다.

기원전 44년 3월 15일, 가이우스 율리우스 카이사르는 로마의 폼페이우스 극장에서 칼로 23군데를 찔려 숨을 거두었다. 그런데 그때 옥타비아누스는 열여덟 살이었다. 카이사르의 적들은 옥타비아누스를 위협세력으로 여기지도 않았다. 하지만 옥타비아누스는 서서히 뛰어난 전략과 자질을 보이면서 안심하고 있었던 적들을 하나씩 제거해 나간다. 먼저 카이사르의 병사들을 하나씩 규합하고 나서 카이사르의 적을 소탕하고, 거대한 정치세력인 안토니우스, 클레오파트라와 대결하고, 원로원과의 관계를 최대한 이용하여 권력을 합법화 해 나갔다. 그리고 그는 로마의 전통에 위배되는 명예는 교묘히 거부하고 대신 그럴 듯한 주장으로 실권만을 취했다. 그 후 20년간 차근차근 준비해 온 그는 로마의 사실상 첫 번째 황제로 등극할 수 있었고, 아우구스투스라는 칭호까지 얻게 되었다.[1]

그 후 그는 40년 이상 로마 제국을 이 세상에서 가장 강력한 국가로 꽃피울 수 있었다. 황제가 되기 위해 그는 날마다 치열하게 자신을 가다듬었다. 때로는 인내하며 황제가 되기 위해 고군분투했던 20년간의 세월이 그에게는 좋은 훈련 기간이 되어 주었다. 이러한 훈련과 인내와 시련의 기간을 통해 살아남았기 때문에 그는 역사상 가장 수완이 좋은 정치가로 평가를 받기도 했다.

황제가 된 이후 그의 정치적 업적은 더욱 크게 빛을 발했다. 그는 로마를 통합하고 내전을 종식시켜 평화로운 제국을 건설했고, 정부 시스

템을 재설계해 제국을 확장하는 동시에 로마를 번영시켰다. 비교적 검소한 집에 살면서 철저하게 자신을 과시하는 것을 숨기고 피했다. 그리고 정치적 전략에서 뛰어난 천재성을 발휘하여, 법과 군대의 힘보다는 '제안'을 통해 로마의 시민들과 정치인들이 자발적으로 따르고, 화합하도록 유도했다.[2]

아우구스투스가 그렇게 할 수 있었던 원인으로는, 20년 동안 혼자서 철저하게 고민하며, 살아남기 위해 처절한 싸움을 벌이면서 인내하고 이겨내며 정적들을 하나씩 물리치는 과정에서 터득하게 된 정치적 수완과 의식의 도약 덕분이다. 그러한 과정을 통해 아우구스투스는 황제로서의 자격을 스스로 갖추게 되었고, 로마를 누구보다 잘 통치하여 번성시킬 수 있었던 것이다.

율리우스 카이사르가 폼페이우스 극장에서 정적들에 의해 칼에 찔려 숨을 거둔 것이 어쩌면 길게 볼 때 로마의 번영과 옥타비아누스가 아우구스투스라는 황제로 도약하기 위해 가장 좋은 위기이자 기회였다고 볼 수 있다. 이것을 계기로 옥타비아누스는 스스로 황제가 되는 훈련을 하며 황제의 자질과 역량을 하나씩 서두르지 않고 갖추어 나갔기 때문이다.

삼성과 이건희가 앞으로 만나게 될 가장 큰 문제는 후임자 승계 문제일 것이다. 승계 문제를 제대로 해결하지 못할 경우 기업은 몰락할 수도 있고, 제대로 준비가 안 된 후임자들은 회사를 떠나야 하는 경우도 생길 수 있다.

삼성이라는 대기업의 경우에는 한 사람이 실패에 대한 책임을 지고 자신의 자리에서 물러난다고 해서 그 책임을 다할 수 없다는 것이 더 큰 문제이다. 35만 명이 넘는 임직원들의 앞날이 달린 문제이며 나아가서는 한국 경제가 걸린 문제이기 때문이다.

이병철의 후임자로 이건희가 승계된 것은 결과를 놓고 보자면 매우 다행스러운 일이었다고 할 수 있다. 현재 삼성의 위상을 봐도 그렇고, 이건희 스스로도 옥타비아누스가 겪었던 인내와 시련의 시기처럼 어렸을 때부터 다양한 경험과 결단을 통해, 대기업의 오너로서 갖출 수 있는 능력을 최대로 발달시켜왔기 때문이다. 그렇지만 단 하나, 후계자 양성에 있어서는 너무 소홀하게 대처하지 않았나 하는 걱정이 든다.

후계자는 하루아침에 만들어질 수 없다. 오랜 시련과 인내의 시기를 통해 성장시키고 발전시켜야 한다. 스스로 난국을 헤쳐 나갈 수 있는 강인한 마음도 단련시켜야 하고, 의식과 사고의 수준도 도약시켜야 한다. 지금이라도 후계자에게 이러한 훈련과 교육을 좀 더 강도 깊게 시켰으면 한다. 하지만 때가 너무 늦었거나, 적당한 후계자가 없다면 위대한 외국 기업들처럼 능력 있는 경영자에게 삼성을 승계해 주는 용단도 필요하다.

그렇게 한다면, 지금까지 삼성을 초일류 기업으로 이끈 그 위대한 경영성과에 버금가는 모습이 될 것이다.

2. 고기가 물을 떠날 수 없듯이 기업은 사회 속에 존재한다

토양이 좋은 곳에서 나무가 잘 자란다. 기업도 마찬가지다. 위대한 기

업으로 성장하기 위해서는 사회가 튼튼해야 한다. 기업의 역할 중 사회공헌이 점점 더 중요해지는 이유가 바로 여기에 있다.

기존 사회공헌 활동의 주된 목표는 기업의 이윤은 지역사회에 환원돼야 한다는 대내외적인 압력에 부응하는 것이었다. 하지만 지금은 지원할 사회문제를 선정하는 데 한층 더 전략적인 방식이 적용되고 있으며, 기업의 비즈니스 목표를 사회공헌 활동과 연계시키는 경향이 더욱 뚜렷해지고 있다.[3]

삼성도 지속가능한 경영을 위해 사회공헌에 많은 노력을 기울이고 있다. 실제로 사회공헌 전담부서인 '삼성사회봉사단'까지 설치하여 국내외를 막론하고 다양한 캠페인을 진행한다.

하지만 아직까지도 기업 총수로서의 개인은 기존 사회공헌 활동, 즉 기부라는 대내외적인 압력에 어느 정도 부응하는 유연함이 필요하다. 그런 면에서 삼성의 수장인 이건희에 대한 사회적 인식은 마냥 곱지만 않다.

삼성의 롤모델로 널리 알려진 스웨덴 최대의 기업이자 가문인 '발렌베리Wallenberg그룹'은 5대째 세습 경영을 하고 있지만 자국에서 가장 존경받는 기업으로 꼽힌다.

선뜻 받아들이기 어려울 수도 있는 이런 현상의 이면엔 발렌베리의 독특한 경영 방침이 자리하고 있다. 이 그룹은 매년 그룹 이익금의 85%를 법인세로 납부, 사회에 환원한다. 발렌베리 재단의 수익금 역시 전액 학술지원 등 공익적 목적에 활용한다. 막대한 세금과 이익을 사회에 돌리는 대신 한 가지 '조건'이 있다. 이른바 '차등의결권 제도'라는 것을 도입해 오너 일가의 주식에 일반 주식의 최대 1000배(현재는 최대 10배)에 달하는 의결권을 부여받고 있다. 이 가문의 기업에 대한 경영권을 사회가 확실하게 보장하는 것이다.[4]

또한 발렌베리 가문은 재산증식보다는 스웨덴 사회의 보편적 가치를 위한 사업에 투자한다. 막대한 사회공헌으로 좋은 토양을 만들고, 기업 스스로도 튼튼한 뿌리를 내린 경우라고 볼 수 있다. 그렇다면 삼성과 이건희는 어떠한가?

에버랜드 전환 사채 헐값 발행, 불법 대선 자금, 안기부 X파일 파문 등의 사회적 물의가 발생한 후, 이건희는 사재를 털어 8,000억 원에 달하는 출연금으로 재단을 만들었다. 자발적 기부라고 보기에는 힘든 경향이 없지 않기에 상당한 액수에도 불구하고 빛이 바랬다.

빌 게이츠와 워런 버핏이 출범시킨 재단으로 유명한 '더 기빙 플레지 **The Giving Pledge**'에는 재산의 절반 이상을 기부키로 약속한 억만장자가 40명이나 된다. 재단을 출범시킨 두 사람을 포함해서 마이클 블룸버그 뉴욕시장, 오라클 공동 창업자 래리 엘리슨, CNN 창업자 테드 터너, '스타워즈'의 감독 조지 루카스 등이 약속한 기부를 이행했을 경우 최소 1,500억 달러(한화 175조 원)에 달한다.

일본 소프트뱅크 사장인 손정의는 대지진 후 이재민을 돕는 데 사재

100억 엔(한화 1310억 원)을 쾌척하고 은퇴할 때까지 자신의 연봉을 전액 기부하기로 약속했다. 일본에서는 그를 총리로 만들자는 얘기가 나올 정도로 큰 반향을 일으켰고, 그의 기부에 이어 소프트뱅크와 그 계열사가 추가로 거액을 기부했다.

우리나라에서 기부가 인색한 재벌이 비단 이건희만은 아니다. 기업 명의 기부금은 넘쳐나지만 개인기부가 적은 것은 의식의 부족 탓도 있지만, 제도 탓도 있다는 재계의 의견이 있다. '공익법인에 대한 기부금이 일정 액수를 넘으면 증여로 간주하는 현재 제도는 개인기부에 대한 걸림돌'이라는 것이다. 반면 정부는 '편법 증여 수단이 될 확률이 높다'고 판단하기 때문에 어느 정도 규제를 둘 수밖에 없다고 한다.[5]

하지만 이 모든 전제를 떠나, 이 책에서 설명하고 있는 바와 같이 이 건희는 대한민국에서 특별한 존재로 자리 잡았다. 전 국민이 알고 있는 국내 제일의 부자다. 엄청난 재산을 가진 두 사람, 빌 게이츠와 워런 버 핏은 세계 기부 문화를 바꿨듯이 이건희가 먼저 움직인다면, 대한민국의 기부 문화가 새롭게 정착될 수 있을 것이다.

3. 이제 필요한 리더는 '개방'과 '소통'

현대사회는 계급이란 게 따로 존재하지 않지만, 봉건사회에서는 통치계급이 엄연히 존재했다. 이들은 자신의 지위를 지키고자 회유와 억압을 번갈아가며 지배권을 유지했다.

사상 문화적 관점에서 볼 때 통치계급은 자신의 사상과 주장을 널리 알리기 위해 문치를 제창하여 세상의 인심을 붙잡아 매는 동시에, 이단적인 사상을 배격하기 위해 통치에 해가 되는 말과 행동은 철저하게 억압하고 말살시켰다. 이는 '양날의 칼'과도 같아서 통치자는 필요에 따라 어느 때고 칼을 앞세워 그들을 억누를 수도 농락할 수도 있었다. 그렇게 해서 자신의 통치권을 행사하고 정권을 오래도록 안정적으로 유지하고자 했다.[6]

오늘날 통치자가 쥔 칼의 양날은 한쪽이 지위, 다른 한쪽은 부富로 변했다. 하지만 그 힘은 예전 못지않아서 누군가를 억누를 수도 농락할 수도 있는 것이다.

이건희가 삼성의 불법 행위를 책임지고 일선에서 물러난 후 2년이 지났을 때, 그의 복귀 소식이 들려왔다. 시장과 언론의 대체적인 반응은 긍정적이었다. 오너 특유의 신속한 의사결정과 추진력이 삼성의 기강을 바로잡을 수 있을 것이라 예상되기 때문이다. 하지만 반대 의견도 만만치 않았다. 이건희의 복귀가 곧 전문경영인 체제의 종말을 고하고, 제왕적 리더십의 발로를 뜻한다고 했다.

그런데 이런 인식이 비단 언론에만 깔려 있는 것이 아니다. 외부와 별다른 소통 없이 가끔씩 한두 문장의 지시로 30만 명이 넘는 삼성 임직원을 움직이는 권위적인 모습이 대중들에게도 각인되어 있기 때문이다.

빌 게이츠나 워런 버핏은 다양한 외부 활동으로 대중적이고 친근한 이미지를 만들었다. 스티브 잡스는 생전에 화려한 프레젠테이션 등 현업에서 맹활약을 떨치며 전문적인 경영자의 모습을 보여줬다. 물론 개인차가 있을 수 있다. 하지만 개개인의 성격 탓이라고 치부하기에는 삼성이라는 초일류 기업의 오너에게 기대하는 역할은 클 수밖에 없다.

'은둔의 제왕'이라는 별칭은 지금과 같은 소통의 시대에 어울리지 않는다. 승지원이라는 용상에서 막강한 권한을 갖고 지시만 하면, 실무를 통해 책임을 져야하는 이사회의 입장은 줄어들 수밖에 없다. 그 모습을 바라보는 언론 및 대중들과의 간극도 줄어들지 않는다.

전 세계에 커다란 영향을 끼치는 글로벌 기업을 이끄는 리더라면 지금과 같이 제왕의 이미지로 군림할 것이 아니라, 활발한 소통과 전문적인 경영을 통해 제 역할을 실천해야 할 것이다.

짧게 덧붙였지만 우리는 고구려의 광개토대왕이 자랑이고 조선의 세종대왕이 자랑이듯, 오늘날 한국의 지도자가 자랑이길 간절히 희망한다. 세계적인 기업 삼성의 최고 지도자인 이건희에게도 마찬가지 바람을 갖는다. 한국의 대표적 개인의 '격'이 진정으로 오를 때 나라의 '국격'도 명실상부하게 오를 것이라고 믿기 때문이다.

주註

서문

1. 조국, 《조국, 대한민국에 고한다》, 21세기북스(2011), 196쪽 참조

2. 고승희 외, 《왜 삼성인가》, 비즈니스맵(2012), 23~24쪽

3. 이경식, 《이건희 스토리》, 휴먼앤북스(2010), 78~86쪽

4. 오효진, "삼성 뉴리더 이건희 회장", 《월간조선》, 1989년 12월, 358쪽

5. 〈중앙일보〉, "신군부가 빼앗아간 TBC는", 2009.12.01, 8면

6. 오효진, 앞의 글, 358쪽 인터뷰 중.

7. 이경식, 《이건희 스토리》, 휴먼앤북스(2010), 186쪽

1 진돗개

1. 앤드류 그로브 저, 유영수 역, 《편집광만이 살아남는다(원제:Only the paranoid survive)》, 한국경제신문사(1998)

2. 이건희, 《생각 좀 하며 세상을 보자》, 동아일보사(1997), 136쪽

3. 〈매경 이코노미〉, "[Cover Story] 내부에서 본 삼성경영", 2005.04.04

4. 박원배, 《마누라 자식 빼고 다 바꿔라: 삼성 이건희 회장의 신경영어록》, 청맥(1994), 81쪽

5. 이건희, 앞의 책, 35쪽

6. 이길진,《도쿠가와 이에야스 인간경영》, 경영정신(2004), 239쪽

7. 이건희, 앞의 책, 57쪽

8. 홍하상,《이건희》, 한국경제신문(2003), 125~126쪽

9. 이채윤,《이건희처럼 생각하고 정몽구처럼 행동하라》, 머니플러스(2010), 106쪽 참조

10. 김종현,《새로운 업의 발견》, 삼성경제연구소(2006), 13쪽

11. 이건희, 앞의 책, 135쪽

12. 이지성,《스물일곱 이건희처럼》, 다산라이프(2009), 96쪽

13. 홍하상. 앞의 책, 48쪽

14. 사이토 다카시 저, 이규원 역,《도약의 순간》, 가문비(2006)

15. 김영한,《굿바이 잭 웰치》, 리더스북(2006)

16. 홍하상, 앞의 책, 151쪽

17. 위의 책, 193쪽

18. 이경식,《이건희 스토리》, 휴먼앤북스(2010), 263쪽

19. 지만원, 〈이명박과 이건희, '리더십 품질'이 다르다〉, 'http://www.sys-temclub.co.kr/', 2011.6.9

2 영화

1. 로버트 루트번스타인 저, 박종성 역,《생각의 탄생》, 에코의서재(2007), 45쪽

2. 권터 뷔르텔레 편, 연기영 역,《21세기의 도전과 전략: 세계정치, 경제 지도자 26인의 미래예측과 그 대안》, 밀알(1996), 242~243쪽

3. 강준만,《이건희 시대》, 인물과사상사(2005), 90쪽

4. 이채윤,《이건희, 21세기 신경영 노트》, 행복한마음(2006), 120쪽에서 재인용

5. 로버트 루트번스타인 저, 박종성 역, 위의 책, 287쪽

6. 김현우,《누가 이건희를 짝사랑하는가》, 도원미디어(2005), 33쪽

7. 엄지도, "삼성의 인간 개조 전략 연구",《월간조선》, 1993년, 8월, 168쪽

8. 이건희,《생각 좀 하며 세상을 보자》, 동아일보사(1997), 271쪽

9. 〈연합뉴스〉, "이건희 '정신 안 차리면 뒤쳐질 것'", 2012.01.15

10. 이건희, 앞의 책, 219쪽

11. 민병문, "이병철 삼성의 이미지를 바꾸겠다",《신동아》, 1988년 5월, 434쪽

12. 이건희, 앞의 책, 39쪽

13. 기타오카 도시아키 저, 장서명 역,《삼성이 두렵다》, 책보출판사(2006), 103쪽 참조

3 마니아

1. 공자,《논어》, 〈위정편〉

2. 위의 책, 〈옹야편〉

3. 〈연합뉴스〉, "이건희회장 '천재 육성론'- '국민소득 2만 달러론' 전파", 2003.06.24

4. 〈동아일보〉, "[인간포석 인사(人事)의 세계] 삼성그룹 회장 이건희", 2003.06.26

5. 신현만,《이건희의 인재공장》, 새빛(2007), 266쪽

6. 가재산,《10년 후 무엇을 먹고 살 것인가》, 쌤앤파커스(2007), 65쪽

7. 이건희,《생각 좀 하며 세상을 보자》, 동아일보사(1997), 44쪽

8. 왕 빈 저, 정광훈 역,《손자에게 직접 배운다》, 휴머니스트(2004), 46쪽

9. 〈서울경제〉, "디스플레이 분야도 세계 톱 리더 되자", 2006.10.20

10. 〈한국경제〉, "이건희 회장 '프리미어리그式 창조경영을'", 2006.10.01

11. 〈서울경제〉, "이건희 회장 '버즈 두바이'빌딩 건설현장 방문", 2006.10.09

12. 〈매일경제〉, "신년 특집 다큐 '한국의 거인들'…이건희 회장의 성공 DNA를 들여다본다", 2012.01.02

13. 김성홍, 《이건희 개혁 10년》, 김영사(2003), 197쪽

14. 〈뉴스위크〉, "삼성, 초고속 성장의 원동력", 2003.11.24

4 스포츠

1. 이건희, 《생각 좀 하며 세상을 보자》, 동아일보사(1997), 12쪽

2. 김성홍, 《이건희 개혁 10년》, 김영사(2003), 9쪽

3. 이경식, 《이건희 스토리》, 휴먼앤북스(2010), 36쪽

4. 조지 빔 저, 이지윤 역, 《스티브 잡스 어록, I STEVE》, 쌤앤파커스(2011), 122쪽

5. 전옥표, 《이기는 습관》, 쌤앤파커스(2007), 130쪽

6. 신순철 · 김동준, 《창조경영》, 이코북(2007), 136쪽

7. 〈동아일보〉, "[인간포석 人事의 세계] 삼성그룹 회장 이건희〈5-끝〉", 2003.06.29

5 목계

1. 이건희, 《생각 좀 하며 세상을 보자》, 동아일보사(1997), 38쪽

2. 피터 드러커 저, 이재규 역, 《프로페셔널의 조건》, 청림출판(2001), 179쪽

3. 권터 뷔르텔레 편, 연기영 옮김, 《21세기의 도전과 전략: 세계정치, 경제 지도자 26인의 미래예측과 그 대안》, 밀알(1996), 242~243쪽

4. 피터 드러커 저, 이재규 역,《이노베이터의 조건》, 청림출판(2001), 97~98쪽

5. 〈조선비즈〉, "[이명우 교수의 경영 수필] 시계 업체 스와치, 패션업으로 재정의하자 새 시장 열려", 2012.01.08 참조

6. 〈매일경제〉, "갤럭시S 경쟁자는 아이폰 아닌 음료수?", 2010.10.14 참조

7. 최염순,《카네기 인간경영리더십》, 씨앗을뿌리는사람(2005), 194쪽

8. 짐 콜린스 저, 이무열 역,《좋은 기업을 넘어 위대한 기업으로(Good to Great)》, 김영사(2011), 57쪽

9. 이건희, 앞의 책, 64쪽

10. 임희정,《이기지 못할 도전은 없다》, 메디치미디어(2010), 208쪽

6 메기

1. 소크라테스

2. 플라톤

3. 홍하상,《이건희》, 한국경제신문사(2003), 158쪽

4. 로버트 프랭크 저, 권영경 역,《승자독식사회》, 웅진지식하우스(2008), 16쪽

5. 〈한국경제〉, "'베끼는 CEO는 필요없다' …이건희 회장, '창조경영' 강조", 2006.06.28

6. 이건희,《생각 좀 하며 세상을 보자》, 동아일보사(1997), 21쪽

7. 위의 책, 22쪽

8. 〈매일경제〉, "한국기업 평균 수명은 고작 10년", 2010.08.20

9. 박원배,《마누라 자식 빼고 다 바꿔라: 삼성 이건희 회장의 신경영어록》, 청맥(1994), 308쪽

7 논어

1. 이경식,《이건희 스토리》, 휴먼앤북스(2010), 48쪽 참조

2. 위의 책, 41쪽

3. 대니얼 골먼 저, 장석훈 역,《감성의 리더십(원제:Primal Leadership)》, 청림출판(2003), 21~22쪽

4. 짐 콜린스 저, 김명철 역,《위대한 기업은 다 어디로 갔을까》, 김영사(2010), 227쪽

5. 홍하상,《이건희 세계의 인재를 구하다》, 북폴리오(2006), 36쪽

6. 위의 책, 36쪽

7. 위의 책, 16~17쪽

8. 이채윤,《이건희 귀족형 리더십&황우석 서민형 리더십》, 대산출판사(2006), 172쪽

9. 신현만,《이건희의 인재 공장》, 새빛(2007), 265쪽

10.《장자》(외편),〈제 13편 천도〉, "5-무위는 근본이고 나머지는 말단이다"

11. 지만원, "이명박과 이건희, '리더십 품질'이 다르다", http://www.sys-temclub.co.kr/, 2011.6.9

12. 이경식, 앞의 책, 표4

13. 이건희,《생각 좀 하며 세상을 보자》, 동아일보사(1997년), 237쪽

14. 이경식, 앞의 책, 42쪽 참조

15. 이채윤,《이건희 21세기 신경영 노트》, 행복한마음(2006), 218쪽

16. 에밀리 챈 저, 이상규 역,《하버드 MBA 출신들은 어떻게 일하는가》, 이상미디어(2011), 116쪽

8 연

1. 이건희, 1993년 3월 22일 제2창업 5주년 기념사

2. 김성홍, 《이건희 개혁 10년》, 김영사(2003), 143쪽

3. 〈연합뉴스〉, "이건희 회장 '앞으로 20년이 더 걱정'(종합)", 2007.01.25

4. 손무, 《손자병법》, 제2장 〈작전편〉

5. 이건희, 《생각 좀 하며 세상을 보자》, 동아일보사(2007), 16쪽

6. 위의 책, 232쪽

7. 홍하상, 《이건희》, 한국경제신문사(2003), 23쪽

8. 위의 책, 143쪽

9. 이건희, 앞의 책, 111쪽

10. 피터 드러커 저, 이재규 역, 《피터 드러커 창조하는 경영자(원제:Managing for results)》, 청림출판(2008), 278쪽

11. 위의 책, 302쪽

12. 〈연합뉴스〉, "이건희, 삼성전자 회장으로 경영복귀", 2010.03.24

13. 〈조선비즈〉, "이건희 '올해 채용·투자 늘린다…다른 기업 투자 유도", 2012.01.02

9 독서

1. 김현우, 《누가 이건희를 짝사랑하는가》, 도원미디어(2005), 33쪽

2. 《세종실록》(3년 11월 7일)

3. 안상헌, 《이건희의 서재》, 책비(2011), 56쪽

4. 기타오카 도시아키 저, 장서명 역, 《세계 최강 기업 삼성이 두렵다》, 책보출판사(2006), 100쪽

5. 〈포커스〉, "삼성에 진 소니 1만명 감원 '칼바람'", 2012.04.10

6. 〈한국경제〉, "삼성전자 글로벌본드, HP · 인텔보다 '좋은 대접'", 2012.04.04

Good to Great - 이건희를 위하여

1. 짐 콜린스 저, 김명철 역, 《위대한 기업은 다 어디로 갔을까》, 김영사(2010), 84쪽 참조

2. 위의 책, 84~85쪽 참조

3. 필립 코틀러 저, 남문희 역, 《착한 기업이 성공한다》, 리더스북(2006), 232쪽

4. 〈주간조선〉, "삼성의 롤모델 '발렌베리'는?", 2012.04.02

5. 〈매일경제〉, "[View Point] 재벌총수들 왜 기부에 인색한가", 2011.07.01 참조

6. 둥예쥔 저, 송하진 역, 《평천하(건륭 원전)》, 시아출판사(2004), 132쪽

이건희 27법칙

초 판 1쇄 2012년 4월 20일
초 판 11쇄 2015년 2월 5일

지은이 김병완
펴낸이 류종렬

펴낸곳 미다스북스
등록 2001년 3월 21일 제313-201-40호
주소 서울시 마포구 서교동 487 대우미래사랑 932호
전화 02)322-7802~3
팩스 02)333-7804
홈페이지 http://www.midasbooks.net
블로그 http://blog.naver.com/midasbooks
트위터 http://twitter.com/@midas_books
전자주소 midasbooks@hanmail.net

ⓒ 김병완 2012, Printed in Korea.

ISBN 978-89-6637-027-6 (13320)
값 15,000원

「이 도서의 국립중앙도서관 출판시도서목록(CIP)은
e-CIP홈페이지(http://www.nl.go.kr/ecip)와
국가자료공동목록시스템(http://www.nl.go.kr/kolisnet)에서 이용하실 수 있습니다.
(CIP제어번호:CIP2012001809)」

미다스북스는 다음세대에게 필요한 지혜와 교양을 생각합니다.

위기는 내가 제일이라고 생각할 때 찾아온다.
발전이 없는 현재는 자만심에 찬 퇴보이기 때문이다.